2018年度广东省高等教育教学改革研究项目
"新时代背景下地方师范院校人才培养模式的实践与探索（LSJGZB1807）"
成果

GAOSHI RENCAI PEIYANG DE CONGYE DAOXIANG

高师人才培养的从业导向

杨泉良　杨　益　著

·郑州·

图书在版编目(CIP)数据

高师人才培养的从业导向/杨泉良,杨益著.—郑州:河南大学出版社,2019.12
ISBN 978-7-5649-4000-3

Ⅰ.①高… Ⅱ.①杨…②杨… Ⅲ.①高等师范院校－人才培养－研究－中国 Ⅳ.①G658.3

中国版本图书馆 CIP 数据核字(2019)第 246260 号

责任编辑　马　静　时二凤
责任校对　屈琳玉
封面设计　马　龙

出　　版	河南大学出版社 地址:郑州市郑东新区商务外环中华大厦 2401 号　邮编:450046 电话:0371-86059701(营销部)　网址:http://hupress.henu.edu.cn
排　　版	河南大学出版社设计排版部
印　　刷	北京虎彩文化传播有限公司
版　　次	2020 年 5 月第 1 版
印　　次	2020 年 5 月第 1 次印刷
开　　本	710 mm×1000 mm　1/16
印　　张	18.75
字　　数	277 千
定　　价	52.00 元

版权所有·侵权必究
本书如有印装质量问题,请与河南大学出版社营销部联系调换。

前　言

承担教师职前教育使命的高等师范院校,其人才培养具有明确的定向,就是不断地向中小学提供合格的教育教学的从业者。因而,明确的从业导向是高等师范院校办学的核心追求。所谓的从业导向,并非一些人理解的将主要精力用于形式化应聘技巧的训练,它是一个具有综合性内涵的概念,即以从业为目的,通过广泛的学习和训练,培养师范生达到具有充分的知识素养、能力素养、德行素养的从业条件,使其从容从业。同时,从业导向还包含着培养师范生与时俱进、终身学习的观念,能够根据不断变化的社会、学生群体对教学内容进行及时快速的调整。"高师人才培养的从业导向"这个命题的产生,源于本人二十多年的教师职前教育和教师职后教育以及十年职业教育的经历。在长期从教过程中,本人深切感受到了职前教育和职后教育与教师从业的脱节,尤其是职前教育与中小学教学实际的脱节使师范生不仅缺乏职业意识,也不了解中小学教师的从业要求及其发展变化,整个高师期间的学习处于一种盲目状态。人才培养与从业的游离,严重影响了高师人才培养的质量。这与职业教育以从业为导向的人才培养目标形成强烈反差。从本质上看,高师院校所承担的教师职前教育具有鲜明的职业教育特点,是一种特殊的职业教育(职业教育是根据具体行业对从业人员的要求进行培养,教师职前教育是根据教师从业要求对师范生进行培养)。因而要改变目前高师人才培养低效的状况,借鉴或回归职业教育理念,将师范生充分从业作为高师办学的核心追求是刻不容缓的。

全书共分五个部分。第一部分"高师人才培养与从业",一方面从高师人才培养从业导向的原理和实现高师人才培养从业导向的关注点论述了从业导向的具体内容,另一方面以高师人才培养的从业导向为依据分析高师人才培养中存在的问题,为后续的论述奠定基础。第二部分"政策措施对从业导向的规范"是分别从教师资格认证、《教师教育课程标准(试行)》以及教师专业标准等作为高师院校人才培养的依据方面对高师院校人才培养的从业导向的规范。第三部分"从业导向的有效落实"集中论述高师人才培养从业导向的落实。其中"从业要求与存在问题"和"学习困惑与问题解决",主要是结合教师从业要求和师范生学习中的问题进行对应性分析,并提出各自的解决策略。"课程传统与重新认定"则强调适应高师人才培养从业导向,高师院校必须进行课程改革,并设计了改革路径。第四部分为"强化从业导向的继续教育"。高师院校人才培养的从业导向,只是一个阶段性的培养目标,在这个目标实现的过程中,必须渗透终身学习、终身发展的理念,这是高师院校的责任,也是高师人才培养从业导向的内涵所在。因而,培养与培训作为同一过程的两个阶段,必须在从业导向的规范、引领下不断充实其内涵。这部分内容除了强调培养培训一体化,重点是根据从业导向提出了继续教育的内容和方式,使教师教育中的职前教育和职后教育在高师人才培养从业导向的大前提下形成一个整体。第五部分"中文专业人才培养从业导向例说",在全书中具有相对的独立性,同时,又是对全书内容整体性的强化。前四部分内容的整体性主要表现在理论和原理的完整性上,具有高师不同专业面对中小学具体课程的普适性。而第五部分的例说则由普适到具体专业,即以中文专业人才培养从业导向的案例从操作的角度强化对前四部分理论原理的理解,同时为高师其他专业提供借鉴。这部分的整体结构与前四部分的结构相同,目的是产生对应性以更容易为读者理解,当然也突出了中文专业对应的语文教师教育教学的特殊性。

　　人才培养是高师办学的核心,高师的一切工作必须围绕这个核心展开,而高师人才培养的从业导向作为一个新的课题,不仅明确了核心的方向,而且需要高师院校的领导者和教师改变观念、更新知识、提高素养来适应这个人才培养方向的改变。只有围绕人才培养这一核心,才能从从业导向的视角整合、调整课程;只有改变观念、更新知识,才能对课程内容进行创设和最优化的选择;

只有提高了综合素养,才能根据从业导向开展创造性的教学。为方便读者的阅读,书中每项内容都具有相对独立性,都是针对某一项内容或某一方面的问题进行集中论述,读者可利用零碎时间进行有选择的阅读。当然,每项相对独立的内容合起来,又形成有着内在逻辑的整体,使全书内容具体而不零散,统一而不杂乱。这是本书在结构上的特点。

全书共计28万字,其中杨泉良撰写15万字,杨益撰写13万字。

本书在成书的过程中学习和借鉴了教师职前教育、教师继续教育、职业教育以及中小学教育等方方面面的教育教学成果,也得到了同事和学生的鼓励和帮助,在此一并表示谢意。

杨泉良　杨　益

目 录

第一章 高师人才培养与从业 ········· 1

  第一节 高师人才培养的从业导向 ········· 1

    一、从业导向的普遍追求 ········· 1
    二、从业导向的高师办学 ········· 11
    三、教学技能的职业特点 ········· 14
    四、按需定量的招生计划 ········· 19

  第二节 高师人才培养与从业的游离 ········· 22

    一、教学实施的非师范性 ········· 24
    二、教学评价的非师范性 ········· 28
    三、知识主体和能力缺位 ········· 33
    四、突出考研和淡化从业 ········· 38

第二章 政策措施对从业导向的规范 ········· 43

  第一节 教师资格认证制度 ········· 43

    一、资格认证的从业导向 ········· 43
    二、个性能力的特殊价值 ········· 47

三、教师提升与学生培养……………………………………… 53
　　四、高校评估与理念建设……………………………………… 56
第二节　《教师教育课程标准（试行）》…………………………… 62
　　一、教育课程的从业导向……………………………………… 62
　　二、见习课程的能力培养……………………………………… 65
　　三、教育课标的职教内涵……………………………………… 71
　　四、教育原理的提领价值……………………………………… 75
第三节　教师专业标准………………………………………………… 81
　　一、专业标准的从业导向……………………………………… 81
　　二、专业标准的教学规范……………………………………… 82
　　三、"能力为重"的专业发展…………………………………… 90
　　四、落实标准与素质提升……………………………………… 93
第四节　师范专业认证………………………………………………… 98
　　一、"产出导向"的人才培养…………………………………… 98
　　二、内涵发展的专业建设……………………………………… 103
　　三、职业意识的有效培养……………………………………… 109
　　四、课程建设的思路改变……………………………………… 113

第三章　从业导向的有效落实…………………………………………… 118
　第一节　从业要求与存在问题………………………………………… 118
　　一、主体地位与责任承担……………………………………… 118
　　二、教师自主与躬行自律……………………………………… 124
　　三、教学计划的稳定性与灵活实施…………………………… 128
　　四、职业规划的超前性与运行中调整………………………… 131
　第二节　学习困惑与问题解决………………………………………… 136
　　一、研究能力与教学技能并进………………………………… 136

二、职教特点与能力训练融合 …………………………… 142
　　三、课程预设与教学生成对应 …………………………… 147
　　四、实习特性与学生应对协调 …………………………… 151
第三节　课程传统与重新认定 ………………………………… 157
　　一、课程类型与人才培养对应 …………………………… 158
　　二、教学过程与从业导向一致 …………………………… 164
　　三、技能训练与项目化实施结合 ………………………… 166
　　四、课程教学与实际应用统一 …………………………… 171

第四章　强化从业导向的继续教育 ……………………………… 178
第一节　教师职前与职后教育的衔接 ………………………… 178
　　一、职后教育弥补职前教育 ……………………………… 178
　　二、资格认证强化职后从业 ……………………………… 183
　　三、专业标准规范职后从业 ……………………………… 186
　　四、职前教育与职后教育贯通 …………………………… 189
第二节　强化的内容与方式 …………………………………… 196
　　一、发展阶段与方式选择 ………………………………… 196
　　二、均衡发展与能力强化 ………………………………… 201
　　三、提高效率与分类实施 ………………………………… 206
　　四、师范性与学术性融通 ………………………………… 210

第五章　中文专业人才培养从业导向例说 ……………………… 216
第一节　课程实施与人才培养中的问题 ……………………… 216
　　一、高师办学的困境与出路 ……………………………… 216
　　二、技能训练的问题与对策 ……………………………… 223
　　三、从业要求与评价误导 ………………………………… 228

四、"语文教学设计"理念与实施的矛盾 …………………… 233
第二节　基于从业导向的改变 ……………………………………… 237
　　一、认清专业与课程的关系 ………………………………… 238
　　二、明确专业课程改革的出路 ……………………………… 244
　　三、强化课程教学对职业意识的培养 ……………………… 250
　　四、突出人才培养的模式建构 ……………………………… 255
第三节　培养与培训的融合 ………………………………………… 263
　　一、语文教师继续教育的特殊性 …………………………… 264
　　二、继续教育内容的丰富性 ………………………………… 269
　　三、语文教师继续教育内容选择策略 ……………………… 272
　　四、继续教育形式的多样性 ………………………………… 273
　　五、职前与职后教育的一贯性 ……………………………… 279

参考文献 …………………………………………………………… 285

应用型高等教育应该而且必须在实施教育的全过程中坚持对教育主体未来社会角色与职业岗位的关注，即在教育决策与实施中坚定以就业为导向的思想，培养教育主体的职业生涯意识，为其提供学习全程以就业为导向的培养模式。学习全程以就业为导向并不是对教育主体全面发展的偏废，而是对其未来发展意识的强化。就业导向既涵盖了存活导向，同时也兼容了能力导向和素质导向，是对教育主体更好地成为存活者、社会人、职业人的担当，更加切实地承载了应用型高等教育的社会责任。建立学习全程以就业为导向的培养模式是充分体现培养目标和培养方式的教育思想和定位，是对培养对象自我认知与社会发展的方向性设计。

王永宏　张丽萍

第一章　高师人才培养与从业

高师院校是以培养合格中小学教师为目标的,人才培养与中小学教师从业有着因果关系,有效从业成为评价人才培养水平的综合指标。然而,由于高师办学中与中小学处于一种相对隔离状态,使这种因果关系在相当大的程度上遭到漠视,一方面导致师范生不能顺利地从业,另一方面导致师范生从业之后不能坦然地从业。为此,高师人才培养必须专注于从业导向,并在师范生入职之后,通过继续教育对这种导向进行强化,从而实现高师人才培养本质的回归。

第一节　高师人才培养的从业导向

高师院校作为开展教师职前教育的场所,具有鲜明的职业教育性质,人才培养具有比较稳定的从业导向,因而以中小学教师从业要求进行培养,使师范生到中小学教师岗位从业,成为高师办学的核心追求。

高师院校人才培养与从业关系在办学中被突出强调并非高师院校自身的要求,而是整个高等教育改革中的共同理念和追求。这是高等教育服务于社会的具体作为,也是学以致用原则的具体体现。为了深入理解高师人才培养从业导向,我们有必要了解整个高校办学中的从业导向情况。

一、从业导向的普遍追求

随着经济发展、技术进步带来的知识更新和发展理念的改变,人才需求也发生了巨大的变化。在一段相当长的时间内运转并形成的某种固定模式的人才培养机制,在新的开放体制和实用倾向的观念中被无情地打破了。尤其是培养高级人才的高等院校,面对社会需求的强大冲击和服务于社会的重新定位,要使高校人才培养与社会需要建立起更为紧密的联系,将从业导向作为人才培养的核心。

1. 以从业为依据的人才规格

社会变化对高等教育产生的最为直接的影响是人才培养规格发生了变化。过去在大一统的计划经济时期,人才培养按照计划进行,数量稳定,规格固定,这种人才培养模式与计划经济体制相适应,并在运行中取得了很明显的成效。由于计划经济机构的稳定,这种人才培养规格基本是没有多大变化,即使有变化,也往往在国家行政的调控之中。计划经济被市场经济取代以后,高校也逐渐地从国家统一计划的大格局中有了相对的独立性,开始直接面对市场,面对当下市场的需求,面对市场未来走向,为了适应社会竞争有了更为丰富的综合素质的要求。在高校关注自己的生存状态中,形成相互之间的生存竞争的关系。因此,尽快制定并实施适应社会需求的人才培养模式,成为各类高校重要而迫切的任务。

(1) 学会做人。学会做人是高等院校人才培养的第一要义。只有学会做人,才能在社会立足,才能使所学到的专业知识、专业技能得到一个展示的舞台。因此,学会做人是高等院校人才培养规格中应首先确定下来的。调查表明,学会做人比掌握专业知识、专业技能更为重要。有些人在进入社会初期,专业能力并不突出,但因为有良好的做人的修养而被看中,并在短时间内提高了自己的专业水平。相反,有些人虽然有良好的专业基础,但因为做人的修养存在不足而始终无法在社会上找到自己的位置。而做人的修养的养成,学校的人文教育承担着重要责任,因此,高校一定要对此予以强化。

就目前情况来看,高校正处于适应社会发展的转型期,过去忽略的专业能力,被特别地看重。人们把过去专注于单纯的知识传达演变成了对知识与能力结合点的探索,尤其对能力培养的关注使人文教育在不知不觉中遭到冷落,造成有知识没文化、有能力却不会做人的局面。因此,必须强化人文教育。一方面,通过课堂教学对知识进行人文的升华,对技术进行人文视野的探究,使知识与技术的获得不再是单纯地背诵一些原理和掌握一些操作,而是从中获得文化的启示。另一方面,强化人文类课程的开设。除了强调"两课"教学,开设一些诸如"大学语文""交际与礼仪"等人文类课程和文艺复兴时期的文化等专题课程,使学生在体会人的社会主体地位的同时,能够从群体角度去看待自己,从相互联系的社会背景中体会人与人之间的相互联系,使他们能够充满爱心地生活,充满责任感地工作,从而学会做人。

(2) 学会生存和发展。现代社会最大的特点是充满竞争,充满变数,因此在校期间一方面要为学生将来走向社会奠定坚实的专业基础,为其走上工作岗位储备竞争资本;另一方面也要培养起适应于社会变数的终身学习的观念。对于任何一个人来说,高校的学习都只是一个入门的学习,只是为将来深入的、有针对性的学习奠定基础。由于让学生学会生存和发展是通过终身学习的途径来实现的,因此高等院校的教育就有两项极为重要的任务:一是使学生有一个继续学习的基础,有一个理解新知识、拓展新领域的鲜明的知识根基,这是将影响他们一生的基础。有了这样一个先决条件,他们终身学习才有一个效率基础。二是使学生有终身学习观念,具备了终身学习观念才能使继续学习的基础获得实际的意义和价值。让学生学会生存和发展,一方面应强化高校的社会实践活动,让学生亲自感受社会竞争,尤其是让他们到专业对应的岗位进行调研,了解社会和专业对应岗位的发展变化,理解和体会在校学习和终身学习的必然要求。另一方面,学校要改变以往毕业生离校后就不再过问的状况,建立毕业生档案和联系制度。其作用有三个方面:其一,通过了解毕业生在工作岗位上的表现,对学校教育进行适应性调整,使人才培养规格更贴近于社会要求;其二,为毕业生补课,通过办短训班、研讨会等形式,针对伴随社会进步而出现的新问题,而在当初专业学习中又没有涉及的内容进行培训;其三,毕业生回校,参与教学计划、教学内容的制订,从而促成学生的终身学习与学校的终身教育的统一,使学生学会生存和发展。

(3) 学会创新。创新能力是现代社会对人才需求中最重要的要求之一,没有创新就没有发展,没有创新就没有竞争力。因此各行业和部门在发展中总是把创新作为自己最重要的手段,而只有具有创新能力的人,才能进行创新。因此高校对学生创新能力的培养就有了十分重要的意义。关于创新能力的培养,高校需要在学生在校期间做两方面的工作:一是使学生具有创新的能力基础。所谓创新的能力基础就是具备进行创新所具备的知识积累,这里的知识既包括专业理论知识和实践知识,同时也包括人文知识和思维基础。创造力是一种知识修养的综合,因此,其综合性越是丰富,其创造性也就越强。二是必须培养学生的创造观念,单纯有创造能力基础,并不一定就形成创造的实践,只有同时具备了创造观念,才能使创造成为现实。创造能力的培养可采用多种手段和方式。首先在日常教学中浸透创造观念,诸如对所谓权威理论的质疑等。在应试教育作为基础教育主体的背景下,高校的应试教育也十分明显地存在着,创造观念的形成必须彻底摆脱应试教育的束缚。如高校考试中彻底取消标准答案等,让学生自由地发挥、创造性地表述,通过这些教学环节来培养学生的创造观念。其次开展一些发明创造活动,在学校营造出浓厚的倡导创造的氛围,使学生的创造性得以形成。

(4) 学做通才。过去学校的教育中,专业设置过专过死,使学生的适应性很差,有的一生只能从事与专业对应的工作,在行业之间的联系十分密切的今天已经不能完全适应了。对于高校的专业来说,它所对应的是具体岗位而所关涉的是岗位群。为此,学校首先要在专业设置中留有充分的空间,在保证专业课程之外,多开设一些与专业相关又涉及其他专业岗位的课程、对形成能力具有基础性作用的课程。一方面要打破专业课程过于单一和视野狭窄的局面,使学生有多方面理论与实践的支撑;另一方面要开设相邻专业课程和边缘课程,使学生获得知识间相互联系的启示。具体为:一是倡导和支持学生跨专业选择课程,选择其他专业的主干课程进行选修。二是开展丰富多彩的系列专题讲座。讲座的内容是所学专业中没有但又与现有专业有关系的专业内容。让学生根据自己对专业内容的理解和把握,通过对讲座内容的系统学习,达到对该专业的初步把握。三是根据双学位、双师型等对教师的要求,对学生也提出双生型要求,有条件和能力的可开设与学生学习专业相关的第二专业的学习。四是在基本保证所学专业的学习质量的基础上,争取学分制,学生根据自己的基础、兴趣、爱好,对各专业课程进行自由选择,100 分中,专业课不少于 60 分,选修课不少于 40 分,充分扩大知识底座,使学生成为对社会有很强适应性的通才。

2. 人才培养

人才培养规格是社会发展的客观要求,也是高校适应社会服务于经济发展需要所决定的必须作为。为了有效地把社会对人才培养规格的要求与高校办学定位有机地结合起来,高校必须提出和实施对应的人才培养方案,这是使社会人才要求通过高校教育获得实现的必然途径。方案的内容应由以下四个方面构成:

(1) 适应从业需求的专业调整。社会用人结构的变化,使高校的专业面临着很大的调整。从过去用人的状况来看,由于计划经济的影响以及经济和社会在一个相对稳定的状况中运转,社会用人结构基本保持着某种模式。这种模式为充满活力的竞争取代之后,为了让高校办学与社会需要有效接轨,实现学生的充分从业,高校必须对专业进行调整。一是改变专业的方向。过去特别看重文、理科专业,看重理论研究,随着社会的发展,更看重工科专业,看重实际的应用能力的培养。因此,对专业进行方向性调整,是适应社会发展的必要步骤。通过调整,将那些过时的、没有市场前景的专业进行缩减,甚至取消,减轻学校维持这些专业运转的压力。二是对专业进行整合。过去专业的状况严重影响了学生的从业范围,随着社会的发展、科技的进步,产生了越来越多的新兴行业,这些行业一般现有的专业无法直接与之相对应,它们往往是边缘学科的组合。因此,通过不同专业的整合,来适应这种新兴行业是行之有效的办法。三是根据社会人才的需求设立新的专业。许多边缘化学科无法解决的行业通过新专业的设立予以对应,这样就使学校在专业方面能够在充分利用现有师资资源的前提下,通过调整获得全新的社会效益和经济效益。

(2)适应从业定位的培养计划的修订。适应规格定位的培养计划的修订,是由社会人才需求变化引发的系列变化的一个重要环节。具有一定办学历史的高校,专业的培养计划往往都形成了一定的模式,这些模式在长期的实践中不断地获得精练化,因此,简单易行而且行之有效。但这种模式化培养出来的人才也往往带有模式自身的缺憾——无法适应日新月异变化中的社会生活的需要,更不能适应已经改变了规格的人才培养。新的人才规格,是一个丰富的个体,"做人""生存与发展""创新""通才"这些要求在过去的培养模式中许多是没有涉及的,有些虽然涉及了,但也并未落到实处。因此与这些规格相对应,在教学方案中,要以人文教育为立身之本,以终身教育为发展之源,以创新教育为确立生存标识,以综合素质教育为工作实务基础,从而使学生拥有较高的思想境界和良好的道德情操。要引导学生确立终身学习目标和形成创新意识,制订能适应社会岗位的人才培养计划。

具体地说,培养计划是学校人才培养的总体设计蓝图和实施方案,它直接关系着专业人才培养的质量。因此,为适应社会发展的需要,必须进行调整。在此基础上,教育部《关于做好普通高等学校本科专业教学计划修订工作的通知》对各专业培养计划做了进一步修订。在修订新的教学计划时提出各专业应按培养目标和基本规格要求整合课程,要体现"厚基础、宽口径、强能力、高素质"的原则;英语、计算机教学不断线,进行分流教学的原则;注重培养创新人才的原则。新修订的培养计划贯彻了全面发展的素质教育精神,充分体现了学校的办学优势和特色,具有如下特点:一是控制总量。课程和教学时数控制在合理的范围以内。二是拓宽口径。增大基础课和选修课比重,基础课的比例占70%-80%,选修课的比例占20%-30%。为拓宽基础,可在低年级不分专业,到高年级再分流培养。三是提高素质。增设文化素质课程且在同专业中允许根据社会需要设置不同的专业方向课程。四是注重个性。在较多地开设任意选修课的同时,还开设"独立研究"课程,学生可根据教师公布的研究课题选择研究方向,并在教师的指导下进行某项研究,以培养学生的学术研究能力。五是加强实践。增强实践教学环节,实践教学课程(包括毕业论文与毕业设计)平均达到总课时量的20%以上,以体现培养应用型创新人才的特色。

(3) 适应于从业导向的教学内容的改革。教学内容的改革是适应社会发展需要,按规格对人才进行培养的最重要的因素。无论是做人教育还是生存与发展所必备的专业知识,都是通过具体的教学内容得以实现的。因此,人才培养方案的改变,主要是内容的改变,包括内容的增减、侧重的处理等。在具体操作中应从四个方面入手:一是要对专业教学内容进行重新设定和安排。对于在社会发展中获得强化的专业内容在教学中予以加强,对于随着社会发展和科技进步逐渐失去了或减少的价值的内容进行强化或删除。二是对内容进行边缘化扩展。根据"厚基础、宽口径"的要求,强化基础课的教学,拓展专业相关领域内容的渗透,使专业知识在基础稳固的前提下有一个宽的面。三是实用化。高等教育的改变已从研究性学习转为实用性学习,学习的内容主要是为将来的实用性服务,因此,必须将纯粹的理论知识和内容进行实用化处理,从而达到学以致用的目标。四是与时俱进。社会发展日新月异,知识更新的速度越来越快,知识淘汰的速度和数量都在提高,只有时时抓住专业知识的前沿内容,才能适应专业发展的进程,也才能够提高内容学习的质量和效率。

(4) 易被学生接受的教学方法和手段的变化。知识内容发生了变化,负载内容的教学方式也要相应地发生变化,这是形式适应与内容需要的必然要求。而因人施教的原则要求更应适应教育对象的要求。目前高校的教育对象已经发生了很大的变化,活泼好动是他们普遍的特点,他们有开放的思想观念,有比较宏观的视野,有自主的人格,尤其对于现代技术的谙熟和热情,使传统的教育方式已逐渐远离了他们的兴趣。因此,教学方式和手段上就应与之相适应。首先,教学方式上,针对他们思想活跃和自主人格的特点,就要彻底改变高校一以贯之的满堂灌的局面,而应抽出时间让他们参与对知识的理解和表达,教学民主显得更为重要。其次,在教学手段方面,必要的传统手段依旧延续的前提下,要采用更多的现代化手段。现代化手段的教学,一方面使知识结论得出的过程更为直观明了,提高教学效率;另一方面强化现代化的观念,使手段成为教学内容的一部分,从而实现从内容到形式两方面对学生的塑造。

3. 保障机制

从业导向人才培养方案的运行往往会遇到来自两个方面的困境。一是教师对方案的生疏。过去的培养模式,由于长时间运行,不仅让广大教师获得了经验,而且形成了一种运作习惯,他们无须花费更大的精力,就可达到方案预订的目的,而新方案对于他们来说则是陌生的,因而在运行中,就有一种天然的不适和拒绝心理。二是各项规章制度和人们观念上的抵触。这是一种无形的东西,人才培养方案是一项综合性的工作,它不仅需要教师在习惯上与之相适应,而且更需要制度进行规范,而已有的制度都是为了适应过去的人才培养模式而制定的。由于人才培养规格发生了变化,因此,制度的规范作用就成为新方案运行的阻力。这两个方面的困境,要求方案在具体实施中要建立起一个充分的保障机制,否则,再好的方案在运行中也无法达到理想的效果。

(1) 制定完整规范的管理制度。制度建立是一种保障机制的先行,从业导向人才培养方案与过去的方案相比,已经有了非常明显的差别。保障方案顺利实施的旧规章制度,作为过去人才培养的方案应运而生的东西,已不再适应新方案的需要。我们说制度是一种文化,制度文化是一种最有影响力的文化形式,它通过浸注于规定和规范中的文化理念,对人们的思想观念和行为规范进行潜移默化的引导。制度自身的内容是浅层的,而制度内容中所包含的文化理念却是深层次的。因此,要在新方案实施之前,在制度建设中渗透新方案制订的理念,对教师进行潜移默化的引导。这对于在当下状态中的人们解决对新方案的陌生和操作落实中的困难等问题是十分有益的,对于新方案及新方案的理念成为教师将来的观念和习惯也是非常有益的。同时,制度作为一种范本,对于教师在习惯与要求、行为与目标之间产生的矛盾和游移也将起到良好的解决效果。在具体的制度建设中,为了充分保障新方案的实施和效果的达成,应该对那些与人才规格相对应的内容进行强调,将每一项内容都作为一个系统进行运行的规范。如"学会做人"主要是通过人文教育来实现的,它作为一个相对独立的系统应包括以下几个方面的内容:一是人文教育的目标,二是人文教育的内容,三是人文教育的手段,四是教育结果的验收和评定,等等。只有这样,才能使培养方案落到实处。当然,除了直接针对目标的规章制度,还必须有一些相关的辅助,如教师考评办法中对于方案落实情况的考察等。

(2)建立动态监控、分析机制。这一点主要是在方案实施过程中所采用的办法,也就是方案在实施中,时时对其效果进行考察。动态的监控、分析机制应注意两个方面:一是监控分析机制不刻板,以多种形式,从多个角度,用多种方式进行监控分析。既可以采用抽查的方式,也可以采用全面调查的方式;既可以采用听课的形式,又可以采用学生座谈的形式;既可以选择人文教育的视角,又可以选择创新教育的视角,考察的方式始终处于一种不断变化的状态。二是考察的时间是变化的,除了教学的阶段性,即学期初、学期中、学期末、学年等阶段,还需不定时地进行检查,发现问题进行分析,找出原因,及时地予以解决,使方案在运转过程中始终处于教学主管部门的监控之下。

为了保证教学质量的不断提高,院校教务部门在教学管理的各个环节都要有相应的规章制度。一是为确保培养计划的贯彻实施,教师必须按教学大纲讲授课程内容,并在每学期开学前向教务处提交课程授课计划。二是坚持院、系领导和教研室主任及助教听课制度。三是建立由有丰富教学经验和教学管理经验的老教师组成的教学督导组,通过听课等途径,检查教师的教学情况并及时通报,以达到不断改进教学的目的。四是坚持期中教学检查制度,通过师生座谈会和教学状况抽查等多种形式,掌握教学动态,及时解决教学各环节中存在的问题。五是建立并坚持校风校纪检查制度,每学期定期或不定期地检查教师教学和学生学习情况,并及时进行通报。六是实行"考教分离",建立试卷库,对课程进行抽考,抽考的课程由教务处组织人员出题,以确保考教分离。七是加强考试管理,严肃考风考纪,在考试过程中除安排"巡视员"进行考场巡视,还要求各系、部党政领导也参与考场巡视以确保考试能顺利、有序地进行,同时还不定期地编发"考试情况通报",及时通报考试中出现的有关情况。八是加强对学生实习的管理和考核,根据学生提交的"个人总结""实习报告"和"单位鉴定"等按统一标准进行"量化考评"。九是实行"警告淘汰制"和"试读制",以敦促学生努力学习。

(3)加强学校员工对新方案的适应意识。制度的约束和规范是保障新方案得以顺利实施的硬性手段,其作用的发挥更集中于教师从传统的培养方案到新方案的转变时期。新方案对教育教学民主提出了更高的要求,而制度的强制规范与教学民主气氛的形成构成了对立的矛盾,因此要真正地发挥制度的深层意义和作用,必须通过硬性规范,培养教师对新方案的适应意识,使其逐渐地从不得已而为之成为自觉的行动。这有赖于制度在建设中对新方案的理念进行渗透,使教师在根据制度而进行的教育教学活动中,既要考察具体的落实情况,更要看其最终结果,这不仅是对制度文化的一种阐释,也是与新方案的理念相统一的。只有这样,制度才能深入人心,制度的规范才能成为人们自觉的行动。

(4)方案自身的可调整机制。方案的制订源于社会迅速发展所带来的不断变化的实际。因此,方案也不应该是一成不变的,应把方案制订的依据中对应变数实际的内容体现在方案自身的构架中,使方案本身就有容纳变化的空间。也就是方案设定中,要有一个可调整的机制,当社会的变数要求方案的有些内容需要减少或增加时,方案可通过自我调整实现社会变化的要求,但并不影响方案的完整性,使方案在运转中处于一种在总的基本稳定的原则基础上,不断地吐故纳新,始终与社会发展、变化的要求保持一致。同时,这种可调整机制本身所体现出的动态特征,也是面对新的培养方案时强有力的注释和支撑,保证方案在实施过程中始终保持鲜明的生命力。

对高校从业导向人才培养方案的探索,是高等院校在适应社会发展变化过程中非常重要的任务,因此得到了高校的普遍重视。它们根据各自学校的基础和办学特色以及教育背景进行了大胆而有效的探索,为高校真正实现服务于社会、服务于经济发展的需要提供了多维的思路,其实践经验也为探索中的人们提供了借鉴的样板,这种探索是丰富而有益的。

从业导向的人才培养是普通高校的共识,作为其中一员的高师院校,必须将从业导向作为人才培养的核心。

二、从业导向的高师办学

教师职前教育是一种特殊的职业教育。作为一种职业教育,它是以培养合格的中小学各门课程的教师为目标的。作为一种特殊的职业教育,它与职业教育面对各个行业的具体岗位操作人员的培养不同,它是以教育行业的从业者——教师为培养对象的,因此,它比一般的职业教育更有典范性。职业教育人才培养的从业导向,也必然是高师人才培养的办学追求。

1. 合格的从业者是高师人才培养的目标和追求

高师是以培养具有扎实的基础理论和基本技能,服务于基础教育教学,面向基层,具有良好的发展潜能、一定创新精神和较强实践能力的复合型、应用型人才为目标的。简言之,就是以培养合格的中小学教师职业的从业者为目标的。合格的中小学教师职业的从业者要注意以下两点:

(1)学习从业知识,训练从业能力。高师对师范生从业知识的培养应从三方面入手:一是专业知识,即与专业对应的系统知识,这是从业的基础和必备的知识。二是跨学科知识。由于教师还担负着对学生思维能力培养的职责,因此,必须将知识进行拓展,通过对跨学科知识的积累和掌握,开阔视野,增加对问题认识的思路和视角,为发展学生的个性奠定基础。三是学习和掌握生活知识。遵循学以致用的原则,伴随教育的生活化,生活知识越来越受到重视。师范生为了使自己成为一个合格的从业者,不仅要能够把学到的知识用于生活,更要在生活中学习和积累知识,丰富经验。训练从业能力中的"能力"是一个综合性概念,既包括对教材的理解和分析的能力,又包括运用技巧将理解和分析的结果有效传达给学生的能力;既包括教学的设计能力,又包括对教学的反思能力;等等。这些能力对于合格的教师从业者而言是缺一不可的。

（2）具备充分的德行修养和终身学习的能力。师范生要想成为一个合格的教育从业者，最为重要的就是德行修养，如果德行修养不足，不管知识积累和能力训练有多充分，都是没有意义和价值的。德行修养属于指导教师行为规范的观念因素，因此，必须使师范生树立起"学生为本"的观念，热爱教学行业，热爱学生，形成高尚的师德情操。我们常常以为只有那些体罚学生，或通过言行对学生心理造成伤害的教师行为才是缺乏师德的表现。实际上，师德最基本的内容是职业道德，如不认真备课、衣冠不整、上课东拉西扯等都是师德欠缺的表现。为了避免这些问题的产生和习惯的养成，师范生必须对从业的责任心和爱心进行强化。终身学习是建设学习型社会的基本要求，而对于从事教书育人的教师职业而言尤为重要。一方面，中小学生正快速成长，他们在成长中需要对知识不断积累，而且目前知识更新的速度极快，只有教师不断地学习和掌握新知识，才能使学生受到最好的教育。另一方面，终身学习是对教师从业最基本和最重要的要求，只有高师期间具备学习能力，才能为以后的学习奠定充分的基础。

2. 高师人才培养从业导向的落实

高师人才培养从业导向是明确的，而高师实际的人才培养过程中对从业导向的漠视也是鲜明的。如何改变现状落实高师人才培养的从业导向就成为我们无法回避的问题。

（1）通过校地合作，充分掌握教师从业要求及变化，使高师专业课教师具有双师型素质。高师人才培养过程对从业导向漠视的重要原因，就是许多高师专业课教师对中小学教育教学状况及从业要求不了解，使其在具体专业课的实施中，即使有落实从业导向的想法，也无法将其真正落到实处。因此，通过校地合作，高师的专业课教师可以直接走入中小学，参与他们的教育教学活动，了解和掌握中小学教育教学的实际情况，深刻理解现代教育发展对中小学教师从业的要求及其变化，并能够承担中小学具体课程的教学工作，成为双师型教师。同时，将优秀的中小学教师引入高校课堂，让高校教师和师范生进一步了解中小学教师的从业实际。更重要的是校地合作中的见习、实习等环节可以让师范生更多地走进中小学,他们通过观察、体验和实际操作,切实理解和把握教师的从业要求,并根据这种要求对自己的学习内容和目标进行设计,使学习和从业达到高度统一。

(2) 确定师范生培养规格,并根据规格设置课程。人才培养是通过课程的实施来实现的,而课程的设置则是由人才培养规格决定的。目前高师一些传统专业的课程设置基本延续着 20 世纪 50 年代的传统,虽然有一些修补式的改变,但并没有对其整个体系进行革命性的调整,使课程设置从理念到内容都在相当大的程度上脱离了当下高师人才培养的全新要求。其中课程设置与人才培养规格不对应是突出问题。一方面要明确人才培养规格,然后根据满足规格的需要设置课程,如中学或小学教师需要的知识素养是什么,培养这些知识素养需要开设哪些课程,需要的能力素养是什么规格,培养这些能力素养需要开设哪些课程,等等。另一方面要严格按照应用型人才培养的取向选择课程类型。目前在高师人才培养中占主体地位的是学科课程体系,这与应用型人才培养在总体上是不对应的,应逐渐由学科课程体系向任务本位课程体系转化。当然对于某些知识性课程而言,学科课程体系仍然有其价值,应对其有益因素予以保留和沿用,对其局限性因素进行调整和改造。也就是说,即使是学科课程中有益的内容也不能照搬原有的体系,而要加入从业导向的因素。

(3) 强化实践课程的地位,突出理论与实践的结合。在高师人才培养中,理论和实践"两层皮"现象的存在具有普遍性。理论课比重过大,实践课严重不足。同时,理论课与实践课内容不对应,使理论与实践的结合缺少必要的机会。在高师目前的课程设置中,理论课占总课时量的 70%—80% 不等,而实践课只占 20% 左右。理论课占据了学生大量的时间和精力,不仅使学生缺少与实践结合的消化时间,而且也固化了学生的理论思维模式,因此增加实践课的比重迫在眉睫。通过增加实践课的比重,使课程设置与应用型人才培养的目标和规格相对应,为高师人才培养从业导向的落实奠定稳固的基础。

高师人才培养的从业导向取决于其以应用型人才培养的目标,也取决于教师职前教育作为一种特殊职业教育的性质。而从业导向在高师人才培养中又是被普遍漠视的,从而导致了高师人才培养在相当程度上的异化。因此,探索其原因并努力加以改变,是提高高师人才培养质量必须做的工作。

三、教学技能的职业特点

高师人才培养中技能训练占有十分重要的地位,而任何技能都是与具体职业密切相联的,不同的职业都有其特殊性,因此,与不同职业对应的技能也都有其具体的独特性。然而在实际学习、训练和运用中,人们往往忽视职业技能的特殊性,而将技能的一般性特点作为所有技能的特点,其结果不仅使技能训练泛化,也使训练出的技能本身因与工作任务的对应性不够充分而减少了它的价值和意义。在当下教师职前教育中,由于对教学技能与一般职业技能缺少有意识的明确区分,教学技能的培养和训练往往按照一般职业技能培养训练的方式进行,使所训练出的教学技能缺少底蕴和支撑,成为单一的操作模式,导致教学技能与实际教学需要脱节。这种普遍存在于教师教育中的问题,严重影响了教师职前教育的效果,也影响了师范生毕业后适应教育教学岗位的过程。

1. 教学技能与一般职业技能的联系

要弄清教学技能与一般职业技能的联系,我们首先要弄清"技能"和"教学技能"两个概念。所谓的"技能"习惯上是指职业操作能力,是由一系列外部动作构成的,通过练习形成和巩固起来的一种符合职业从业要求的活动方式。技能的获得进而熟练运用,都是在实践中勤学苦练的结果。所谓的"教学技能"是指教师运用已有的教学理论知识和专业知识,通过练习而形成的稳固的、复杂的教学行为系统。教学技能包含在职业能力之中,是职业操作能力的一种。因此,教学技能与一般职业技能有三个方面的联系:

(1) 它们都是从业的必备条件。通常情况下,我们在论述职业技能的时候总是与职业教育联系起来,原因就在于职业教育培养应用型、技能型人才最重要的要求是对学生进行从业技能的培养和训练。在职业教育中无论是什么专业,其岗位从业技能都是最重要的,尤其是面对企业培养技能型人才,其操作能力是适应岗位需要的基础。操作能力的强弱,决定着从业水平的高低。而教师职业所对应的教学技能,同样是从教的根本。一方面教学活动是一种智力活动,必须有充分的知识积累,而充分的知识积累只有通过有效的教学技能才能得到呈现。另一方面,教学技能的灵活运用形成教学技巧,是适应教学情境性特点、促使教学提高成效的必要途径。因此只有掌握教学技能并形成教学技巧,才能使教师职业获得发展。

(2)一般职业技能和教学技能都是后天培养的,都需要通过训练才能获得。培养的途径就是训练和运用。职业教育中操作能力的培养追求熟练,这种熟练的程度往往同训练的程度一致。所谓熟能生巧在这方面显得最为突出。职业技能除一般的操作外还要有创造性,这种创造正出于"巧"。因此,训练不仅是掌握技能的需要,也是技术更新和发展的需要。同样,教学技能除了必要的知识积累为前提,更多的是体现在具体教学的操作上。操作程序的设计、过程的把握、侧重的确定等等,都需要通过实践训练完成和完善。教学技能的自动化正是熟能生巧在教学训练中的要求。

(3)一般职业技能和教学技能都与职业特点和要求密切相关。技能是从事任何职业所必需的。具体职业不同,其对技能的要求也不相同。一般职业技能虽然也包含多种因素,如企业员工从业中往往包括三个方面的技能,即技术的技能、人际关系的技能和解决问题的技能,这些技能基本上是以操作为中心,人际关系方面的要求是使操作更加和谐,更富有成效。教学技能是教书育人的技能,对人的德行及专业知识素养要求更高。职业技能与职业特点的对应性是它们的共同特点。

2. 教学技能的职业特点

教学技能与一般职业技能有共性,同时,由于教学技能是一种特殊的职业技能,因此又有自己的个性特点。其个性特点取决于教育职业与一般职业相比更为复杂,使它具有除了一般职业技能重视操作性的特点,更注重综合性、精神性、情境性和多样性的内涵。

(1) 教学技能的综合性。教学技能与一般职业技能相比,具有更为鲜明的综合性,内涵也更为丰富。一般职业技能主要是操作能力,操作能力虽然也需要有一些支撑因素,但这种支撑因素的作用并不像教学技能那样明显,依赖性也并没那么强,只要进行不断的强化训练就可以把握,因而显得比较单一,也比较明确。而教学技能却要复杂得多,单就组合因素看,它既包括教的技能,又包括学的技能,而且教的技能和学的技能各自都是复杂的系统,分别由多种因素、多方面的能力构成,其训练途径也必然是丰富多彩的。这种复杂性,必然带来教学技能综合性的特点。同时,无论采用多样性途径的哪一种训练方式,技能训练与知识积累之间的联系都是十分密切的。一般技能可以直接通过师徒传授的方式进行训练,在训练中通过经验的积累,提高操作技能。而在教学技能中,知识既是技能的内容本质,又是促进技能提升为技巧的动力。如果技能训练不与知识积累联系,那么所谓的技能就不是真正的教学技能了。

(2) 教学技能的精神性。首先,教师职业的从业特点是教书和育人是融为一体的,这一职业特点要求从教的技能中不仅仅要有操作能力,而且还必须具备育人的素养。这育人的素养突出地表现为爱憎的情感态度和价值观,以及面对从业对象"人"的丰富性、复杂性、动态性而显示的智慧和应变能力。这是一般职业从业要求所没有的。其次,教书育人的方式是潜移默化的。它要求从业技能中包含充分的文化修养,并在技能实施中加以渗透,这又与一般职业技能主要显示为较为单一的操作能力有非常明显的差异。教书育人是在培养学生的过程中对其精神境界产生影响,潜移默化的方式是最重要的,文化内涵、情感导向往往潜隐在教学技能中,贯穿于学生的学习和成长过程。而只有教师具备充分的文化修养,并达到相应的精神境界,这种潜移默化的方式才能获得价值。因此,潜移默化的教育本身正是教学技能的重要因素。

(3) 教学技能的情境性和多样性。就一般技能的宏观概念而言,技能因行业的不同而具有多样性,而具体行业的职业技能往往是单一而明确的,但作为具体行业的教师职业却有很大的不同。首先,教学具有情境性、适应情境性特点,教学技能要求以多样性、变化性、灵活性与之对应。一般职业技能也具有相对的情境性,但是比较稳定的、不易发生变化的情境,因此,在这种情境中的操作能力往往具有相对固定的程序性和模式,对技能的训练往往专注于对熟练程度的追求。而教学的情境性则非常不稳定,始终处于动态的变化之中。不仅面对不同学生所形成的情境不同,面对相同的学生,在不同的状态和场合中,其教学情境也不相同;不仅讲授不同内容会形成不同的教学情境,对内容的侧重不同也会形成不同的教学情境;等等。教学技能要适应教学丰富的情境性特点,必须综合地储备方方面面的多种多样的教学技能与之对应。应对情境性中的任何准备方面的不足,都会导致从业中的失误甚至失败。其次,不同学科教学对教学技能有多样性要求。教师从业于中小学教学,中小学教学面对的学科有十几种,除了数学、语文、政治、外语等主科,还有诸如自然、美术、音乐等副科。由于学科内容不同,每一个学科都要求实施者的教学技能与学科内容特点对应。如数学课的教学技能不能照搬语文课教学技能,自然课的教学技能也不完全适应于美术教学。教学技能的多样性,由于学科专业化特点而进一步得到了强化。

3. 培养、发展教学技能的策略

教学技能是教师素养培养中不可缺少的重要内容。由于我们习惯上将教学技能等同于一般职业从业中的操作能力,极大地萎缩了教学技能的内涵,使教师职前教育中,教学技能的培养脱离实际教学的要求,导致师范生教学技能偏低成为普遍现象。为了改变这种局面,应实施以下三个方面的策略:

(1) 在充分积累的基础上历练,通过不断综合信息、内化积累、模仿操作,实现教学技能的养成。针对当下教学技能训练中存在的单纯训练操作能力,缺少知识支撑以及训练缺乏对技能形成规律把握的状况,首先应强化师范生的专业知识积累。专业知识积累是使教学技能充实而有内涵的要求,缺少知识积累,单纯对教学操作程序的熟练程度的训练是无法满足教师从业要求的。知识的积累必须与教学技能训练相结合,使技能训练能够反映学科特点,具有实际运用价值。同时,训练过程中对所积累专业知识的运用也使教学技能训练过程成为知识内化的过程,从而使知识积累提升为知识素养,为教学技能发展为教学技巧奠定基础。其次,遵循能力形成的规律,改变教学技能训练的随意性。一方面探索教学技能构成中各种能力形成的共性和个性,进行有针对性的培养;另一方面根据由浅入深、循序渐进的原则,从模仿操作到自主实施,进行有序培养。

(2) 关注德行修养、文化素养,通过提升道德品质拓展眼界和发展智慧,充实教学技能的精神内涵。教学技能的精神内涵是其最重要的特点,是区别于一般职业技能的关键所在,同时也是教师职前技能训练中被忽略的内容。教师的职业是育人的职业,是在精神与精神的对话中对人格进行培养,而对人格培养的最重要的途径是文化的熏陶和渗透。教学技能本身就包含着丰富的、由德行引导和文化渗透促成的精神特质,这是教学技能的灵魂。因此在教学技能训练中必须首先培养文化素养,使师范生因丰富的文化积累而成为眼界开阔、心胸豁达、充满爱心的人,通过对文化的内化而成为充满应变能力、富有智慧的人。这是进行教学技能训练的先决条件,缺少这个先决条件,所谓的教学技能就与一般职业技能没有区别了。当然,文化素养的培养与教学技能的训练并非简单相加的关系,要使文化成为教学技能的精神内涵,必须使二者有机融合,使文化成为教学技能的组成因素,让教学技能成为一种文化形式。

(3) 发展思维能力。通过借鉴不同专业课程教学技能进行技能创新,提高具体情境教学中方法选择的灵活性和针对性。教学技能既涉及方法问题,也涉及模式问题,两个方面都与人的思维关系密切。首先,教学技能与方法的关系为:一方面教学技能必须具备丰富多样的方法。由于教学情境性具有丰富性、多样性和动态性,只有储备了丰富多样的教学方法并形成教学技巧,才能与之适应。当下教学技能训练与实际教学脱节,其中最重要的原因就是掌握教学方法单一,不能适应处在变化中的课堂。通过多样性方式方法的训练,教师不仅掌握了具体方法,而且对各种方法中的构成因素不断地进行组合,从而进行技能的创新。这种组合既要在同一课程教学中运用,更要努力探索在跨课程教学技能之间进行,其启示和创新意义更为明显。另一方面,不同的方法体现着不同的思维方式,通过方法之间的碰撞强化思维能力,更有效地提高具体情境教学中方法选择的灵活性和针对性。其次,教学技能与教学模式的关系体现为教学模式是适应某种具体内容规律的教学模板、样式。这一概念说明模式是具体内容规律在形式上的要求和反映,但在教学技能训练中,我们往往把具体教学模式绝对化为适应所有教学内容的模板、样式,这不仅导致教学技能训练的单一,而且也造成了训练结果的绝对化。因此,在教学技能训练中要结合具体内容进行多样化模式的训练,使模式训练成为丰富教学技能内涵的手段。

教师职前教育是一种特殊的职业教育,因而强调教学技能的训练和培养是其最为重要的使命之一。在教学技能培养中应特别强调教学技能与一般职业技能的共性和个性,在借鉴一般职业技能培养的方法和经验的同时,突出教学技能的综合性、精神性和多样性,使训练有的放矢,卓有成效。

四、按需定量的招生计划

教师职前教育毕业生从业难,已经成为牵涉整个社会的问题。人们通过各种方式开通多种渠道,来促成这个问题的解决。从总体上看,教师职前教育学生从业状况虽然有相对的改善,但随着毕业生数量的递增,教师职前教育毕业生从业难问题的程度却有增无减,尤其是教师职前教育在极力扩张规模的过程中,增加了大量的非师范专业,从业不平衡的现象也越来越明显。有些学校的毕业生基本都能从业,有些学校的毕业生却大量无法从业;有些学校的一些专业从业很好,同一学校的一些专业从业很差;等等,这些现象都促使我们从毕业生从业难的更深层次寻求原因、探索出路。

1. 招生计划与市场联系的缺乏导致招生的盲目性

目前教师职前教育招生计划,基本上是教师职前教育自己提报数量,主管部门进行审核批准。由于教师职前教育的规模竞争日趋激烈,因此招生计划尽可能地多报。申报招生人数的基本依据是师资和实验设施,而很少考虑到社会需求的情况。主管部门审批时最主要的依据也是学校的办学能力和规模规划,并在宏观上进行调控,而这种调控往往也只局限于教师职前教育及其专业的均衡发展,社会需求因素并不是主要的依据。这样学校对招生数量的申报和主管部门的审批的根据,基本上局限在教师职前教育实施和管理部门,使招生计划审批成为相对独立于社会需求之外的运行机制。这种机制由于教师职前教育与社会相对隔绝的状态而不断加剧。虽然近些年来,在从业难的强大压力下以及高等职业教育适应市场需求理念的影响,教师职前教育在这方面有所改变,但并没有根本性的变化。招生计划的确定与社会需求之间由于缺少联系,造成教师职前教育学生毕业从业的困境。没有社会需求的专业大量招生,致使学生毕业后无法从业。因此要从根本上解决教师职前教育学生毕业从业难的问题,必须从招生计划着手。教师职前教育要加强与社会的联系,了解和掌握社会对人才的需求情况,根据社会需求状况确定招生人数,根据人才需求规格,进行有针对性的培养。同时教师职前教育主管部门也应同行业的主管部门建立经常性的联系,建立互相通报制度,了解和掌握教育行业人才需求情况,根据具体情况对教师职前教育申报招生计划进行指导和审核。这样层层把关使教师职前教育的招生计划与市场需求密切结合,使教师职前教育学生进入学校之前获得潜在的社会岗位,为他们毕业后的充分从业打下良好的基础。

2. 对已有专业进行调整改造,对新增专业进行社会调研

专业与教育行业需求的状况,同样对教师职前教育毕业生的从业有着决定性的作用。减少或改变专业因素对教师职前教育毕业生从业的制约,应主要从两个方面入手:

(1)对已有专业进行调整和改造。已有专业指的是那些办学时间长、师资力量雄厚、实验设施齐全的传统专业。这些专业都曾经为学校的发展做出过巨大贡献,同时这些专业也往往都在长期的运行中形成了自己的特色和运行模式。然而正是这些对学校至关重要的专业,伴随着社会的发展和进步,尤其是伴随着专业对应的社会岗位的变化,已经不适应或不完全适应社会发展的需要,毕业生的从业已经受到了严重的制约。为此,学校必须进行调整和改造。调整是指专业的内容和方向进行改变,从而根据社会发展的需求为专业去掉陈旧的、落后的因素,增加新鲜的、富有生命的因素。改造是利用原有专业的基础,创造新的专业,使传统专业获得适应新时代的生命力。这些传统专业往往是一些特色专业和支柱专业,往往是招生最集中的专业,因此调整和改造使其适应新的教育及社会经济发展的需要,对于避免盲目招生导致的教师职前教育学生从业难是有着十分重要的意义的。

(2)对新增师范和非师范专业进行社会调研。目前,教师职前教育规模的竞争愈演愈烈,而新增专业是扩大教师职前教育规模的重要途径。由于着眼于规模的扩大而新增专业,因此就不免在新增专业的过程中出现盲目、草率的行为,使新增专业由于与教育发展及社会需求的联系不紧密,导致毕业生的从业出现困难。为此,新增专业必须进行深入、广泛而细致的调研,需对预设专业有符合客观实际情况的前瞻性的预测和展望。要根据社会发展现状确定新增专业,根据社会岗位需要设置课程、确定培养目标,根据专业对应的行业规模确定招生计划,使新增专业毕业生的入学与从业达成一致。

3. 根据人才市场情况加强定向培养,改变失衡的供求关系

教师职前教育毕业生从业难的问题是普遍存在的,但是从业难并不完全代表岗位缺乏,而是一方面一些毕业生没有岗位,另一方面一些岗位没有毕业生从业。对于这种局面,中央主管部门虽然出台了多项鼓励政策和措施,但收效并不能令人满意。因此,还是应从源头抓起,用加强定向培养的方式,来改变失衡的供求关系。除上述所说的在专业对口的情况下从业与岗位之间的失衡外,还有专业不对口的失衡,即有些专业的毕业生因人多岗位少而无法从业,有些岗位则人少岗位多而虚位。因此,这里所说的"定向"除了作为培养方式的专业术语,还有一个专业招生计划与岗位数量统一的"定向"内涵。首先是在专业对口的情况下从业与岗位之间的失衡。这种情况主要表现在毕业生从业意向集中于城市和经济发达地区,导致毕业生过剩,而经济欠发达地区和乡镇则岗位过剩。为了解决这一问题,可以采用定向招生、定向培养的方式,在招生的过程中适当地降低入学标准,入学之后即与相关单位签订协议,毕业后直接从业。其次是专业不对口的失衡。学校和招生计划的主审部门应摸清具体情况,进行有效的调整,对于人多岗位少的所谓"热门专业",要进行强有力的限制,使学生入学的专业选择更为理性;对于人少岗位多的所谓"冷门专业",则应鼓励学生选择。对于"热门专业"和"冷门专业"的调整,除了制度上的限制和鼓励,还应在诸如收费标准、住宿条件等方面有所区别和进行引导。同时,可以利用一些教师职前教育中实施的两年后部分学生可以调整专业的灵活政策,对教师职前教育毕业生从业与岗位之间的失衡状况进行进一步调整,从而逐渐消除这种不平衡的状况。

毕业生从业难是教师职前教育发展的瓶颈,毕业生的从业率已经成为衡量教师职前教育办学水平的重要指标。为此,教师职前教育毕业生的从业问题已成为教师职前教育工作中的重中之重。为了把这重中之重的工作落到实处,教师职前教育的教学科研工作者应广开思路、深入探讨,将其融入学校的各种具体工作中,贯彻到各个工作环节。只有这样,教师职前教育毕业生的从业工作才会有新的起色。

第二节 高师人才培养与从业的游离

高师人才培养与师范生从事教师职业有着因果联系。然而,受制于高师办学导向及教师观念等方面的原因,这种具有因果关系的联系并没有落实到具体的办学中。高师人才培养与师范生从业的游离,在不同角度以不同方式存在着。

对于从业导向,高师办学中存在两个问题,即负责整个培养过程的教学单位并不关注或不十分关注学生的从业问题,而从业指导部门只关注从业,不关注或无权关注教学过程的从业导向。结果是造成了教学过程对从业导向的漠视，主要体现在两个方面：

一是应用型人才培养目标与研究型人才培养的课程设置。应用型人才培养是高师院校人才培养的基本定位，与培养研究型人才的综合大学相比，其特点就是更加注重从业的导向。这种应用型人才培养的学校类型与研究型人才培养的学校类型，不仅目标存在着明显区别，课程设计、教学实施方式以及评价内容等也都存在着明显的反差。然而在实际操作中，由于高师院校往往以研究型高校的办学为追求目标和样板，使高师院校普遍存在着应用型人才培养目标所对应的是研究型人才培养的课程设置。一方面保留着纯学科课程体系，使课程成为一种封闭的、严密的结构。这不仅导致课程与课程之间缺乏联系，而且课程与系统知识相对应的应用能力的联系也严重不足，使课程——这个人才培养最重要和最直接的手段与应用型人才培养的目标脱节。另一方面，注重理论教学，轻视实践能力的培养。在整体课程设置上，理论课程与实践课程的比例严重失衡。近年来虽然有越来越多的有识之士大力倡导和推进实践教学比例的增加，但实际操作中受办学思路、课程性质和特点的限制和主导者的观念影响，实践教学的比例始终与应用型人才培养存在着相当大的缺口。这两方面共同决定了高师人才培养过程中对从业导向的漠视，其必然导致从业的困难。

二是高师对专业课教师评价的误导。任何课程的实施都是由具体教师的教学来完成的，如果在对教师的评价中有一个正确的导向，即使不能完全改变现在这种局面，也会大大减轻高师教学过程中对从业导向的漠视程度。而高师对教师的评价恰恰是沿着研究型人才培养的高校的思路进行的。许多地方的高师院校对教师的教学能力和教学水平并不看重，甚至不做评价，而集中对其科研成果进行评价，尤其看重科研成果的层次，即 A 类 B 类期刊上发表的所谓前沿性的文章。即便这种文章与学生从业没有什么关系，甚至与专业关系也不大，却受到高度评价并得到重赏。而发表能够解决中小学教育教学具体问题的具有操作性的文章却被无视，甚至不算成果。在这种评价导向之下，教师不仅对教学得过且过，而且在研究中也往往搞那些脱离实际的所谓具有导向性和前瞻性的文章。这些进一步导致高师人才培养过程对从业导向的漠视。

一、教学实施的非师范性

教师职前教育是以培养合格中小学教师为目标的,其课程设置和培养方案应始终围绕着师范性进行。所谓的师范性,就是教师职前教育从培养适应中小学教学从业的目标出发,以专业知识为基础,着重于职业素养的形成和以教学技能训练为核心开展教育教学活动。师范性应是教师职前教育办学最显著的特征,也应是贯穿于学生学习和教师教学全过程的理念。然而,由于传统办学模式和观念的影响,教师职前教育办学中的师范性特点被淡化了,造成了办学水平的下降。因此,强化教师职前教育办学中的师范性特点成为改变现状、提高教学水平刻不容缓的问题。

1. 教师职前教育专业课程设置应以师范性为依据

办学理念主要是通过课程的教学得以体现的,而课程的设置又是教学的基础。因此,探讨教师职前教育专业课的教学必须明确课程设置的依据。

(1)明确教师职前教育具有明显的职业教育特点。教师职前教育与职业教育有鲜明的共性,同时又有明显的区别。它们的共性就在于它们都是针对具体的职业,都是以培养适应岗位需要的合格人才为培养目标。它们的区别集中体现在职业教育面对的一般是职业企业生产岗位,教育目标侧重在把握原理基础上的操作,要求操作能力,追求熟练程度。而教师职前教育面对的是教书育人岗位,因此教育目标侧重于由知识和文化积淀所形成的素养,追求丰富的应变能力。这既是同样具有职业教育特点的教师职前教育和一般职业教育的区别所在,也是人们不愿将教师职前教育纳入职业教育范畴的根据。正是这样的区别,导致了它们之间在教学内容和形式上的反差。职业教育以技能培养为核心,以理论原理为辅助;而师范院校则以专业知识、文化素养为核心,以教学技能训练为辅助。弄清这个区别,对于现阶段清楚地认识教师职前教育办学中的师范性特点是十分必要的。

（2）教师职前教育的课程设置正是以这种师范性为依据的。教师职前教育以培养适应中小学各门课程教学的合格教师为己任。中小学各门课程都是由不同因素、多种内容构成的综合体，具有完整的系统性。为了使学生适应将来的课程教学，深入理解和把握构成具体课程的各个具体因素和内容，教师职前教育将中小学的具体课程及实施这些课程所应具备的各种素养分成十几种大的类别，分解出各种类别的子系统，形成具体课程。教师职前教育具有职业教育的一些特点，属于一种特殊的职业教育这样的性质，就应该打破教师职前教育专业课程主要是依据学科体系设置的运行机制，强化教师职前教育的课程设置与中小学教师岗位需求之间的对应关系。

（3）在教师职前教育专业课程的设置中存在着一个明显的不足，就是还没有建立起适应教师岗位变化的有效调整机制。一般职业教育的一个突出特点就是能够快速地伴随着经济发展和科技进步所带来的岗位变化，灵活地对专业课程进行调整和改造。教师职前教育作为具有鲜明职业技术特点的教育，其对应的教师岗位变化，虽然比不上一般职业教育对应岗位变化明显和迅速，但始终处于变化之中，尤其是基础教育和高中教育处于转型期的今天，这种变化不能不说是明显的。但面对这种职业内涵及要求的变化，教师职前教育的课程设置除了"课程与教学论"发生变化，其他课程几乎没有什么改变，这正是由教师职前教育的职业教育特点被漠视造成的。课程设置及教学与培养目标处于一种隔绝甚至分裂的状态。

2. 教师职前教育专业课教学中师范性被漠视的现状

从上面的分析中我们可以看出，作为具有鲜明职业教育特点的教师职前教育的课程设置，应完全是以培养合格中小学师资为目标的，尤其是专业课的设置都对应着具体中小学课程的内容。因此从设置的目的而言，教师职前教育在专业课具体教学的实施中应始终围绕中小学课程的内容要求及规范进行。然而实际并非如此，课程设置的目标与教学实施脱节成为教师职前教育专业课教学中存在的非常严重的问题。问题主要体现在以下三个方面：

（1）专业课教师对中小学课程标准的无知。与传统教育教学相比，基础教育课程标准和高中课程标准从内容、性质到理念都发生了巨大的变化。为适应这种变化，课程标准提出了教师要改变观念、更新知识、提高素养的要求。以培养教师为己任的教师职前教育，培养目标已发生了明显的变化。为适应教师改变观念、更新知识、提高素养的要求，不仅专业课的内容需要调整，专业课的教学方式也应加以改变。然而从当下教师职前教育的教学实际状况看，一切依旧沿袭着传统，并没有发生改变。对于教师从业核心依据的课程标准，在绝大多数专业教师中，好的是一知半解，更多的是一无所知。这种对于培养规格无知的状态，怎能培养出合格的教师？

（2）孤立的、研究性的专业课程的讲授。这是对课程标准无知所造成的结果，也是具体表现。"孤立的"就是教师在教授自己那门专业课的过程中，一方面完全从本位主义出发，就课程内容讲课程内容，不与其他学科相联系或沟通；另一方面，完全漠视教学对象的职业特点，致使专业课教学与他们将要从事的教书育人的工作相脱节。"研究性"是与实用性相对立的，即对于课程侧重于高深内容和学术见解的介绍。作为具有鲜明职业教育特点的教师职前教育，其教育内容的实用性和针对性应是其专业课教学的主体。根据课程标准对教师研究能力的要求，以研究性为辅。现在这种研究性与实用性倒置的情况，造成学生毕业后普遍觉得学无所用。这种孤立的、研究性的专业课教学，使课程实施与课程设置的目标相距更加遥远。

（3）专业课教学重点、难点的失当。由于专业课教学有很大的自主性，加上对中小学课程标准的普遍无知，专业课教师对所讲课程重点、难点的确定中就出现了三种失当现象：第一种是教学没有重点、难点。整体课程的教学内容，在教学中平均用力，没有侧重，使学生学过之后，几乎没有什么内容可以留下深刻的印象。第二种是以个人的爱好来确定课程的重点、难点。自己感兴趣的内容哪怕在整个课程体系中没有什么地位，也要作为重点大讲、特讲；对于自己不熟悉、不感兴趣的，哪怕是与中小学教师从教最为密切的，也要简单带过，甚至干脆不提。这种现象在教师职前教育专业课的教学中具有普遍性，这不仅改变了课程内容的系统,而且导致学生学习效率的低下。第三种是完全从课程角度来确定重点和难点。从课程角度确定教学的重点和难点是正确的,是尊重学科的具体体现,但又是不全面的。在从学科角度确定重点、难点的前提下还必须关注高师院校培养中小学教师的目标,还要将重点、难点与中小学课程标准对应起来。

3. 改变教师职前教育专业课教学中师范性缺失的对策

教师职前教育专业课教学中师范性缺失是严重的,其中有办学理念方面的原因,更有教师观念方面的原因。教师是课程实施的主体,其行为既直接反映着学校的办学理念,同时也直接体现着教师的观念。教师面对教师职前教育人才培养规格的变化,必须对传统的教育教学方式进行调整和改变。

(1) 专业课教师要深入把握中小学课程标准理念。基础教育和高中教育课程标准涉及两个阶段教学的所有课程,教师职前教育中,无论是什么专业,也不管是什么课程,都有与之对应的课程标准。改变教师职前教育专业课教学与培养目标脱节的状态,专业课教师必须对自己所授专业课程对应的中小学课程标准予以深入、准确的把握,以中小学课程标准的要求为依据实施具体教学。为此,一方面学校应组织专业课教师开展对中小学课程标准的学习和研讨活动,并将其列入教师业务考核的重要内容。同时将中小学课程标准理念在课堂教学中的贯彻和渗透作为评价课堂教学的依据,从而形成以中小学课程标准理念为指导的专业课教学氛围。另一方面,每一个专业课教师对自己所讲授的课程在对应的中小学课程标准中的分量和地位应有明确的把握,进行有的放矢的教学,使教师职前教育的专业课教学始终围绕培养适应中小学课程标准的从业者的目标展开。

(2) 建立专业课之间的联系。基础教育和高中教育中的任何一门课程都是相关内容的系统性综合。教师职前教育各个专业课都是对基础教育和高中教育中各门系统性综合课程进行分解的结果。因此,专业课之间有着十分密切的联系,是不可分割的。然而,因为当下教师职前教育的专业课教学中构成专业课系统的各门课程之间缺乏联系,使专业的系统性和课程的整体性丧失。

因此,各个专业课之间必须进行有机联系,在联系中进行相互之间的渗透,使学生获得深入的理解和启发。同时,在联系中树立学生对于不同专业课学习的整体观念,为学生在毕业后从事具有综合性和系统性的课程教学奠定坚实的基础。

(3) 结合课程标准的要求,确定专业课的侧重点。这里首先应该明确的是某一学科有其自身的规律,因此,也有自己独立的侧重点。有些侧重点是与课程标准一致的,有些是不尽一致的,既不能抛开学科特点和规律去谈论学科的侧重,也不能背离或无视中小学课程标准的要求,以个人的标准去确定专业课程的侧重,而是要两者兼顾。尤其要强调中小学课程标准在确定专业课教学中的侧重,是因为在教师职前教育专业课教学中师范性的缺乏,以及在中小学课程标准颁布和实施之后,教师职前教育培养目标已经发生变化的情况下专业课的内容及实施中的做法并没有进行相关的调整。作为教师培养源头的高师院校必须在这方面有所作为。专业课的侧重点既是学科规律和特点的反映,同时也是中小学课程标准要求的体现。由此通过评价导向的强化,形成学生的理念,使科学而全面地确定专业课的侧重点成为学生的自觉行为。

教师职前教育专业课教学中师范性的缺乏是具有普遍性的,其原因也是十分复杂的。因此,在改变现状的探索中应首先明确师范教育的特点及人才培养目标。通过改变办学理念,教师才能适应中小学课程标准要求的教育教学观念,逐步加以改变,教师职前教育才能真正承担起培养适应社会发展需要的合格教师的职责。

二、教学评价的非师范性

教育教学评价对人才培养具有引导和规范作用。有什么样的评价就有什么样的教育教学,有什么样的评价就有什么样的人才培养。教育教学评价是整个办学的导向。学校的教育教学评价是由两方面的内容构成的,即显性评价和隐性评价。显性评价是一种直接评价,它以直接、明确的标准来规范教育教学行为，它的实施形式是考试和考核，最直接地反映了学校的办学要求和办学理念，是教育教学评价的基本内涵，许多时候它是学校教育教学评价的专指。隐性评价指除显性评价之外学校的各种行政制度和规范。它不直接运用于教育教学，但对教育教学产生潜在的深刻的影响，影响着学校的教育教学方向和氛围。正常情况下，显性评价和隐形评价是统一的，但在学校的运转中，两者却常常处在矛盾之中。对于教师职前教育而言，这固然与学校越来越严重的行政化相关，同时更与对学校的性质判断有直接联系。在教育教学评价中，学校的性质是依据，培养目标是根本，脱离这个依据和根本，任何评价活动和行为都是没有价值，甚至是有负面价值的。

1. 师范性是教师职前教育教学的本质要求

所谓的师范性是由教师职前教育培养目标、性质、培养过程和方法决定的办学方向、理念和手段。它是教师职前教育制定规章制度的依据，是展开教育教学的规范，是教师职前教育办学的灵魂。首先，教师职前教育的培养目标具有明确性。教师职前教育的培养目标，在其称谓上就进行了明确的规定和规范，它既不同于一般大学定位于培养综合性人才，也不同于职业教育泛化地面对社会具体职业，而专注于教师人才的培养。这种目标的明确性，使教师职前教育的一切行为都必须围绕培养符合岗位需要的合格教师展开，但这种明确性对教育教学的要求又不是一成不变的。相反，它始终处于动态变化之中，这种动态性取决于所培养的教师符合岗位需求上。伴随社会的发展、人们观念的转变，教育也在不断地变革和更新，教师的从业要求也就不断地发生着变化，教师职前教育的培养目标必须根据变化进行调整。其次，教师职前教育的教学内容具有具体性。由于培养目标具有明确性，那么以什么样的内容去与明确性对应就非常具体了。具体地说，教师职前教育的教学内容要直接服从、服务于培养目标，应有自己独立的教学内容系统。再次，教师职前教育教学手段具有实践性。教师职前教育是一种特殊的职业教育，而职业教育最大的特征是通过实践教学培养操作能力。教学能力也是一种操作能力，培养教学能力的实践性是教师职前教育教学的重要特征。这一观点目前为止还存在着很大的争议,这种争议突出地表现在实践教学在教师职前教育教学的比例方面。一般教师职前教育的实践课程只占整个课时量的五分之一,有人提议要将这一比例提至四分之一,甚至三分之一为宜。这说明教师职前教育的教育教学手段的实践性越来越被看重。从具体方面说,教师技能是构成教师从业素养最重要的内容,它是由确定教学目标技能、教学设计技能、教学实施技能以及教学反思技能等一系列技能构成的,这些技能的获得必须经由实践教学手段来完成。从知识和素养的关系而言,在教师培养中需要知识,但仅有知识是不够的,还必须将知识提升为素养,将知识提升为素养的过程就是内化的过程,而实践是完成这个过程的关键。因此,教育教学的实践性是师范性的又一重要特点。

2. 非师范性评价及其影响

非师范性评价是指教师职前教育在办学导向和教育教学的具体实施中,漠视教师职前教育的性质,违背培养目标的要求制定规章制度和评价体系,使任务和做法产生本质的游离。

(1)非师范性评价导致管理的矛盾和教育教学的盲目性。研究表明,教师职前教育办学中的非师范性评价在我国是非常普遍的。其原因一方面是对于综合性大学办学理念的追求在教师职前教育中具有普遍性;另一方面,在教师职前教育的扩招中大量的非师范专业进入教师职前教育,扰乱了人们的判断。这里的管理的矛盾指师范性管理的要求与非师范性管理的实际之间的矛盾。通过对不同教师职前教育的办学状况的研究发现一个带有普遍性的倾向,即管理者对教师职前教育的特点及培养目标在理论上都清楚、明了,在他们的讲话稿和论文中也很明确,在一些宏观的规章制度中,往往也强调师范性特点,而实际教学和具体的评价标准却总是与理论上的理解和认识相背离,师范性无形中被淡化,对于综合性大学管理和评价的趋同成为一种比较普遍的倾向。这种师范性管理理论与实际运行非师范性的矛盾,使理论丧失了实际价值。教育教学的盲目性是指教学目标的要求和实际教学的矛盾。教师职前教育的培养目标是培养适应社会发展需求的中小学教师,由于管理的导向是与综合性大学趋同,因此教育教学淡化对师范生应有素质的培养,而采用两种完全违背目标实现的培养方式:一是既不适应师范生从业要求的培养,也背离综合性大学研究能力培养的照搬教材内容的灌输。二是不顾及师范性培养目标要求的对教学内容和形式的非师范性评价导向。对于教育教学要完成什么样的任务,实现什么样的目标,教师处于一种糊涂状态。

(2)评价主体的绝对化导致评价结果的片面。教育教学评价是整个教育教学的导向,有什么样的评价就有什么样的教育教学状况。因此,在教育教学中评价占据着十分重要的地位,也受到广泛的关注。而评价主体问题,不仅反映了评价的理念,也决定了对评价价值的关注点。教师职前教育在评价主体的问题上存在着绝对化的倾向,这种绝对化主要表现为教师只是被评价的对象。虽然一些教师职前教育在对教育教学评价的设计中,有教师自我评价和教师相互评价的条款,但在实际操作中往往被忽略或取消,对于教师的评价或由教育教学行政部门做出,或由学生做出,教师则只能被动地接受,其结果必然是片面的。主管教育教学的行政人员作为评价的其中一个主体,其最大的局限性就是理论与实践的脱节,他们的评价必然深化教师职前教育办学的非师范性导向。另一个主体是学生,他们并不了解教师职前教育的性质和培养目标,其评价的依据往往是对教师的印象和个人的兴趣,师范性同样遭到漠视。只有教师这个主体对教师职前教育有比较清楚的认识和理解,却不能参与评价。因此,在被评价的过程中,教师无法逃脱被非师范性同化的命运。

(3)考试简单化导致教学的随意和浅薄。评价最直接和最具体的方式就是考试。教师职前教育在考试方面所表现出的非师范性是教师职前教育办学与培养目标最具体和最本质的分裂。教师职前教育考试中的简单化主要表现在两个方面:一个是试题的标准化。在对部分教师的试卷考察中发现,试卷出题有明确的要求,填空、单项选择、多项选择、简答、论述等题目是出题的具体规范,而各种题型所占的比例都有具体的要求,与之相应的每个题目都要有"标准答案"(所谓的参考答案),极大地萎缩了课程学习中对应教师素养培育的丰富内涵。另一个是考试中要考主观题,但这种主观题的考核并不是随机的,而是在考前所划的考试范围之中,而考试范围的内容都有固定的答案,因而对于学生而言,主观题依旧是客观题。这种考试的导向使教师在教学过程中,无须对学生进行能力和素养的培养,只要介绍相关课程的基本知识,强调记忆一些内容的条目就完成了。由于试题具体内容由任课教师确定,这就导致了教学的随意性和教学内容的浅薄,严重脱离培养教师的目标要求。

3. 通过教育教学评价强化师范性策略

教育教学评价在办学中具有导向作用,教师职前教育办学的非师范性状况,非师范性评价既是其原因,又是其结果。因此,改变现状也应从评价入手。首先是环境导向策略。环境育人是现代教育学的重要理念,教师职前教育的成功有赖于构建师范性的教育氛围,这就是隐性评价导向,它对于师生行为的影响和引导,比一切说教都更具体、更本质和更有感召力。环境导向策略更为明确地阐述是创建与教师职前教育相适应的学校文化,包括规章制度的建设、学校办学理念、师生的行为规范以及学校硬件的整体设计和学校各个部门的定位等等。这些内容都紧紧围绕师范性展开,从而形成浓重的师范性氛围。在这样的环境中,师范性的要求和规范将成为师生的自觉行为。其次是职业针对策略。教师职前教育是一种特殊的职业教育,它以专门培养教师为己任,因此,教师职前教育要在突出师范性的大前提下突出教师职业的针对性。从宏观上说,就是要围绕中小学教师的从业需要展开学校的工作。从微观上说,要关注两个方面的内容:第一个内容,教师职前教育培养的教师是中小学各门课程的教师,他们有共性,同时更有明显的差别,职业针对性要求面对不同课程教师的培养要充分关注到他们的差别。教育教学的方法手段以及内容的选择都要与差别性一致。第二个内容,教育教学是伴随着经济发展和社会进步不断地改变的,这就决定了教师培养的动态性,诸如传统教育背景下和新课程教育背景下,对教师的要求存在着巨大差别。教师从业要求发生了重大变化,教师职前教育教师培养规格随之改变,针对这一情况教育教学也应及时调整与之对应。再次是素养形成策略。面对全面提高中小学生素养的要求,对师范生的培养要关注其综合素质的整体提高。而教师从业所需要的知识素养、能力素养、情意素养，无一不是通过实践和体悟获得的，因此，对教育教学的评价应从单纯地以知识传授为主变为素养培养为主，强化由知识转化为素养的实践教学。在教育教学评价中，看重教师的引导和扩展，看重学生学习的主动性、自觉性以及个性发展，从而形成以素养培养为目标的评价理念。最后是教师示范策略。教师的示范是指教师职前教育的教师通过教学和日常行为，给学生做出为师从教的样板，这是一种潜移默化的影响和规范。因为它是潜移默化的，所以更为具体、深刻，也更为本质。学校应严格按师范性培养目标，对教师的教学和日常行为进行规范，并通过考评强化教师的专业水平，提高其责任意识，规范其行为准则，使学生在教师的引导和规范之下，不断调整和校正自己的缺点和不足，最终成为一个符合社会教师岗位需要的合格教师。

师范性是教师职前教育办学的根本和生命。由于非师范性评价导向，教师职前教育办学的师范性在相当程度上遭受了淡化和漠视，教育教学水平受到了比较严重的影响，因此，我们必须从教师职前教育的性质和培养目标出发，深入探索师范性内涵，从评价导向入手重建师范性在教师职前教育办学中的灵魂作用。只有这样，才能改变现状，提高教师职前教育的教育教学效率。

三、知识主体和能力缺位

我国高校基本分为研究型、教学研究型、教学型和高职高专四种类型，按照人才培养类型分为三种类型，即以培养研究型人才为主的高校、以培养应用型人才为主的高校和以培养技能型人才为主的高校。研究型大学是以创新性知识传播、生产和应用为中心，以产出高水平的科研成果和培养高层次精英人才为目标，在社会发展、经济建设、科技进步、文化繁荣、国家安全中发挥重要作用的大学。教学研究型大学是以教学为主、科研为辅，教学研究协调发展的大学。教学型大学是承担大众高等教育任务，基本面向某一行业或地区的，以培养复合型、实用型人才为主的，学术性和职业性并举的高校。高职高专是我国目前对大学专科教育的统称，它主要包括两种类型，一种是大专（也叫专科);另一种叫高职(全称是高等职业技术教育),学历层次也是专科,主要培养面向生产一线的高素质劳动者。地方师范院校一般定位于教学型学校,即突出师范性,辅助学术性,强化实用性,以培养应用型人才为主。

1. 高校教学和科研的关系与地方高师院校的特殊性

高校的不同类型不仅决定着具体高校的人才培养和办学方向,而且决定着该高校教学和科研的地位及关系,决定着科研的具体内容、范畴和层次。

(1)作为教学型的地方师范院校,它所肩负的是大众化的高等教育任务。这一任务规范了以教学为主体、以科研为辅助的模式,同时,也规范了科研的层次和格调要以适应教育对象的接受水平和发展需要为目标。当然,教学型地方高师院校虽然肩负着大众化的高等教育,但并不是漫无边际地加以实施。高师院校的师范性对教育任务、教育内容进行了明确的规范,即主体教学的出发点和落脚点必须符合合格教师的培养。对于为主体教学服务的科研也必须围绕着师范性展开,针对具体问题研究解决策略,根据现实基础展望发展方向。这种源于教学型高校特点所决定的人才培养任务及教学和科研在办学中的地位和关系,对地方高师院校具有规范和决定性作用,是地方高师院校办学的总体特色所在。

(2)地方高师院校的地域性对教学科研要求的特殊性。以教学为主体,以科研为辅助,科研服从、服务于教学是所有教学型高校的特点,而教学型高师院校在这个总特点之下,要进一步突出师范性。这是教学型高师院校的总体特点。由于教学型高师院校往往是地域性高师院校,因此教学型高师院校除了突出师范性,还是"基本面向某一行业或地区的,以培养复合型、应用型人才为主的,学术性和职业性并举的高校"。因此,在教学和科研中必须把"行业"和"地区"因素加以突出。这种突出并不是孤立的"行业"或"地区",而是要将"行业"在"地区"的状况和"地区"的"行业"特点进行融合,纳入教学和研究。它不仅明确了对教学的侧重,而且对服务于教学的科研层次范畴进行了规范。其培养目标和规格是"复合型"和"实用型"人才。"复合型"指的是人才结构,是具有宽广的专业知识、广泛的文化教养、多种能力和发展潜能,以及和谐发展的个性和创造性的人才的复合。"实用型"指的是人才对职业的适应性,是有高素质和实际操作能力、能解决实际问题,而不是只有文凭和理论的人才。同样,"复合型"和"实用型"也是相辅相成的,"复合型"侧重于人才结构,而"实用型"侧重于实现"复合型"价值的操作能力,这也给地方高师院校教学和科研的侧重提供了操作的依据。而"学术性和职业性并举"则更明确地指出了教学的重点和科研的方向,即以突出和完善职业性为目标进行学术研究,职业性既是研究的内容和课题,也是研究的最终归宿。因此,我们从教学型高校的定义中既明确了教学与科研的地位和关系,也明确了教学的内容与科研的层次和方向,这为我们认识和把握当前地方高师院校在教学与科研及其关系的认定和处理中存在的问题,提供了充分的依据。

地方高师学院作为教学型高校,教学是其人才培养的核心,科研服从、服务于教学需要。这种教学与科研的关系是地方高师院校运行的基本规范。然而,由于种种原因,科研"热"、教学"冷"成为地方高师院校办学中的普遍现象,这不仅严重影响了地方高师院校人才培养质量,而且也混淆了地方高师院校的办学定位。澄清这种状况对于地方高师院校健康发展具有特殊的、重要的意义。

2. 地方高师院校一"冷"一"热"的现状及成因

教学"冷"、科研"热"对地方高师院校办学产生了严重的负面影响,因此要客观地认识这些现象,深入分析和挖掘这些现象产生的根源。

教学"冷"、科研"热"的现状主要表现在学校对教师工作安排的侧重和要求上。学校对教师工作要求侧重于科研方面,对教学方面的要求主要是数量,即对教师上课时数的要求。对教学质量也有书面要求,但往往很宽泛、很含糊,缺少操作性,很难进行验收。因此,对教学质量的要求也就形同虚设。而对科研的要求除了数量,质量要求也非常明确,如每一学年要发多少篇论文,要在什么层次的刊物上发表,有的甚至明确到具体刊物。在年终考核时,无须做太多的判断和评价,一目了然。因此对于教师而言,教学工作很容易过关,主要压力都集中到了科研工作上,从而导致了教学"冷"、科研"热"的局面。这里教学的"冷"不仅违背了地方高师院校作为教学型高校的定位,而且更深刻地导致了教师在教学中职业道德的退步。许多教师不进行充分的备课,甚至不备课,教学过程不投入,教学内容陈旧,缺少自律,导致人才培养质量的下降。而科研"热"中虽然有合理的因素,因为教学型高校要"学术性和职业性并举",但过分强调科研就产生了喧宾夺主的效果。尤其是在科研"热"中有些方面要求很松,有些方面要求很严,使科研在教学型学校中的合理性也变了味。有些方面要求很松,就是无论教师教的什么课程,也不论其研究的内容是什么,只要根据要求发表出来就被认可,造成许多教师的科研与教学缺少关联甚至没有关联,从而导致科研为教学服务的目标落空。有些地方要求很严,指的是对科研成果发表期刊的层次要求严格,比如必须发表在所谓的权威期刊上才能算成果并给予奖励,发表在一般刊物上的成果不予承认。但一般刊物发表的研究成果往往是解决实际工作中的具体问题,带有大众性质的成果。这就违背了地方高师院校作为教学型高校所承担的大众高等教育的使命。因此,地方高师院校的教学"冷"和科研"热"又造成了一系列深层次的问题。

那么,这种教学"冷"、科研"热"的局面是怎样形成的呢?究其原因有以下两个方面:一是转型的需要与评估的影响。进入高校转型期以来,伴随高校的大众化一个个更改校名,提高学校办学层次的热潮轰轰烈烈地兴起。在这个热潮中,科研成果成为对学校重要的考评依据,其中包括公开出版的学术期刊上发表的论文、公开出版的学术著作、高校教材、通过政府组织的鉴定或评审的科研成果、获得的政府部门各级各类科研成果奖励以及各级各类科研项目的结题成果等,而所谓权威期刊和出版社刊发的成果尤为重要。这些转型、提升和评估中的重要指标,自然在地方高师院校办学中大行其道。因此,从本质上讲,教学"冷"、科研"热"是转型、提升和评估导向所致。二是教学和科研自身的特点。地方高师院校实行的是校长负责制,一般校长的一个任期是四年,为了在四年中早出成果、快出成果,自然把注意力集中到科研上,因为科研成果不仅是显性的,而且是快速的,与科研相比,教学成效不仅是模糊的,而且是长效的,这就进一步强化了教学"冷"和科研"热"的局面。

3. 一"冷"一"热"对地方高师学院办学的影响及对策

教学"冷"、科研"热"只是地方高师院校办学迷途中的形式表现,而实际造成的是对地方高师院校办学的本质颠覆。首先,一"冷"一"热"的办学实际与地方高师院校定位的背离造成了教学与科研的价值混乱。对于教学而言,教学型的高校教学得不到应有的重视,使教师和学生对学校的人才培养目标以及自己努力的方向产生迷失,无法完成学校的使命。对于科研过热的强调,尤其是只看成果发表刊物的档次,不看成果内容,使科研割裂了与教学的关系,科研服从、服务于教学的使命无法完成。与教学脱节的孤立化的科研,不仅无法真正提升实际的科研能力,而且片面强调对教师形成的压力不仅迫使那些具有教学优势的教师转而投精力于没有优势的科研,从而催生出论文抄袭的恶劣风气。这种办学中的教学和科研价值的混乱,不仅造成了办学的迷失,而且进一步影响了对师范生职业道德的培养,甚至对整个社会风气产生负面影响。其次,教学和科研的错位违背教师的现有程度和师范生的认知水平。地方高师院校的教师队伍具有特定的层次性,它既无法与研究型高校教师的层次相比,也无法与教学研究型高校教师的层次相比。它的优势在于教学而不在于研究。给具有教学优势的教师队伍强加科研任务是不合理的,它违背了教师的现有水平。同时,地方高师院校作为承担高等教育大众化使命的办学单位,其教学内容是普及性的,接受教育的生源的认知水平同样不能与研究型大学和教学研究型大学的学生相比。他们虽然也需要进行创造能力的培养,但接受性培养是主体。因此,以研究为主体的培养有悖于他们的认知水平和认知能力。

为了改变一"冷"一"热"的状况,我们应从以下三个方面入手:一是提升教学在办学中的地位,确定教学主体的办学方向。一方面要明确和巩固教学型高校人才培养大众化的目标定位,确定教学在整个培养过程中的主体地位。另一方面,作为教学型的高师院校,教学还要突出师范性。在此基础上制定和完善教学和科研的要求与评价体系,使整个办学过程及办学成果的最终验收和评价都体现教学为中心、师范性为本位的地位和价值,使教学成为教师的核心工作和自觉的追求。二是正确处理好教学和科研的关系。改变地方高师院校教学"冷"、科研"热"的局面，必须突出其作为教学型高校的地位，但教学型高校也要有科研，这是作为高校的一项基本职能。正确处理好教学和科研的关系，一方面要明确教学型高校的科研必须以为教学服务、解决教学中存在的问题、探索教学发展方向、提高教学水平为主要内容。因此，必须对当下地方高师院校科研的内容、方向和层次进行调整和定位。另一方面教学型高校的科研并不是教学的附庸，它具有相对的独立性，在处理教学和科研的关系时，应遵循科研自身的发展规律。这是提升师生综合素养、培养创造能力的重要内容。三是倡导地方高师院校差异发展，突出教学和科研的个性。地方高师院校的差异发展取决于地方教育、经济发展及师资水平的不均衡，体现在教学和科研的个性方面。一方面，不同地区的经济发展需要、教育水平和师资力量及生源状况不同，在教学和科研的比例上应有所不同。条件优越地方的高师院校科研比例可以大一些，否则就要适中或少一些。另一方面，教学的内容选择和科研方向方面也应针对具体情况有所差别。总而言之，地方师范院校的差异发展是高校大众化所要求的办学多元化的体现，没有高校办学的多样化，就不可能有高校的大众化。

地方高师院校的教学"冷"和科研"热"是普遍现象。它是用研究型高校的标准衡量教学型高校所带来的结果。认识这种现象，分析这种现象产生的原因，并制定和实施科学的解决策略，对于促进地方高师院校的健康发展具有十分重要的意义。

四、突出考研和淡化从业

地方高校是以服务于地方社会经济和文化教育发展需要为办学目标的高校，其定位是培养应用型和技能型人才。研究生的培养主要是重点高校的使命。地方高校热衷于考研，推高"考研热"，不仅反映了培养目标的错位，也是研究生质量普遍下降的重要原因。

近年来,地方高校"考研热"越来越盛,这其中有学校通过提高考研率来提高办学能力和水平的意图(许多学校领导认为考研升学率体现了学校的办学水平),更有主管部门对学校评价的导向(将考研率纳入学校教学水平评价和从业率的计算中)。两个方面共同作用的结果,使"考研热"不仅成为地方院校内部院系之间评价办学业绩的重要尺标,而且也成为地方院校之间办学水平竞争的着眼点。院系设置专门负责人员,从考研计划的设计到考研辅导进度和内容的安排、辅导教师的选择、考研教室的确定等等,都形成了越来越完善的办学体系,严重影响和冲击了地方院校正常的人才培养过程和目标。

1. "考研热"的现状和源起

"考研热"对于培养研究型人才的高校的学生而言是正常现象,体现了高校正确的办学导向和学生的正常选择。对于地方高校个别具备研究潜质和能力的学生是合理的选择,但对于多数人而言,是违背自身素质能力和学校办学目的的。从一些研究生毕业后的水平中可以清楚地看到盲目考研的危害。"考研热"是逐年升温的,是由综合性大学逐渐向地方院校扩散的。从"中国教育在线"对1994年至2013年考研报名、录取的整个统计情况看,除了2008年处于下降状态,其他年份都处于明显的上升趋势。2019年,全国考研报考人数继续增加,其中四川、云南、广西三个区市报考人数与2018年相比,增幅分别达到19%、27%、30%。据教育部数据统计,2018年有238万名考生报考考研,比2017年增加37万考生,增幅达到18%;2019年考研报考人数达到290万,较2018年的238万,激增52万,增幅达到22%,成为最近10余年增幅最大的一年。招收研究生的生源大多来自一般地方性院校,特别是师范院校。

(1)高校从业压力和办学水平评估,直接导致地方院校的"考研热"。高校办学水平评估虽然改变了过去那些轰轰烈烈的局面,但趋于常态化的评估、要求并没有发生根本性的变化。其中虽然没有直接把考研的报考人数和录取率纳入要求,但这些却是重要的、不可缺少的支撑材料,也成为专家评估学校时基本的、重要的依据。同时,伴随从业压力的加剧以及对高校办学水平的评价中将考研录取率纳入从业率,使学校和学生都成为推高"考研热"的大军。

尤其是地方本科院校学生从业率垫底的形势,使许多本科生为了顺利从业和提升从业水平改变自身的尴尬处境而选择考研。在这几方面因素共同作用下,"考研热"形成了。

(2)学校的政策导向和办学追求,助长了"考研热"。由于考研不仅直接关系到学生的从业率,而且全面影响着学校的办学声誉,因此,学校出台了各种各样的鼓励政策。一是政策的评价导向,如对于教学单位的教学水平评价,报考率和录取率成为重要的指标。有些学校还设立了组织考研的专门机构和专职人员。二是物质奖励导向,诸如按照考研结果给学生发奖金,每考上一个研究生,为指导教师和被录取学生分别发放500～5000元不等的奖金等,使得教师和学生获得精神和物质的双重奖励,从而使越来越多的地方院校将考研和考研辅导作为办学的追求。

2. 地方高校人才培养及从业导向

地方高校是以服务于地方经济建设、文化建设的发展为目标的高校,是针对地方经济建设、文化教育发展需要设立专业进行人才培养的,因此,具有明显的从业导向。

(1)服务于地方的应用型、技能型人才培养。地方高校是二、三本高校,主要培养的是应用型和技能型人才。应用型人才是指具有一定的复合性和综合性特征的技术,能将专业知识和技能应用于所从事的专业的社会实践的一种专门的人才类型。应用型人才主要是运用知识而非科学发现和创新知识。技能型人才是指在生产服务等领域岗位一线、掌握专门知识和技术、具备一定操作能力并在实际工作中能够运用直接的技术和能力进行实际操作的人员。也就是说地方高校人才培养的基本规格是运用知识和技能进行实际的操作。当然他们对知识和能力的掌握和运用程度是具有差异的,应用型人才要求更高,需要有复合性和综合性的特点,而技能型人才要求相对低一些。两类高校还有本科和专科层次的差别,但它们共同属于与研究型人才培养相对应的应用型人才培养的大类。

(2)充分从业的办学目标。地方高校的主要办学目标是为所在地区的社会经济发展及社会文化教育事业的发展需要服务的,因此,社会经济发展及文化教育发展需要既是办学规模和特色的依据,又是专业设置和人才培养方式及规格的依据。总而言之,充分从业是地方院校的办学追求。这种从业主要是在地方各个行业的岗位上的从业,而考研应在这种从业的范畴之外。事实上,考研并非从业,将考研纳入从业率只是强大从业压力下的权宜之计。许多地方院校将其作为办学目标,不仅游离了地方院校的办学定位,而且混淆了从业的概念。所以地方高校以从业为导向既是其"地方"性特点决定的,也是其应用型人才培养目标决定的。

3. 地方高校"考研热"的隐忧

地方高校"考研热"不仅与其办学宗旨相游离,而且在相当程度上模糊了办学定位,严重地影响了教育教学的质量。虽然一些地方高校在"考研热"中取得了一些成果,获得了一些声誉,但从本质和长远的角度看,有害无益。

(1)"考研热"不但没有解决地方院校毕业生的从业问题,反而增加了社会从业的压力。由于"考研热",有相当多的学生入学就定下了考研目标,有些学生在大三就参加考试。在此期间,他们把最主要的精力用于考研上,淡化和漠视对专业课的学习。而且由于考研是一种典型的应试教育,相当多的考研学生在知识水平和思维能力方面,仍然沿着高中思路发展。这些学生如果考研失败,本科学业存在明显缺陷,使他们没有同其他毕业生竞争的能力;如果考研成功,也面临着重重困难,因为缺乏必要的本科基础,所以学习起来非常困难。北京师范大学研究生导师候玉珍坦言:"我本人不太喜欢那些地方院校只会死读书的学生。""很多外地师专、师院考来的学生有明显不足。某些学生本科期间只学与考研相关的课程,其他几乎一概不管。由此导致了本校生源的学生'吃不饱',外校生源的学生'吃不消'。"地方院校"考研热"最终导致了研究生的质量和声誉下降,许多学生经过三年的研究生学习依然无法从业。

(2)"考研热"使本科阶段的学习受到了极大的冲击。这种冲击主要来源于两个方面,一个是学校政策的导向及在物质上的大量投入,在考研学生的学习和辅导方面,学校给予最好的学习环境和最优秀的专业课教师,使学校有限的优秀资源大量被占用,影响了正常的本科日常教学工作。还有一个是考研对学生思想观念的影响。越来越多的人加入考研队伍,产生了"考研最重要,只有考研才有出路"的思想。于是本科专业课的学习进一步被轻视,有些专业的学生经常迟到、早退、不上课。任课老师了解情况时,"考研"便成为理直气壮的理由。正常的教学秩序受到考研的冲击,不考研的学生也无法安心学习了。

(3)"考研热"使一些地方高校的办学质量下降。"考研热"的初衷是提高地方高校的办学水平和声誉,而实际上教学质量不但没有提升,反而大幅下降。一是地方高校的办学更加应试化。应试教育存在着诸多的弊端而遭到普遍的批判。好在应试对高校的影响较弱,同时高校以培养个性和独立人格为追求的状况与应试形成对立。然而,由于"考研热"而使这种状况发生了变化,地方高校在"考研热"的过程中不断加速与应试教育的同化。这必然使高校的办学追求受到扭曲,导致办学质量下降。二是地方高校办学思路和方向混乱。地方高校主要是为满足地方经济和文化教育事业发展需要服务的,是以培养应用型人才为目标的,现在花费大量的物力、人力、财力在学生考研上,导致办学方向的混乱和迷失,其结果不仅损害应用型人才的培养,也因学校的层次和水平及生源基础而伤害研究生的培养质量。

地方高校的"考研热"大有愈演愈烈的趋势,其中有地方院校自身的原因,也有国家制度层面的缺陷。地方院校只有升格才能获得更多的经费来源,而升格的条件和依据就包含了以考研录取率为标志的所谓的教学质量的评比。与这个政策相对应,国家每年都在不断地增加研究生的录取名额。这两方面的刺激加上从业困难,"考研热"的形成也就不足为怪了,但我们一定要清醒地认识到这种状况对地方高校的发展是存在巨大隐患的。

第二章　政策措施对从业导向的规范

为了提高高师院校人才培养水平，使高师人才培养与师范生从业建立更为紧密的联系，强化教师队伍建设，全面提高教师队伍的素养，教育部出台了一系列政策和措施。这些政策和措施对高师人才培养的从业导向进行了引导和规范，使高师人才培养的从业导向在政策和制度层面得到确认。

第一节　教师资格认证制度

教师资格认证是旨在提高教师从业门槛、全面提升教师队伍素质的举措。教师资格认证要通过"综合素质""教育教学知识与能力""专业知识与教学能力"的笔试和面试的考核，全面考察教师从业者的素质。高师院校师范生必须经过合格考试才有可能走上教师岗位，这无疑是高师人才培养从业导向的最强规范。

一、资格认证的从业导向

教师资格是国家对专门从事教育教学工作人员的基本要求，是公民获得教师职位、从事教师工作的前提条件。教师资格认证制度是国家实行的教师职业许可制度，不具备相应教师资格的人员不能聘为教师。

教师资格认证制度的内容要求包括资格申报以及笔试、面试、试讲和说课等环节。教师资格分为七种类型，每种类型要求的项目一致，但内容有较大的反差,不仅有不同学科的不同,还有不同类型和不同阶段的不同。与教师继续教育直接相关的是五年一个周期的认证,不仅时间相对应,内容也是一致的,包括综合素质、教育教学知识与能力、专业知识与教学能力。目前普遍开展的省培和地培的集中培训内容范畴基本是围绕这三方面展开的。而五年360分的继续教育学分要求又恰好是教师资格认证的必备条件。

教师资格认证制度的实施有以下三个方面的意义:第一,实施教师资格认证制度有利于政府有关部门依法管理教师队伍,严把教师队伍的"入口关",从根本上提高教师素质;第二,实施教师资格认证制度是形成多渠道培养和聘任教师的重要环节和制度保障,有利于吸引优秀人才从教;第三,实施教师资格认证制度是全社会尊师重教的标志,有利于体现教师的职业特点,有利于全社会充分认识教育事业和教师职业的重要性,提高教师社会地位和待遇,使教师地位、教师队伍的素质和教育质量形成良性循环。

教师资格规定了预从业者的专业水平、教育水平、道德水平和身体素质标准。教师资格认证制度全面实施之后,只有依法取得教师资格者方能被教育行政部门依法批准举办的各级各类学校和其他教育机构聘任为教师。教师资格认证制度是国家对教师实行的一种特定的职业许可制度。2015年,《国家中长期教育改革和发展规划纲要(2010—2020年)》中期评估教师队伍建设专题报告中指出,资格考试改革和定期注册制度改革提高了教师准入门槛,破除了教师资格终身制,提升了教师队伍的质量和水平。教师资格认证考试,主要是笔试和面试。笔试的主要内容是考核申请人从事教师职业应具备的教育理念、职业道德、教育法律法规知识和科学文化素养,包括阅读理解、语言表达、逻辑推理和信息处理等基本能力,教育学、心理学基本知识,拟任学科领域的基本知识及教学设计、实施、评价的知识和方法,运用所学知识分析解决教育教学实际问题的能力,等等。面试通过结构化面试和情景模拟等方式进行,主要考核申请人的职业认知、心理素质、仪表仪态、言语表达、思维品质等教师基本素养和教学设计、教学实施、教学评价等教学基本技能。

教师资格认证制度作为一种特定的职业许可制度,对教师从业进行了严格的规范。作为以培养合格教师为目标的高师院校,师范生顺利通过资格认证是办学的追求,而资格认证的通过状况更是影响办学效果和声誉最直接的因素。当然,对于学校的评价还体现在师范生从业后的表现。这一切都强化了高师人才培养的从业导向,不仅教师资格认证制度提高了教师的入职门槛,认证制度所规定的定期注册也打破了教师职务的终身制,建立起教师的退出机制。因而,高师人才培养的从业导向就不应该仅仅局限于让师范生通过资格认证,更要能够使他们成功地从业和顺畅地从业。这是教师资格认证制度对高师人才培养从业导向强化的内涵所在。而如何将这个内涵贯彻到高师的教育教学中则是我们迫切需要解决的问题。教师资格认证所考察的笔试内容和面试内容合起来是对一个教师全面而基本的要求。这个全面而基本的要求与高师院校培养合格教师的目标是完全一致的,只是在以往高师人才培养中,由于教育理念、课程设置、课程实施等方面的问题,人才培养目标并没有落到实处,使许多合格教师应掌握的知识和能力素养都没有具备。教师资格认证制度的实施,使高师的管理者和教师明确了合格教师应具备的素质,因而倒逼高师院校从人才培养与从业相对脱节的状态改变为专注于对合格教师的培养。高师院校要根据教师资格认证考试大纲对课程或课程内容进行调整,使整个人才培养过程对大纲内容进行全覆盖:

(1)根据《综合素质考试大纲》规范通识课程的设置。当下许多高师院校的通识课程设置存在着明显的随意性,通识课无法满足师范生综合素质培养的要求。对于通识课的管理也存在着五花八门的状况,有的成立了通知中心,用行政的方式加以管理,有的附属于教务处由管理教学人员兼管,等等。管理不到位成为高师通识课存在的比较普遍的问题。更严重的是通识课开设充满随意性,许多学校通识课的开设很少考虑与师范生综合素质培养的对应。因而,应根据教师资格认证考试中的《综合素质考试大纲》的要求,对通识课设计进行全方位调整:与考试大纲直接对应的予以保留和强化;与考试大纲不直接对应的予以调整;与考试大纲没有关系的予以删除;缺乏与考试大纲内容相关的,需增设新的课程与之对应。使通识课成为培养师范生综合素质的主渠道,从而改变通识课除使师范生获得学分之外缺少实际意义和价值的局面,为全面提高师范生素质、顺利通过"综合素质"的考试奠定坚实的基础。

(2) 以《教育知识与能力考试大纲》为依据,全面提高教育类课程的地位,突出教育类课程的实用价值。教育类课程在教师资格认证考试和教师从业中具有十分重要的地位。专业课学习的价值,必须通过教育学的知识和能力才能实现。然而,在高师教学中无论是从教师的角度还是师范生的角度,"重专业课的教和学而轻教育学类课程的教和学"的现象具有普遍性。同时,教育类课程实施本身也存在着比较严重的与中小学教师从业脱节的状况。因而,以《教育知识与能力考试大纲》为依据对课程设置进行调整,对课程教学内容进行重新规划和选择,不仅能够改变教育类课程在对师范生培养中的地位,而且会使师范生在面对教师资格考试的压力时更主动、更自觉地去学习。由于学习内容是依据考试大纲设定的,因而,学习效率会更高,效果会更好。

(3) 以学科《专业知识与教学能力考试大纲》为依据,实现专业课学习的学以致用。高师专业课教育教学存在的最大问题是学与用不能有效地对应。许多师范生在大四到中小学实习之后都有这样的感慨:在专业课的学习中,学了许多没有用的东西,许多有用的东西没有学。这种感慨当然有些过于从实用的角度去概括学习的经历,但这里也反映出了高师教学中实际存在的学与用不对应的问题。由于许多专业课教师不了解中小学的情况,更不了解教师的从业要求,加上高师专业课教师在教学中,对于内容选择有非常大的自主性,导致他们喜欢什么内容就讲什么内容,这些内容有些不仅有违于课程内容的系统性,更与中小学教师教学相疏离。因而,用学科《专业知识与教学能力考试大纲》进行规范就显得非常必要,它包含了高师具体专业的各门专业课内容。具体专业课教学中,一方面要将考试大纲中所涉及的内容进行强化使之成为课程的重点内容;另一方面也要考虑课程内容的系统性而进行全面的把握,使专业课的教学在考试大纲的规范下,保证在课程内容的系统中进行自主实施。这不仅能够改变专业课教学中的混乱,而且能够直接对应中小学教师资格认证,为从业打下坚实的基础,实现学以致用。

由于传统观念的根深蒂固,以考试大纲为依据的高师教学改革不可能是一帆风顺的,它需要管理者改变观念、更新知识、提高素养。为此,必须建设一个全新的评价体系。一方面,为了强化观念的改变,必须加强高师院校与中小学的联系并形成一种联系制度,无论是管理者还是教师都需要有联系项目和联系对象。高师的管理者需明确培养合格中小学教师的管理方式,使专业课教师明确一个合格的中小学教师应具备什么样的知识能力和素养,以便改变自己的教学方式和调整课程教学内容。另一方面,建立专业课程的负责制。专业课程的负责制分三个层面:第一是通过教学督导考察教师日常教学情况,通过期末考试结果和对师范生的访谈,对教师日常教学的基本情况做出判断;第二是通过教师资格认证考试中涉及具体课程内容学生的理解掌握情况,对教师教学做进一步的判断;第三是考察教师入职后的表现,尤其是具体专业课内容在教学中的表现,对教师做出判断。通过建立起适应教师资格认证的评价体系改变目前高师院校学用分离的局面,使人才培养与从业建立紧密的不可分割的联系。

二、个性能力的特殊价值

在教师资格认证的考核中,能力的因素得到了特别的强调。在三项内容的考试中能力始终是重中之重,因而对师范生能力培养也要提出新的要求,个性化的能力成为认证中获得优势的必备条件。教师职前教育对师范生教学能力培养的个性追求是指在遵循教学能力培养中的一般规律,在充分获得程序性的操作能力的基础上,根据教学能力运用的特点以及教师和学生的个性,进行教学能力的适应性的培养,它主要体现为教学能力的应变性。因此,教师职前教育对师范生教学能力培养的个性追求是培养教师从业能力和提高从业水平的要求。

1. 教师职前教育创新人才培养的取向

创新人才的培养是高校人才培养的共同追求,这种追求一方面取决于高校的人才培养的层次,另一方面取决于整个社会发展对创新人才培养的需要和规范。教师职前教育所培养的人才是面向基础教育和高中教育的从业者,其教书育人的职责使其对创新人才的培养远远超出其他类型的高校。创新人才培养是教师职前教育人才培养的核心价值取向。

(1) 教师职前教育作为特殊的职业教育,有对创新和应用能力的双重要求。教师职前教育是一种特殊的职业教育。说它是职业教育是因为它是针对具体职业的从业需求进行人才培养的。说它是特殊的职业教育则是因为它与一般的职业教育以培养适应岗位的操作能力为核心不同,它除了要满足教师的教育教学操作能力,还要满足教育教学操作能力所负载的知识、能力和情感态度及价值观的培养。因此,与一般的职业教育相比,它对人才创新能力的培养要求更高。一方面,创新型社会的建设赋予了以培养基础教育和高中教育从业者更高、更重要的创新能力培养的责任和使命;另一方面,教师职前教育伴随着基础教育和高中教育转型和变革的大趋势,不仅需要培养创新型人才与之相适应,而且需要通过创新人才的培养对未来教育的走向进行引领。这两方面都使教师职前教育人才创新能力的培养有更高的追求。当然,这种更高的追求并非悬空的,它必须有坚实的基础,这个基础就是教师职前教育人才培养的另一个追求即应用能力的培养,也就是教师的教育教学能力。这虽与教师职前教育的职业教育特点有关,但又不同于职业教育的技能培养。一方面,教育教学能力有着更为丰富的知识和文化的内涵;另一方面,教育教学能力有着更为鲜明的创新导向。

(2) 创新人才培养的取向要求进行个性化教学。教师职前教育培养的人才是中小学教育教学的从业者。中小学教育改革使得教育理念发生了重大变化。学生主体地位的确立、教育目标的改变、对中小学生个性培养的追求及创新意识和精神的培养等等,使教师的职责发生了重大变化。尤其是与这种理念变化和职责改变相适应的对个性化教学的要求,使教师必须具备创新能力。这种状况反过来对教师职前教育提出了人才培养的创新要求。没有或缺少创新意识和创新能力,就无法适应进行个性化教学的从业要求。为此,一方面教师职前教育应注重对师范生创新能力的培养。创新能力的形成和发展是以个性的培养和发展为基础和前提的,缺少个性就不会形成创造能力。而教师职前教育学习中充分的时间和宽松的环境为个性发展提供了条件,教学主管部门应因势利导,通过专业教学和人格培养促使学生形成正确而鲜明的个性并运用个性解决实际问题,从而形成创造能力。另一方面,这种创造能力必须有效迁移和运用于具体课程的教学中,使教师职前教育期间培养的创新能力在实际的从业中获得价值。

(3) 教学能力培养的个性化具有开拓性和紧迫性。上述的有关教师职前教育人才培养创新性要求所包括的内容是丰富而全面的。然而,在教师职前教育人才培养的实际运作中,这种创新人才培养多局限在知识和理论原理方面。也就是说知识原理和理论观点创新了,但传达这种创新了的知识原理和理论观点的载体或形式依旧是陈旧的、过时的,导致内容和形式之间的矛盾。这种矛盾不仅极大地限制了创新内容的表达,而且严重影响了创新内容的教育效果。因此,教学能力培养的个性化具有开拓性和紧迫性。开拓性是指教学能力培养的个性化除一些职业教育论述中偶有提到之外,教师职前教育尚没有较权威和较系统的论述。因此,对这个课题进行讨论本身就有创新的内涵。紧迫性是指多数师范生在知识原理和理论观点方面具备了创新意识或创新能力,但在教育教学能力个性培养方面还是一片空白,使内容和形式处于一种分裂状态,内容与形式的矛盾已经成为学生整体创新能力发展的瓶颈。

2. 实践能力培养及其个性化的特殊意义

教师职前教育对师范生教育教学实践能力的培养是能力素养的核心内容,它与知识素养和情意素养共同构成了教师从业需求的三大板块,在教师职前教育人才培养中占有十分重要的地位。而培养个性化的能力,既是教师职前教育因人施教的具体内容,也是专业知识进行个性化理解和接受中理论与实际统一的要求,还是教师从业中的情境性对实施者能力的规范。因此,进行个性化实践能力的培养具有特殊意义。

(1) 个性化教学对实践能力培养和形成的主要方式和途径提出更高要

求。在现行教师职前教育的教育教学能力的培养中,其途径有两个:一个是理论教学中运用能力的训练,一个是实践教学。教育教学能力既包含对理论原理的分析、理解能力,也包括对于理论原理的分析理解进行传授的教学操作能力。前者既是教育教学能力的构成因素,又是教育教学能力的核心——教学操作能力的基础和前提。对于理论原理的分析、理解能力的培养,往往融合在理论课的教学中,通过教师的理解示范——对授课内容及其观点进行引导,通过作业——对具体内容进行分析,通过思考积累经验,逐渐形成分析能力。实践教学包含两种途径:一个是教学技能训练,一个是教育实习。教学技能训练有些学校安排在"课程与教学论"课程中,有些学校单独设课,基本上是按照教学基本程序和方法进行常规性训练,因课时的限制,无法充分满足学生从事教师职业的要求。教育实习是综合性运用能力和实地操作能力的训练,是师范生直接以真正的教师的角色进行教学的途径。综合性运用能力训练主要是将教师职前教育期间所学的专业知识综合运用于具体内容的教学中。实地操作能力训练是指由在学校期间模拟性的教育教学技能训练变为面对实际学生群体的真实场景中的教育教学实施训练。实习的主要目标是适应中小学的实际教学。

(2)教学能力个性化是培养创造能力和创新精神的前提。通过上述分析我们可以看到教师职前教育的教育教学能力训练基本上是常规的和适应性能力的培养。教学能力个性化培养的缺失具有普遍性,这不仅导致师范生入职的适应性不足,而且给此后的专业发展造成影响。首先,教学能力个性化培养是提高教师职前教育师范生素质的重要内容。师范生从业能力中教学能力是最重要的构成因素,而个性化的能力则是教学能力的最精华部分,存在于以全面提高师范生从业综合素养的培养目标中。教学能力的培养是最为薄弱的部分,不仅训练的时间严重不足,而且训练的方式单一,训练的目标只追求对一般性操作程序的熟悉及对常规教学的适应。这就导致对教学的个性化能力的培养被忽略,使师范生教学能力的整体素质不高,而且由于教学个性化能力的缺失,使理论学习与实际运用相脱节。因此,强化能力训练特别是在能力训练中强化个性化训练是全面提高师范生能力素养的要求。其次,教学能力的个性化是培养学生创造能力和创新精神的前提。对师范生综合素养的培养并不是为培养素养而培养素养。培养素养的目的是满足教师的从业需求,尤其是与中小学教师的从业目标——全面提高学生的素养相对应。而教师个性化教学能力则直接对应着中小学生综合素养中的个性及创造能力和创新精神,只有教师具备充分的个性素养才能包容学生的个性,只有培养和发展学生的个性,才能培养学生的创造能力和创新精神,才能完成中小学教育教学人才培养的目标,才能完成教师的职责和使命。因此,教师教学的个性化能力是培养师范生创造能力和创新精神的基础和前提。

(3) 教学能力及个性培养状况,显示着教师职前教育办学的理念和成效。教师职前教育以应用型人才为培养目标,因而教师职前教育人才培养规格中的三方面素养是以"能力为重"的。所以,教学能力及个性培养的状况显示着教师职前教育办学的理念和成效。首先,不同办学理念对教学能力及个性的培养有不同的理解。传统师范教育办学理念注重知识传授,轻视教学能力的训练和培养,因而造成了师范生能力素养培养不足。伴随着对传统师范教育的反思,在教师职前教育中,有越来越多的一线教师和理论工作者倡导对实践教学强化,突出教学能力的训练,使能力素养在三种素养的培养中得到突出,所以对待教学能力培养的态度显示着两种不同的办学理念。其次,教学能力及个性培养反映着办学的成效。由于教学能力的培养直接与应用型人才的特点相对应,而实际办学中不同学校在教学能力培养方面反差很大,师范生在三个方面素养中的不均衡状态也主要表现在能力素养的不足中。因此,能力培养状况反映着学校办学的状况,而对于办学成效的追求不仅要满足教师从业的基本能力的需求,而且要进行创造性教学能力的培养,使师范生充分适应中小学个性化的教学追求。

3. 对师范生进行个性化教学能力培养的策略

师范生教育教学能力及个性化培养在其从业中具有非常重要的意义,而对师范生教育教学及个性的培养在教师职前教育办学中存在着普遍的不足和缺失。为此,探索改变策略就显得十分重要和迫切。

(1)回归实践教学在教师职前教育人才培养中应有的地位。教师职前教育办学以培养应用型人才为人才培养的基本规格,而在应用型人才培养中能力因素占据着非常重要的地位,它直接对应着应用型人才在从业中对于知识和情意素养的应用。由于目前教师职前教育办学基本上延续着传统的培养模式,以学科课程体系和研究型人才培养方式进行课程实施和人才培养,使知识和理论课程占全部课程的百分之八十左右,而实践能力的培养和训练只占据百分之二十左右。教育教学能力训练严重不足,许多学生的能力水平只能勉强适应一般性的教育教学规范。基本能力尚且如此,个性化能力的培养就更无从谈起了。因此根据教师职前教育应用型人才培养的规范,以及教师职前教育相关联的特点,将职业教育理念与应用型人才培养相结合,大幅提高实践能力培养在整个人才培养中的比重,使实践教学安排占总课时的百分之三十左右,从而改变目前师范生教学能力的培养不足的状态,使教师职前教育人才培养模式获得本质的回归。

(2)改变传统按部就班的教育教学能力的培养模式,突出对学生个性化能力的培养。对于教育教学能力的培养在增加量、扩大比重的同时,还必须对方法和质量有创新的追求,否则能力培养训练的力度加大了,但由于训练的内容和方法没有改变,还是不能达到能力培养的预期目标,反而会造成大量的时间和精力的浪费。所谓按部就班的教育教学能力的培养模式是指传统师范教育办学中对能力的训练基本是被动地掌握教学程序和被动地应对课堂教学。随着能力培养在教师职前教育办学中的加强,其目标也应发生相应的改变。首先,改变教育教学理论与教育教学能力培养和训练相脱节的局面,将教育教学理论直接运用于教育教学能力的训练中,通过理论指导强化能力训练的规范性和个性,通过能力训练巩固和发展理论成果,使学生的知识和能力素养得到共同的发展。其次,将能力的培养划分为不同阶段和不同层次,使能力培养富有计划性,强化对个性化能力培养的追求。在具体实施中,一方面要训练多种能力的积累并将理论上的个性化理解与具体的操作能力相结合,不仅使个性的思路有多种备选能力,而且使理论理解个性与操作能力个性相统一。另一方面,个性化能力的培养的运用要与具体学生群体及教学内容的特殊性紧密结合。个性化能力的训练和价值实现途径是课堂教学,而课堂教学的主体是学生。学生的兴趣、爱好和认知水平是个性选择和运用的基本依据,只有适应学生,个性化能力才有价值,否则不但没有价值,反而会造成负面效果。

(3)通过评价对个性化能力的培养和形成进行规范和引导。由于对于个性化理解本身就具有个性,很容易引起个性化能力培养的混乱,因此,通过评价对培养能力个性进行引导和规范是必要和有意义的。首先,发挥评价的导向作用。有什么样的评价就有什么样的教学,评价的追求往往是教学的目标,要加强教师职前教育办学中对个性化能力的培养,必须在相关的评价体系中加以体现,使其在运行中成为教师们的自觉追求。其次,对个性化能力的培养进行规范。其含义是个性化能力培养不仅要在相关评价体系中加以体现,而且要系统地建立起有关对个性化能力的概念、实施、验收和评价的完整系统,使个性化能力的培养在约束中获得自由引导和规范相结合是个性化能力培养获得发展的保障。

三、教师提升与学生培养

教师资格认证是教师专业化的要求,也是实现全面提高学生素养的要求。这些要求也规范了师范生应具备的素质,鲜明地反映着从业导向对人才培养的意义。全面提高学生素养是义务教育和高中教育对中小学生培养目标的规范,而教师专业化是教师从业要求和发展方向,二者具有对应关系。只有专业化的教师才能承担起全面提高学生素养的责任和使命。因此,要实现全面提高学生素养的目标,必须解决教师专业化的问题。

1. 教师专业化要求教师要有丰富的知识、完善的技能

丰富的知识和完善的技能是教师从业的基本要求,也是构成教师专业化最重要的内容之一。如果师范生在知识和技能方面存在缺失,教师专业化将

无从谈起,甚至无法适应未来的教师职业。

(1) 丰富的知识积累奠定培养学生素养的基础。对中小学生教育教学的培养目标决定着教师的从业要求。随着基础教育和高中教育改革的进程,义务教育课程标准和普通高中课程标准修订版陆续出台,与传统基础教育和高中教育相比,新课标最突出的特点是将教学目标由应试核心转变为素质培养核心,全面提高学生的素养成为基础教育和高中教育目标的本质追求。学生的素质具有综合性特点,它是由多方面因素构成的。其中知识因素是最重要、最基本的因素。知识因素同样具有综合性特点,它是由专业知识、跨专业知识及生活知识等因素构成的,具有极丰富的内涵。而知识素养又是学生综合素养的基础,为了有效地培养学生的综合素养,必须奠定知识素养的基础。因此,教师必须具有丰富的知识积累和知识素养。丰富的知识积累是指教师积累的知识一是要数量大,知识的内存厚重;二是要多样,以专业知识为主体,涉猎多方、多领域的知识。要有知识素养是指单纯的知识积累很容易变成两脚书柜,为此,必须强化知识与知识之间的联系,通过对不同领域知识的内化,使知识获得融合,构建起对知识认识和理解的个性视野,并通过实践的运用形成能力。知识积累是基础,只有将知识积累提高为知识素养,才能与培养学生知识素养的目标相对应,最终完成全面提高学生素养的使命。这是教师专业化不可缺少的步骤。

(2) 完善技能提高教学效率并给学生在思维方面多样化的启示。有了知识积累并在知识积累的基础上形成了知识素养,只是具备了作为教师专业化的条件,而教师专业化的最终目的是提高培养学生的效率和水平。这就涉及了教师教育教学的技能问题——怎样把自己积累的知识传授给学生,如何将自己的知识素养变成学生的知识素养。因此,教师专业化对教师技能提出了要求,"因人施教"是对教学技能的宏观规范,在具体教学中要对丰富多样的教育教学方法进行灵活运用。因此,完善的教育教学技能要求教师必须掌握丰富多样的教育教学方法,如果对教育教学方法的积累不足,就谈不上有效的选择了。而有了丰富的教育教学方法,还必须进行"灵活"的选择。这里的"灵活"既包含针对不同内容,也包含针对不同学生;既包含针对不同场合,也包含针对不同情况,因此这里的"灵活"充分体现了教师专业的自主要求。这是提高教育教学效率的保证。同时,不同的方式、方法体现着不同思维的视野。不同方式、方法的运用反映着教师的多样性和丰富性的思路,它不仅能够影响学生的学习兴趣,更能通过运用实践潜移默化地培养学生多样化思维的能力,是培养学生个性和创新精神的有效途径,这正是教师专业化的目标所在。

2. 教师专业化要求教师有高度的责任心、厚重的情感

教师是以教书育人为己任的职业,崇高的奉献精神、厚重的情感态度是这个职业最为重要的从业条件。没有责任心或责任心不足,无法实现"教书"的使命;情感缺失甚至冷血,"育人"的任务就会落空。

(1) 高度的责任心使教师时时关注全面提高学生素养的目标。高度的责任心集中表现就是明确自己的工作目标并为实现工作目标进行不懈的努力,从而充分完成自己的职责。这是教师专业化的核心,反映到教师具体行为中体现在两个方面:一是高度的责任心使教师努力而自觉地修炼自己。高度的责任心使教师能够深刻地体会到自己责任的重大,认识和理解教师职业对教师严格和高水平的要求,从而形成学习和充实的需求以及发展自己的内在动力。具有高度责任感的教师总是通过各种教学环节和生活发展和充实自己,增加自己的知识,丰富自己的素养,并由此更加强化责任感。这是一种良性循环。教师的职业优化进程就是在这种良性循环中实现的,其原理在于教师自我修炼的水平越高,反思能力就越强,对自我要求就越高。通过对自己行为和教学过程的反思,不仅能够发现明显的不足,而且能够挖掘出隐藏在成功过程中的不当细节,这种反思的深刻性是责任心的表现,也是责任心所获得的结果。二是高度的责任心使教师时时关注学生。高度的责任心使教师明确自己的工作目标,明确学生是是否实现目标的最终判定者,因此,对于作为学习和发展主体的学生要时时关注。首先是关注学生群体的认知水平,对构成教育对象群体的学生的年龄、习惯、知识积累、认知能力、思维发展、生理发展阶段等都有明确的认识和把握,这是进行有效教育教学的前提和基础。其次,时时关注构成群体学生之间的差异。年龄和经历相近的学生有鲜明的共性,但由于具体生活环境的不同,这些具有鲜明的共性的学生又具有鲜明的个性,如兴趣、爱好、习惯、意志、品质等,这是因人施教的前提,而因人施教是充分实现教育教学目标的途径。时时关注学生,充分满足全体学生的学习和发展需求,不仅需要教师具备专业知识和能力,更要深入理解和全面把握教育心理学知识和生活知识,这正是具有高度责任感的教师不断地努力进行自我修炼的原因。

(2)厚重的情感使教师充满爱心,从而影响学生情感态度和价值观的形成。高度的责任心使教师在教育教学过程中与学生建立起学习共同体,在相互交流、相互启发、共同发展的过程中,教师充当着朋友和长者的双重角色。作为朋友,教师与学生有着平等的地位,相互尊重,取长补短。而作为长者,教师肩负着引导的责任,对师生间的交流进行有效组织,对知识的理解和观点的把握进行引导。无论作为朋友还是长者,教师都必然投入厚重的情感,在与学生的交往中充满爱心。这种充满爱心的厚重情感,不仅有益于学生知识的学习和思维能力的培养,更是"育人"的重要手段。在教师"教书育人"的使命中,"育人"较之"教书"有更大的难度,单纯说教式的"育人"因违背了潜移默化的规律而效果不佳。因此,教师通过奉献精神和爱心实践,在无声中具有一种强大的影响力和感召力,影响和规范着学生的行为方式和情感态度及价值观的形成,这是教师充满爱心的厚重情感对于人才培养更为重要的价值所在,是教师专业化的要求。因而,在对未来教师的培养中,必须以此为依据进行严格设计和针对性实施。

四、高校评估与理念建设

教师资格认证的一个重要价值就是倒逼师范院校的人才培养与中小学教师从业要求联系起来。而在二者的联系中,高师院校的评估与中小学课程理念结合是十分重要的切入点。

高校评估是落实"高等学校教学质量与教学改革工程"的重要内容。从我国开展高校评估的情况看,评估促进了学校的规范化建设,提高了管理水平和教学质量,高校的办学条件得到了完善,高校的整体办学思路和办学理念更为明确。但从高校评估的整体情况看还存在着不足,评价体系和标准的统一,使不同类型和承担着不同培养对象的高校之间的共性因素得到强化,而具体的针对性特点在相当的程度上被淡化。虽然评估中也强调对办学特色的考察,但这种具体的办学特色往往与高校的类属结合得不够密切,而同类学校办学"特色"上的雷同又非常普遍,加上不同类型高校评估经验的相互借鉴使具体学校的类属所体现的个性特点更加淡化。事实上,不同类属高校的共同基础的规范是必要的,但基础毕竟是基础,而不同类属学校的个性才是学校发展的根本,才是学校的灵魂。如师范院校是直接服务于基础教育的,是为基础教育培育师资的教育,而义务教育课程标准和普通高中课程标准是当下中小学教学最根本的指导性文件,师范院校的学生只有在接受师范教育中形成新课标理念,才能在毕业后从容地应对新课标下的课程教学,适应专业对应的教师职业。而当下师范院校的教育教学中,新课标理念的缺失是普遍存在的,师范院校"以评促建"评估,给这一理念的建设提供了极好的机会。因此,一方面,应在评估中通过对照落实评估标准和要求,强化共性建设,奠定和完善高校发展的基础;另一方面,应强调师范院校的师范性,加强新课标理念的建设,使确立学生的新课标理念成为师范院校人才培养目标的重要指标。

1. 高校评估的目的

对高校评估的目的进行高度的概括就是评估的二十字方针,即"以评促建,以评促改,以评促管,评建结合,重在建设"。"以评促建"就是以评估工作带动学校各项建设和发展;"以评促改"就是通过评估工作推动学校的改革和创新;"以评促管"就是通过评估更新学校的管理观念,提高管理水平;"评建结合,重在建设"说明评估只是手段,通过评估工作加强建设,提高教学质量和人才培养质量才是最终目的。改革开放以来尤其是进入20世纪90年代以后,中国高等教育发展迅速,传统高校规模在不断扩大,新兴的高校不断增加,尤其是高等职业院校发展迅猛。随之而来的是一些新的问题,传统的管理体制使高等教育不能完全适应经济发展所带来的变化。经费投入的不足无法充分地满足考入大学的学生接受规范教育的需求,师资的不足以及现有师资水平的偏低则进一步制约了人才培养的质量,特别是高校办学观念的滞后,已经使高校教育落后于社会的发展和科技进步的水平,导致高校教育与快速发展的社会需求脱节。同时,通过评估促进高等教育适应经济发展需要的做法是世界许多国家的惯例,并获得了成功的可资借鉴的经验。伴随世界经济一体化的进程,高校办学国际化是一种不可逆转的趋势,而通过借鉴国外高校评估的成功经验是我国高校办学国际化的重要手段和途径。因此,为了保证高校与经济发展的同步,保证高校的教育教学质量达到国家标准,使高校适应世界经济一体化的进程,必须对办学存在着随意性的进行规范,对存在问题的进行整改,对不具备高校办学水平的进行清理。高校评估有利于教育主管部门高度重视教学工作,进一步加大经费投入的力度;有利于学校端正办学思想,确保教学工作的中心地位;有利于强化教育质量意识,进一步完善教育质量检测和评价体系。

2. 新课标在师范类高校评估中的意义

义务教育课程标准和普通高中课程标准是中小学教师从事教学工作的根本性指导文件,新课标的理念则是教师有效实施教育的灵魂。在当下背景下,一方面由于传统教学的影响和考试制度的导向,中小学教师对新课标的理解和把握普遍缺乏,严重地影响了新课标的实施进程,成为新课标实施中最大的障碍;另一方面,不断为中小学一线培养教师的师范院校的教师对课程标准普遍陌生或知之甚少,且师范院校教育理念很多方面还停留在精英教育的层面,因此对于培养教师最为重要的新课程理念根本没有给予足够的重视。例如,中文专业的教师在进行专业课程,如"古代汉语""现代汉语""古代文学""现代文学""外国文学"等的教学中,依旧按照几十年不变的课程内容及传统模式进行授课,而很少联系中小学语文教学的需要,以至于学生在即将毕业的实习中对所学专业课与教师职业的关系提出了质疑。当然这种质疑有它的偏颇,但在实际教学中把专业课的教学与教育对象将要从事的职业分离开来,就使这种质疑在一定程度上具有了合理性。从中小学教师现状到师范类人才培养要求的变化都提出了师范类院校强化新课标理念建设的要求，它是"以评促建，以评促改，以评促管，评建结合，重在建设"的高校评估目的在师范类高校评估中最根本的内容，是师范类高校教育教学适应社会发展的需要。新课标对中小学教师的素质提出了新的要求，而作为培养未来中小学教师重要基地的师范类高校的教育理念却与新课标相背离。不从根本上改变涉及师范类高校人才培养理念上的缺陷，一切努力的意义和价值都会大打折扣。而评估正为打破师范类高校的教育理念与新课标相背离的局面提供了契机。因此，通过评估调整课程设置、深化课堂教学改革、变更教学的监控和评价机制、加强新课程标准内涵的渗透等等，是师范院校改变办学观念、培养适应社会发展需要的人才的难得机遇和有效渠道。师范院校应借助评估的机会"以评促建"，使培养学生新课标的理念成为教学和管理的核心理念，只有这样才能使师范类高校的评估真正实现提高人才培养质量的要求。

在相当一部分已经通过教育部高校评估的师范院校和一些正在准备迎接教育部高校评估的师范院校中普遍缺乏或很少提到关于新课标理念的建设，这不能不说是一个带有普遍性的不足。由于用一个方案来评估不同类型的高校的教学工作，在迎接评估的准备和建设中，不同类型的学校往往相互借鉴，从而进一步淡漠了师范院校的自身特点，因此在评估过程中认识并强调新课标在师范类高校评估的重要意义，对于加强评估的针对性和实效性具有导向作用。

3. 师范类高校评估中建设新课标理念的途径

新课标理念应该是师范类高校人才培育的核心理念之一。通过评估促进师范类高校的新课标理念的建设，既是师范类高校确立新课标理念的契机，又是极好的途径。通过"以评促建"将新课标的理念融入学校的规范中，在教师观念、课程管理、教学评价等方面，通过规章制度约束及行为方式的引导，共同创建具有浓郁新课标理念的氛围，促进教师新课标理念意识的形成。

（1）转变教师的观念，加强教师与中小学教育教学的联系。师范类高校是直接服务于中小学教育教学的,由于传统高校教育观念的影响,师范类高校的教育基本处于象牙塔式的封闭状态,往往局限于自己课程所涉及或者感兴趣的学术领域。除了各专业的课程论教师通过实习的渠道与中小学有直接接触,其他课程的教师基本与中小学教育教学处于相对隔绝状态,这不仅严重影响了师范类高校的人才培养,而且使师范类高校的运行与基础教育和高中教育发展的需要相背离。因此通过评估"以评促建",一方面要引导广大教师深刻认识自己的教育教学职责、目标及师范教育的特点和规律,从而改变传统精英教育中形成的单一、封闭的理论研究与教学习惯和模式,将理论与实践相结合,突出师范教育的职业教育特点,注重对学生适应中小学教育的职业能力的培养。另一方面改变教师与中小学教育教学相对隔绝的现状,通过评估建立起与中小学经常联系的制度。尤其是实习和见习的教学环节,应改变单一的由各个专业的课程与教学论教师承担的状况,改变将其单纯地作为训练学生的机会,而是将其作为培养教师新课标理念的重要途径。有计划地安排从事专业课教学的教师带队进行实习和见习工作,带队教师除了对实习和见习的学生进行指导,还应有自己的学习目标和研究课题,使教师在与中小学教育的接触中获得更为直接的启示。

(2)对课程和教法进行改革。现有的师范类高校的课程设置和运行中,虽然有些学校伴随着培养目标的变化而做了一些调整,但是多数学校依旧保持着传统课程设置和运行的格局,这无疑制约了新的人才培养规格的实现。而教法上往往又是与课程设置的理念相对应,这在无形中又强化了这种制约的程度。因此在评估过程中,应根据师范类高校人才培养规格的变化,对课程和教学进行适应中小学课程标准理念的调整和改革。首先是课程设置的改革。一是伴随着课程标准的颁布和实施,对过时的课程或与课程标准理念冲突的课程予以改变和调换;二是对内容陈旧、缺少现代信息和新理念的课程的内容和体例进行补充和完善,尤其是在教材的选择上要精选能够促使学生新课标理念形成的教材。其次是教法的改变。当前师范类高校课堂教学方法基本上沿袭传统高校的教学方式,包括不同专业的"课程与教学论"在内,都在单调地重复着教师满堂灌式讲授的格局,这是与"学生是学习和发展的主体""教学是教师、学生、教材之间的平等对话""发展学生的个性和创造精神"的新课标理念相背离的。因此教师应根据不同课程的特点,结合学生的具体情况,进行有针对性的多样化教学,如师生对于难题的共同探讨和专题研究、对于有异议内容的课堂讨论,以及教师抽取课程内容让学生登台讲授,等等,使教学方式丰富多彩。在这个过程中,一方面强化教师的新课标理念,另一方面培养学生的新课标意识。

(3) 有效进行评价引导。教学评价对于整个教学具有导向作用,因此,通过浸注着新课标理念的教学评价标准的设计,是促进师范类高校新课标理念形成和巩固的有效途径。在师范类高校的教学评价中,还相当多地保留着传统的评价观念和做法。例如与中小学教育教学关系最为密切的"课程与教学论",自从 2001 年义务教育课程标准颁布和实施以后,这门课程从内容到体例都发生了质的变化,但对这门课的教学要求并没有多大的变化。一方面,这门课与师范院校的其他专业课要求相同,而没有将其全新的理念在评价要求中体现出来,因此也就无法实现它在新课标理念的建设中的辐射作用;另一方面,评价导向中最为重要的考试,其"参考答案"的设置("参考答案"因有具体的评分标准而成为事实上的"标准答案")又消解了这门课程教学中所极力培养的学生个性化和创新精神的努力。教学评价与教学内容的矛盾对立,使这门课程让教师和学生无所适从。因此要发挥教学评价对课程标准理念进行引导和巩固的作用。首先评价的方式应具有多样性,定性评价与定量评价相结合,发展性评价与终结性评价相结合,使评价既有针对性,又留有余地和空间,最大限度地实现评价对学生发展的促进作用。其次改变单一的教师评价主体,评价的结果应由教师和学生共同完成,同时评价对象不仅要有学生,也要有教师,通过评价强化教师教学中的学生意识。再次,改变对教师评价的内容选择,改变传统条条框框的评价内容规范,建立开放、灵活的内容评价体系。在"学生是学习和发展的主体""教学是教师、学生和教材之间的平等对话""发展学生的个性和创造精神"的原则之下进行评价,引导教师从"知识与能力、过程与方法、情感态度与价值观"三个维度实施教学,从而充分实现教育教学评价对师范类高校新课标理念建设的作用。

在高校教育的转型期,师范类高校的新课标理念建设是艰难的,但又是必须做的工作。而高校评估恰好给师范类高校进行这种建设提供了一个极好的机会,我们应充分利用这个难得的机会,严格落实评建工作的二十字方针,在制度建设、学校管理、教学监控等各个方面渗透新课标理念,使教师在制度的约束和环境的潜移默化的影响中形成并实施新课标理念,使师范类高校的人才培养适应基础教育和高中教育发展的需要。

第二节 《教师教育课程标准(试行)》

2011年10月教育部颁布的《教师教育课程标准(试行)》是国家对教师教育机构设置教师教育课程的基本要求,对课程理念、课程目标、课程实施都做出了具体的要求和规范,尤其是理念中的实践取向,直接将教育类课程的学习与实际运用进行紧密结合,具有鲜明的从业导向。这为改变高师院校普遍存在的教育类课程实践性不足的现状提供了依据。

一、教育课程的从业导向

教师教育课程是高师课程体系中的重要组成部分,是高师院校区别于其他高校的重要特点,是高师师范性的核心内容,直接决定着师范生教师资格证的获得以及从业状况和从业水平。然而,这类课程在高师办学中并没有得到应有的重视。在高师院校办学中,许多学校除了必须开设的"教育学""心理学""现代教育技术""学科教学论""教学技能训练",开设的相关课程往往具有很大的随意性,与主干课程不能构成相互呼应的完整系统。即便是"教育学""心理学""现代教育技术""学科教学论""教学技能训练"这些主干课,由于所用教材不同,加上教师理解上的差异,也显得参差不齐。但其中有一个普遍的共同倾向,即都在不同程度上与教师从业需要相游离,就知识讲知识、就原理谈原理的现象普遍存在,使这类课程不但没有完成其所承担的培养合格教师的使命,而且成为最枯燥、最不受师范生欢迎的课程。为了改变这种局面,2011 年 10 月教育部颁布了《教师教育课程标准(试行)》。《教师教育课程标准(试行)》是国家对教师教育机构设置教师教育课程的基本要求,"是制定教师教育课程方案、开发教材与课程资源、开展教学与评价,以及认定教师资格的重要依据"。其目的是"规范和引导教师教育课程与教学",围绕培养和造就高素质专业化教师的目标,坚持育人为本、实践取向、终身学习的理念。将教育类课程与师范生的从业进行紧密的联系从而改变教育类课程设置与实施中与中小学教师从业游离的局面,回归高师院校教育类课程设置与实施的本质。从总体上看,《教师教育课程标准(试行)》最大的特点是基于从业和从业取向的实用价值的提升。这一点在下面三个理念中表现得非常突出:

"育人为本"中指出:"教师教育课程应引导未来教师树立正确的儿童观、学生观、教师观与教育观,掌握必备的教育知识与能力。"改变教育类课程单纯强调对知识掌握的要求,把知识与能力的掌握放在引导未来教师树立正确的儿童观、学生观、教师观、教育观之后。这体现了对于师范生的教育必须以育人为本。因而,在教育类课程的教学中,在进行知识传授能力培养的同时必须进行思想道德教育和世界观的引导,在进行知识传播的同时进行德育渗透。师范生成人是第一位的,成才是成人之后的追求,正所谓"德才兼备为上品,有德无才为中品,有才无德为危险品"。当然,在育人为本中,"教育学"和"心理学"必须紧密结合,使师范生能够正确理解和把握不同学龄的学生特点及发展变化,能够清楚地认识和正确处理学生的个性,并能够根据教育学的原理采用相应的教育策略,从而使师范生能够关心和帮助每个幼儿及中小学生逐步树立正确的世界观、人生观、价值观,培养社会责任感,使师范生的培养与从业获得紧密的联系。

"实践取向"中指出:"教师教育课程应强化实践意识,关注现实问题,体现教育改革与发展对教师的新要求。"教师教育课程理论化和照本宣科的教学方式具有普遍性,也是高师院校办学中的突出问题。教育类课程实践性的缺乏,不仅使师范生对于教育理论和原理的把握造成困难,而且导致理论和原理学习的实用价值大打折扣。师范生走到教师岗位后很长时间不能适应,教育课程实践性不足不能不说是一个重要原因。即使是实践性的教育类课程,如"教师技能训练",往往也存在着过多理论和原理讲授的弊端。教师教育课程是与教师从业具有直接对应关系的课程,专业知识和综合素养只有通过教育类课程所提供的原理和所训练的能力作为中介才能最终实现其价值。因而,对教育类课程实践性的强化具有突出的意义。而强化的内容不仅要把握基本理论和原理的实践取向,更要关注中小学教育教学的现实问题的解决。"实践取向"对承担教师教育课程的教师提出了要求:一方面要改变观念和授课习惯,理论教学中进行实践方向的引导,将对中小学的体验和研究中所获得的感悟和理解运用到教学中,以中小学教育教学中的典型案例,对理论和原理进行解说和升华;另一方面,改变实践性教学教育类课程过多原理讲授和训练模式化及内容陈旧的状况,将伴随课改出现的新的教学方法纳入训练中,使实践性教育课程能够与时俱进。两类课程的实施,不仅使高师任课教师能够紧紧跟随中小学教育改革的步伐进行教育类课程的教学,也使师范生在不断接受教育改革和发展对教师提出的新要求中实现培养与从业的无缝对接。

"终身学习"是社会每个成员为适应社会发展和实现个体发展的需要,贯穿于人一生持续的学习过程。终身学习是对每一个社会成员的要求,而作为未来教师的师范生更是肩负着引领和开创的使命。因而,作为《教师教育课程标准(试行)》第三个理念的"终身学习"明确指出:"教师教育课程应实现职前教育与在职教育的一体化,增强适应性和开放性,体现学习型社会对个体的新要求。"在高师教育类课程的实施中,不能本位主义地只关注职前教育,同时要考虑到从业后的运用。在职前教育中应注意观念和素质的培养,培养出能够容纳社会发展变化带来新要求的教师。"适应性"主要指高师教育类课程的教学使师范生对教育教学理论和原理有充分的掌握,并能与中小学教育的教学实际构成密切的联系,使他们在从业后很快进入角色。"开放性"是指师范生在学习教育类课程时,不仅能够掌握已有的知识和观点,而且能通过知识与知识之间的联系、理论原理与中小学教育教学的实际联系创造新知,从业后成为高素质专业化的教师,在基础教育改革中起引领和推动的作用。

三个理念都是针对教师教育课程实施中出现的问题和不足而提出的,其核心点就是教育类课程与师范生从业游离的状况的改变。其中涵盖了教师资格认证考试中的教育教学知识与能力,也是中小学和幼儿园教师专业标准中教育知识及教育教学能力的重要内容,是获得教师资格证必备的素养,也是成为一个合格教师不可缺少的内容。因而,《教师教育课程标准(试行)》无疑是对高师人才培养从业导向的强化。

二、见习课程的能力培养

见习是教师职前教育根据人才培养目标的要求,安排师范生到中小学体验所学专业的教学和班主任工作的一种课程类型。主要形式是到中小学听课和与任课教师交流。目的是促进师范生对从业的感性认识,强化理论与实践的结合,为实习工作的展开奠定基础。因此,它是教师职前教育人才培养中的一个重要环节。然而,由于教师职前教育办学对专业理论课程内容的刻意追求,使见习并未得到应有的重视。见习不仅课时少,而且随意性大,使其在许多教师职前教育中形同虚设。

1. 教师职前教育见习的价值与现状

伴随教师职前教育对人才能力培养方面的强化,尤其是职业教育一些理念在教师职前教育办学中的借鉴,使教师职前教育中从业能力的地位获得极大的提升。然而,人们的关注点主要集中在教学技能的训练方面,作为知识、原理与教学技能形成中介的见习并没有被给予充分的重视,使教学技能训练的效果受到很大的限制。

(1)见习是沟通理论课与教学技能的中间环节。从课程的内容性质来看,教师职前教育的课程设置分为两种,即理论课和实践课。理论课是以专业知识和原理的讲授为主,重点是掌握专业课程的知识内容和规律。实践课是以教师技能训练和教育实习课为代表,主要是训练师范生的教育教学技能并进行实际运用的尝试。两者结合共同培养师范生专业知识和原理运用于实际从业中的素质。而见习既是理论课程学习的延展,又是实践课程学习的前导,因此,它是沟通理论课学习和实践课训练的桥梁和中介。首先它是理论学习的延展。理论学习主要是把握相关专业的原理,积累专业和相关的知识,其中积累专业及相关知识、掌握其原理是进行理论课学习的基本目标。它的实现途径主要是通过专业课教师的讲授。理论课学习的最终目的是将其运用于实践并有效地对实践进行指导,而"把握"课程内容和原理是将其运用于实践的前提。对于理论课内容和原理的把握,学生单纯听取教师的讲授是远远不够的,必须通过真正的理解并内化为自己的素养才可称之为"把握"。而见习正是引导师范生进行深入理解并进行内化的有效途径。它不仅改变了理论课讲授的单一层面,拓展了学生对理论理解的空间和维度,而且从从业需求和运用的角度去认识理论的价值,从而对学习理论内容有了选择的规范。其次,它是实践课程学习的前导。实践教学是以专业知识原理为内容、以教育教学原理为规范进行的从业能力的学习和训练。单纯的理论与单纯的实践是很难进行有效融合的。而见习不仅使理论课程的内容向实践方向进行了延展,而且也使实践教学向理论方向贴近。从某种意义上讲,见习是对教师职前教育内部所进行的教师技能训练的深化,是对实习的前期铺垫。在见习过程中,师范生以观察者特殊的身份通过对实际课堂教学的观摩、感受、验证和交流,内化所学的专业知识和专业理论。通过对教学操作的间接体验,认识和把握教师教育教学的能力要求,不仅为训练什么样的教育教学能力提供借鉴和规范,从而剔除训练中不必要的内容提高训练效率,而且通过见习所得与自身所具备的能力进行对比反思,找到自己的不足而进行有针对性的训练。从上述两个方面可以看出,见习沟通了理论课程与实践课程之间的联系。

(2)见习游离于整个课程体系的现状。在教师职前教育人才培养中,见习具有非常重要的意义,但在实际办学中,见习不被重视具有普遍性,许多教师职前教育将其视为可有可无的环节,甚至在整个课程体系中根本就没有见习的内容。具体表现在以下三个方面:一是在整个人才培养对应的课程体系中没有涉及。由于传统师范教育注重理论、轻视实践的影响,实践教学的时数不足是普遍现象,而归属到实践教学范畴的见习,在许多教师职前教育中根本就不涉及。偶尔开展的随机到中小学的听课活动,也往往附着在"课程与教学论"课程的教学中,没有独立的要求,也无须进行检查、验收。二是教学规划中有而课程中没有。随着实践教学地位的提高,见习也开始受到重视,并开始纳入整体教学规划中。但由于总课时量的限制和办学观念的影响,见习最终并没有见之于课程安排中,在实际教学中仍处于可有可无的状态。三是教学规划和课程安排中都有见习的一席之地,但因课时少,加上见习安排的随意性,见习不仅同整个课程体系相游离而处于边缘化状态,而且因没有具体的目标和缺少可行的实施方案而处于一种混乱、放任的状态中,没有起到应有的作用和发挥独特的价值。

2. 教师职前教育见习实施的探索与设计

教师职前教育见习在师范生的培养过程中具有特殊的作用和价值。而在见习的实际实施中,因为观念及课程设置,这些特殊的作用和价值并没有发挥出来。因此,对其进行探讨并设计出合理的方案,成为教师职前教育课程改革需要迫切做的工作。

(1)增加见习的课时,强化见习的目的性。首先,提高见习在教师职前教育人才培养中的地位。这种地位提高的幅度要与整个实践课提高的幅度相当。随着教师教育职教特点的被突出,在教师教育转型过程中,许多职业教育的原理和理念为教师职前教育办学中所借鉴和采用,其中职业教育最突出的能力本位更是广受关注。许多人提倡教师职前教育应把理论课与实践课的比例定位在6∶4,使能力培养课程在课程系统中的比例由原来的百分之二十左右,提高到百分之四十左右。而作为实践课构成的具体内容的见习,也必须改变模糊于理论课与实践课之间的状态,必须进行清晰的定位,并根据整体实践课在课程设置中的比例安排见习的课时,使其在有明确定位的基础上,课时量也获得明显的增加。其次,强化见习实施的目的性。设计出见习的整体实施方案,不仅要有明确的课时数,还要有明确的见习目标;不仅要有严格的计划性,而且要预留出灵活的空间;不仅要有具体实施过程的要求,而且要有科学、全面的评价体系。这样才能使见习的实施始终围绕目标的实现进行,提高见习的针对性和效率。

(2)改变见习的孤立状态,与整个课程体系融于一体。传统师范教育人才培养中,为数不多的见习被随意安排,仅有的作用和价值也基本丧失。究其根源不仅在于对见习的漠视,而且还在于见习游离于整个课程系统之外。见习与学科课程的逻辑联系被割断,即便是在"课程与教学论"课程中间开展的见习,也往往缺少甚至没有与课程内容具体的对应关系,让人感觉见习是"课程与教学论"实施过程中的节外生枝。这不仅不能促进专业"课程与教学论"的学习,而且分散学生学习的注意力,降低了学习效果。因此,必须建立起见习与整个课程体系融于一体的结构。一方面,在时间上见习应贯穿四年大学学习的始终,在不同年级段开设的专业课中加入和渗透见习的内容,使学生通过见习充分地理解和掌握各个专业课在中小学教师从业中的运用情况,根据从业需要确定各个专业课的学习重点,并获得知识和能力在实际运用中的示范和启示。使其通过见习提高专业课学习的实用价值,获得理论知识内化和操作能力发展的双赢。另一方面,通过不同专业课实施中见习的穿插,构建见习内容和目标体系。不同专业课穿插见习的目的都是使学习专业课与教师从业的具体情况对应起来。每一门专业课都有其自身的内容范围和知识体系,因而,每门专业课穿插的见习具体内容和目标就有很大的不同,将每一门课程见习的内容和目标进行统整和建构,就形成一个见习内容和目标的完整系统。由于专业课本身具有系统性,直接与专业课系统性对应的见习内容和目标系统便成为大课程系统的组成部分,从而实现见习与整个课程体系融于一体。

(3)形式多样,灵活安排,改变见习实施的单一状况。在有限的见习中,学生基本是单一的泛泛听课,见习之前缺少必要的准备,见习后缺少有价值的讨论和反思，使得见习成为听课的代名词。这种见习实施的单一状况不仅严重影响了见习的效果，而且严重违背了见习丰富的内涵。首先，穿插于不同专业课中的见习应具有多样的形式，专业课的内容是各不相同的，作为融于专业课中的见习也有不同的目标，这些差异性共同决定了见习的形式应具有多样性的特点。这是由"内容决定形式，形式为内容服务"的原理决定的，也是提升学生的见习兴趣、进行个性化见习的要求。其次，贯穿大学四年的见习要进行灵活的安排。所谓灵活的安排就是不要把见习在每门课中的安排模式化，要在整体统筹的前提下，根据具体内容进行灵活的安排，即既有较长课时的见习，又有较短时间的见习；既有对较多内容进行内化的见习，又有计划外的见习，使见习生动活泼、灵活多样，在知识和原理的内化与实际运用两个方面共同发挥其作用和价值。

3. 教师职前教育见习的实施对指导教师的要求

教师职前教育见习的设计最终成为现实，必须通过教师的教育教学来完成。好的设计能否有好的结果，关键看教师实施和指导水平的高低。因此，明确见习的实施对指导教师的要求是十分重要的。

（1）见习指导教师应以学科"课程与教学论"教师为主，专业课教师普遍参与。传统观念认为教育实习和见习都是学科"课程与教学论"教师的任务，所以各教师职前教育的实习和见习任务事实上也都是由学科"课程与教学论"教师承担的。这种状况有其合理因素，也有其不足。其合理因素在于，学科"课程与教学论"教师是最直接对应教育教学实践的理论课程教师，由学科"课程与教学论"教师承担教育实习和见习任务，能够最充分地促进理论和实践结合。其不足在于，教育实习和见习不单纯是应用教学原理形成实践能力，它还必须对专业课程内容进行综合运用，所有专业课教师都与实习、见习有关，而实际上因缺少专业课教师的参与，导致了对专业课内容进行综合运用的不足。而专业课教师的普遍参与恰好能解决这一问题。专业课教师普遍参与的优势有以下三个方面：一是使见习更加富有个性。每个专业教师都是一个独立的存在，他们都有自己的专业领域、教育教学方式以及个人的兴趣和爱好，对见习都有自己的理解。因此,在具体实施中会出现个性丰富的局面,为学生多角度、多形式地认识和理解中小学的教育教学提供具体途径。二是一些针对课程内容的专题性见习,由具体任课教师来承担指导,能够使课程教学与见习进行紧密结合,提高学习效率。三是专业课教师普遍参与见习,能够增强专业课教师对中小学状况的了解和掌握,改变专业课教学与中小学教师从业游离的状态,强化专业课程教学与人才培养要求的联系。正是上述原因,见习指导教师队伍构成应是在以学科"课程与教学论"教师为主的前提下,专业课教师全员参与。

(2)见习指导教师应充分把握该专业对应的中小学课程的教学内容和要求。见习指导教师尤其是一些专业课程的见习指导教师,对本专业对应中小学课程的教学内容和要求不了解或一知半解的情况是一种比较普遍的现象,这样不但不能充分发挥指导作用,有时反而会适得其反。因此,他们要了解中小学的基本情况,掌握教材的具体内容,熟悉中小学师生所喜欢的学习方式,形成新课标的理念,为正确、恰当而有效的指导奠定基础。同时,要准确掌握中小学教育教学的要求,把对师范生的要求与中小学的要求截然分开,将对见习的评价与中小学的教育教学要求对应起来,使引导更为客观,更具针对性。

(3)见习指导教师应有丰富的指导经验。首先,见习指导教师必须有比较丰富的经验和比较深入地对中小学教育教学了解的经历。为了保证见习质量,任何缺少这种经历的教师,必须首先补充这种经历,否则不能充当见习的指导教师。其次,通过多样化的实践教学指导,积累丰富的指导经验。这种经验包括教学技能形成的指导、见习的指导、实习指导以及与中小学教师对教学能力形成和发展方面的广泛交流等。最后,充分而有选择地运用指导方式。通过上述的经历,教师积累了丰富的指导内容和多样化的指导方式,这些积累价值的最终实现就是运用。在具体运用中,指导教师应根据学生和内容的具体情况,对于指导的方式进行选择,如理论与实践结合式指导、示范性指导、反思性指导等,提高指导的针对性和效率。

教师职前教育见习是联系理论课与实践课的重要桥梁,是十分重要的课程,也是长期被漠视、存在着诸多问题的课程。因此,准确定位其地位和价值,正确理解其运行规范和要求,是改变见习的现状、发挥其作用以及提高教师职前教育人才培养水平和效率所不可缺少的。

三、教育课标的职教内涵

《教师教育课程标准(试行)》是教师教育中教育类课程标准的专指,"体现国家对教师教育机构设置教师教育课程的基本要求,是制定教师教育课程方案、开发教材与课程资源、开展教学与评价,以及认定教师资格的重要依据"。《教师教育课程标准(试行)》从教师从业需求出发,突出职业特点,具有明显的职业教育导向。

1.《教师教育课程标准(试行)》的职业教育内涵

《教师教育课程标准(试行)》以教师职业为核心对教育类课程进行规范,使《教师教育课程标准(试行)》具有鲜明的职业教育指向和内涵。

(1)《教师教育课程标准(试行)》在教师教育中的地位。为了明确《教师教育课程标准(试行)》在教师教育中的地位,我们应首先明确教师教育课程标准的概念,实际上这是因为省略了一些成分而不够完整的概念。完整的概念应该是"教师教育的教育类课程的标准",从中我们能够比较清楚地把握"教育课程标准"概念的"教师教育"范畴,也能够把握教育部在教师教育众多类别的课程中首先出台"教育课程标准"的用意和它在整个教师培养中的地位和价值。首先,正如《教育部大力推进教师教育课程标准改革的意见》中指出的那样:"教师教育课程在中小学和幼儿园教师培养中发挥着重要作用,是提高教师教育质量的关键环节。"没有教师教育课程的改革,不仅无法改变传统的教育观念和适应新形势对人才培养的新要求,更无法实施有效的创新。其次,教师教育课程所提供的内容和观念是教师从教的依据,是教师发展的规范,也是教师队伍素质全面提升的动力。教育教学的改革是对教师的观念的改革,而新的观念往往负载在教育课程的内容中,它规范着教师的行为方式,并成为教师提高自身素质的直接动力。

（2）《教师教育课程标准（试行）》的职业教育导向。教师教育与职业教育既有许多共同点，又有许多差异，但这些共同点和差异并非泾渭分明而是有机地融合在一起。它们共同遵守着与各自培养目标相对应的、由教育类课程所提供的教育原理和教育规律。从教师教育的传统看，在其长期运行中存在着一个非常明显的不足，就是教师教育与教师从业要求结合得不够紧密。为了改变这种局面，《教师教育课程标准（试行）》有一种明显的职业教育导向：一方面强调实践教学，加强对师范生的能力培养。这是《教师教育课程标准（试行）》最突出和最显著的特点。《教师教育课程标准（试行）》分别对幼儿园教师、小学教师、中学教师在"教育信念与责任""教育知识与能力""教育实践与体验"三个方面提出九项目标要求，运用三类相关的能力动词与之对应，如具有"相应的行为""能力""教育实践的经历与体验"。所以说对能力培养的倡导和强调贯穿始终是非常明确的职业教育导向。除此之外，《教育部关于大力推进教师教育课程改革的意见》也对此进行了强调，不仅明确了"教育实践课程不少于一个学期"，而且强调"加强教育见习，提供更多观摩名师讲课的机会"，此外诸如"强化实践环节""提高实践能力""加强技能训练"等相关的语句多次出现。从中可以更深入地理解《教师教育课程标准（试行）》的职业教育导向。另一方面，增加了和中小学进行联系的强调。办学单位与用人单位紧密联系是职业教育的鲜明特点和追求，而教师职前教育与中小学的联系比较淡薄，甚至处于一种相对隔绝状态。为此，《教师教育课程标准（试行）》对于与幼儿园和中小学进行有效的联系与合作进行了强调，诸如"深入幼儿园和班级，参与幼儿活动，获得与幼儿直接交往的体验""深入班级，了解小学生群体活动的状况以及小学班级管理、班队活动的内容和要求，获得与小学生直接交往的体验""观摩中学课堂教学，了解中学课堂教学的规范与过程，感受不同的教学风格"等等，这些都直接提出了与具体工作岗位相联系的目标。《教育部关于大力推进教师教育课程改革的意见》对此也进行了强调，提出"支持建立一批教师教育课程改革创新试验区，建设长期稳定的中小学和幼儿园教育实习基地",特别提出了"聘任中小学和幼儿园名师为兼职教师,占教育类课程教学教师人数不少于20%,形成高校与中小学教师共同指导师范生的机制,实行双导师制"。从上述的分析中可以看出,在《教师教育课程标准(试行)》和《教育部关于大力推进教师教育课程改革的意见》中,职业教育中的两个重要特点即能力本位和从业导向得到特别关注和突出,职业教育导向非常鲜明。

2.《教师教育课程标准(试行)》的职业教育导向的实施要求及内容

《教师教育课程标准(试行)》具有明确的职业教育导向,它不仅改变了已有的教师教育观念,而且也改变了已有的教师教育模式,具有新的特点和内容,对具体实施也提出了有别于传统的新的要求。

(1) 教育课程实施者要改变观念、更新知识、提高素养。再好的政策、规范和标准,最后必须由人来落实,因此,人的因素决定着最终结果。而面对具有明显职业教育导向的《教师教育课程标准(试行)》的落实,实施者必须改变观念、更新知识、提高素养。所谓的改变观念,就是要改变传统的师范教育观念。一方面要打破封闭的教学思想,与幼儿园及中小学进行广泛而深刻的联系;另一方面,要深入学习和领会《教师教育课程标准(试行)》,学习和掌握职业教育的原则和规律,努力在教学中有意识地借鉴一些职业教育的方法,提高教学的针对性和实效性。所谓更新知识,就是改变旧有的知识结构和内容。一方面打破原有的、已经显得陈旧的知识体系,根据人才培养的实际需要对课程内容进行整合和重组,加强知识的实用价值;另一方面要关注和增加实践知识的内容,使专业知识和实践知识密切结合,实现学以致用。所谓提高素养,是根据《教师教育课程标准(试行)》提出的对培养对象的要求,全面提高教师的相关素养,即知识素养、能力素养和情意素养,特别是情意素养。教师职业是教书育人的职业,其从业的重要而独特的方式是潜移默化的影响。这就要求教师只有具备了综合素养,尤其是情意素养,才能获得无言的教育和不教之教的良好效果。

(2) 改变教师职前教育现状。目前教师职前教育中存在着许多问题,而在这些问题中最为严重和牵动全局的问题就是教师职前教育与教师从业需求的联系不够紧密,以及教师从业能力培养方面存在不足。这两个方面的问题是《教师教育课程标准(试行)》出台的一个重要原因和价值所在。为了充分发挥其对改变教师职前教育现状的作用,一方面应遵循《教师教育课程标准(试行)》的职业教育导向,深入研究和处理好教师职前教育与中小学教师从业的关系,打破传统师范教育的课程模式,根据中小学教师的从业需要重新构建课程体系。对于已经过时或失去意义的课程及内容进行替换和调整,将新的教育教学理念和教育科研成果纳入课程的内容体系当中,增加实践能力培养课程。通过整合或削减内容,减少专业理论课程内容,使实践教学和理论教学的比例适应教师职前教育人才培养的合理水平。另一方面,以《教师教育课程标准(试行)》的施行为契机,对其职业导向的理念进行深化和拓展。"深化"就是将职业教育的理念运用于教师职前教育。这不仅仅局限于泛泛的对教育教学技能的培养,而是要贯穿于教师职前教育的各个具体内容和教育教学能力培养的各个具体环节,使其成为教师的一种教育理念,成为教学实施的自觉意识。"拓展"是指不能将这种理念和意识只停留在教育类课程的实施中,而是要推而广之,在公共课和专业课的实施中同样进行这种理念和意识的渗透,使公共课一方面体现培养教师所具有的独特性,另一方面也体现公共课教学面对不同专业的针对性。专业课的实施则要打破专业课自身的体系性,通过"师范性"的过滤,对其内容进行重新选择,构建新的体系。这是改变现状、落实《教师教育课程标准(试行)》职业教育导向所必须做的工作。

(3) 在教师教育中有效落实终身学习和发展的理念。《教师教育课程标准(试行)》将终身教育确定为三大理念之一,可见终身教育在整个教育中的重要性。但由于职业教育所面对的生产企业和服务业与教师教育所面对的教书育人有着非常大的反差,因此在终身学习的方式、方法和内容方面有很大的不同。这些差异由于存在于终身学习这个共性中而使它们有了相互学习、相互借鉴、相互补充、共同发展的契机。一方面,职业教育对应的生产企业和服务业与经济发展和科技进步具有直接的联系。经济发展和科技进步的每一个因素都牵动着生产企业和服务业,导致从业要求的变化,因此职业教育的终身学习要求更高,要随时、随地、随机地改变自己、充实自己。这对于教师在职教育具有很好的启示和借鉴作用。由于教师职业与经济发展和科技进步是一种间接关系,具有相对的稳定性,因此在终身学习中接受继续教育的压力和自觉性不足,导致终身学习的效果不能尽如人意。所以要强调职业的社会责任和历史担当,将教育进步与社会发展的联系进行提升,促进教师形成接受继续教育的使命感和自觉性,使职业教育的终身学习观念在教师终身学习中得到迁移。另一方面,职业教育尤其是国外的职业教育在继续教育和在职培训等多方面积累了丰富的宝贵经验,有的可直接用于教师教育,如师傅带徒弟、脱产进修等;有的可以稍加适应性改造用于教师的继续教育,如双师制、岗位轮换制等。对这些宝贵经验和做法的借鉴不仅能够解决教师教育中的具体问题,而且丰富了教师教育的内涵。

《教师教育课程标准(试行)》是对教师教育课程所进行的权威规范,是当下教师教育及教师教育课程实施中存在的问题的对策。其鲜明的职业教育导向,使教师教育课程的价值取向更为明确,为全面提高教师教育对应用型人才的培养质量奠定了坚实的基础。

四、教育原理的提领价值

教育教学研究是教师从业的必备素养,也是教师专业发展的重要途径。因此,一方面教师要有充分的教育教学的研究能力,使自己成为一个合格的教师;另一方面,伴随终身学习的要求,教师必须通过不间断的教育研究,使自己始终站在教育的前沿,在不断地充实和丰富自己的过程中,使自己的专业发展获得不竭的动力。

教育教学研究是以教育问题为对象,运用科学的研究方法,以获得教育规律为目标的过程。它是以探索培养人、教育人的规律为目的的过程。所谓教育规律是指教育发展过程中的本质联系和必然趋势。教师专业化是指教师在整个职业生涯中,通过专门训练和终身学习,逐渐习得专业知识与技能,并在教育专业实践中,不断提高自身从教素养,从而成为一个合格教育工作者的过程。通过对上述概念的比较我们可以看出,教育教学研究是教师专业化的核心内容,教育规律是从事教师职业的灵魂,没有教育教学研究能力,不掌握教育规律,就没有真正的教师专业化。

1. 教育教学研究及其成果是教师从业的根本依据

教育教学的研究能力是基础教育教师和高中教育教师基本的从业能力,没有或缺少这种能力就是不合格的教师。教育教学的研究成果往往是对教育教学规律的把握和概括,是对具体教育教学经验的理论提升,对于教育教学具有引领和规范价值。因此,教育教学研究及其成果是教师从业的根本依据。

(1) 教师从业以教育教学研究为前提,以教学研究成果为指导思想。义务教育课程标准和普通高中课程标准颁布和实施之后,伴随学生作为学习和发展主体地位的确立,以及全面提高学生的素养目标对培养学生个性特点和创造精神的凸显,教师的角色发生了重大的变化,即由课程知识的灌输者变为课程的研究者。因而,研究教育教学能力,作为传统教学中对优秀教师的要求,变为对教师的基本要求。教育教学的研究能力是改变中小学课程实施模式化的重要途径,是进行课程教学创新的保障,是全面提高教师素养的有效方式,是教师进行个性化教学的依据。只有教师首先具备研究能力,才能具有开阔的视野,才能包容学生的个性,才能完成培养学生个性和创造能力的使命。当然,与教师以教育教学的研究为从业的前提有着更为直接的对应关系的是新课程对学生研究性学习的倡导和对学生研究能力的培养,这个要求真正落到实处教师必须具有研究能力。教师通过自己在教育教学研究中积累的经验,对学生进行研究性学习的引导,如果没有研究能力和研究经验,对学生研究性学习和研究能力的培养就要落空。"以教育教学研究成果为从业的指导"的内涵有两个方面:一方面,我们现行的教育教学理念、规范和运行模式都是教育教学研究成果的运用,是千百年来无数教育家、教育教学工作者对教育教学理论积淀的提升,是前人教育教学研究成果根据当代需要进行有选择的体系构建。它植根于我们的现实和制度中,成为从业的指导思想。另一方面,教师当下进行的教育教学研究获得的成果,是适应现代社会发展进行教育教学改革的重要力量,它引导人们通过在教育教学中不断运用这种新成果,促进教育的整体转型。无论是前人的成果还是当下的成果,对教师从业都具有借鉴和指导意义。

(2)教育理念的改变和教育教学行为的变化必须符合教育学原理。教育学原理是前人教育教学研究成果的概括和浓缩以及为教育的发展和改革提供的依据。教育教学理念的改变是伴随着社会发展而变化的,其变化和改变的动力是社会发展的需要。教育教学的发展既要求与社会发展同步,同时教育教学的发展又是社会发展变化的具体内容。而教育教学发展变化的关键是教育教学理念的改变。从传统的教育教学理念到新的教育教学理念的变化过程,教育学所提供的基本原理和规律起着关键性的规范作用。一方面对传统教育教学理念改变的起因是发现其不合理因素,而发现其不合理因素的依据就是教育学的基本原理和规律,是在探求教育教学中遇到的具体问题时,不断发现和解决有违规律的问题从而通过研究为改革提供理论成果。没有这些成果,就不会产生对教育教学进行改革的动机,就更无法产生教育教学理念的更新。另一方面,新的教育理念的产生同样需要教育学理念成果的先期引导,需要教育学原理的规范。当然这种规范并非完全照搬传统教育学原理的一般规律,而是加入了新的因素、新的成果,教育学的一般规律和原理并不是一成不变的,它始终处在一种动态的变化中,是与社会发展和进步息息相关的,而教育学的一般规律和原理发生变化之后,要求新的教育教学理念与之适应。教育教学的一般规律和原理,成为新理念生成的土壤,有什么样的教育理念就有什么样的教学行为,教育理念的变化必须引起教学行为的变化,教育理念是教学行为的灵魂。从本质上讲,教育教学行为的变化最终取决于教育学的基本规律和原理。

2. 教育学原理在教师职前教育中的统领价值

教育学原理在教师职前教育中占据着十分重要的地位,对教师职前教育所有课程内容的学习都具有统领价值,是教师职前教育的灵魂。

（1）教育学类课程是教师职前教育的三大类课程之一，统领着其他两类课程的学习。教师职前教育的三大类课程有两种情况，一种是教育学类课程、专业类课程和技能类课程，另一种是职业类课程、技能类课程和通识类课程。前者是师范教育的传统课程的设置，后者是教师职前教育改革中的课程设置。但无论如何两类课程中教育学类课程都不仅是课程结构中的重要内容，而且对其他两类课程的学习具有统领和规范的意义和价值。从传统的三类课程情况看，教育学类课程不仅占据着重大的比例，而且具有十分重要的地位。它既是教师职业的从业基础，也规范着对专业课内容的选择，反映着专业类和技能类课程学习的目的，同时也是两者学习价值的实现途径。其对专业课学习的规范主要体现在教师教育的师范性上。教师职前教育的师范性是以教育学类课程为核心，并以教育教学的从业要求为依据对专业课进行教育学视角的重构，对专业课教学内容进行以从业需求为依据的选择。各类专业课程在不同性质的高校中是重复的，以中文专业为例，其专业课程如"古代文学""现当代文学""现代汉语""古代汉语"等课程，虽然在综合性高校和师范院校的同专业中名称相同，但内容应有很大的区别。综合院校更注意课程自身的体系性，从纯专业的角度去安排内容，选择教学的侧重。而承担教师职前教育的高师院校则应在尊重学科课程体系的基础上，依据师范性的特点和要求，结合中小学教师从业的具体需求对其内容进行侧重安排。教育学原理在其中起着规范作用。因此，与综合性高校相比，虽然课程的名称相同，但由于教师职前教育的师范性的规范，它们之间无论是系统还是内容的选择都应有相当大的差别。从教师职前教育改革的课程设置看，将传统师范教育中的教育学类课程和专业课合并为职业教育类课程，使教育学类课程与专业课程关系更为密切，其技能培养的课程也强化了训练与从业的联系。而新增的通识教育课程，更是直接对应着对教师面对全新的从业目标缺失的弥补。因此，教师职前教育改革中的课程设置不但没有减少教育学类课程的价值，反而强化了其对其他课程的统领作用。

（2）教师从业需求和教育学类课程统领的地位及实施。传统的师范教育由于淡化师范性,使其课程设置中不仅缺失专业课的师范性,而且也直接导致教学技能课被漠视。其主要表现有两个方面:一是教学技能训练课比重小,无法满足对师范生从事教师职业所需能力的培养;二是教学技能训练有很大的随意性,缺少科学的训练体系,教学效率低。教学技能课本身是教育学类课程,它又决定着在实际工作中其他在校学习课程内容价值的发挥。因此,确立教育学类课程的统领价值,就必须根据教育学原理重新确定它的地位,规范其实施方案。首先加大教学技能课的教学时数,提高教学技能课的地位。教学技能训练课课时不足不仅严重影响了教学技能的形成,而且直接导致师范生从业能力的不足。为此,在师范性在教师职前教育中不断被强调、教师职前教育的职业教育特点不断被强化的形势下,加大教学技能课课时量的呼声不断高涨。比较普遍的观点是将教学技能训练课所占全部课时的比重提高到百分之四十左右,使理论与实践密切联系,使知识和运用进行紧密结合,从而提高理论和知识学习的实用价值,达到学以致用的目的,充分满足学生从业的能力要求,使教育教学技能课程成为最为重要的培养学生从业能力的课程。其次,要想真正实现教学技能课对于全面提高师范生从业能力的价值,还必须对训练的具体内容、训练能力的层次性特点以及训练的分段目标做出科学的安排,使教学技能训练改变随意性而循序渐进地开展,从而提高教学技能训练的整体性和效率,充分满足师范生以及教师职业对教育教学技能的需求。

3. 教育学科在教师在职发展中的规范意义

教育学科在教师在职发展中,既是从业的重要内容,也是提高从业能力的手段。因此,教育学科在教师在职发展中同样具有规范和指向意义。

(1) 教育学科所提供的基本原理和规律,规范着教师的教育教学实践。"教育学科所提供的基本原理和规律"指的是通过长期对教育教学实践研究所获的成果的积淀、选择、构建形成的关于教育教学普遍性和普适性的原理和运行方式。它是教育教学最基本的特征,是继承传统的基础,也是改革发展的前提。它以一种比较稳定的形式存在而成为继往开来的中介。首先,教师的教育教学实践是实现人才培养目标最基本、最重要的途径,而人才培养必须符合教育学科所提供的基本原理和基本规律,诸如人才培养过程要"因人施教"、要实施启发性教学方式、要以德为先,实现培养目标必须以学生为主体,等等,这些目标的确定和实施,都是教育学基本原理和规律的规范。其次,伴随中小学课程标准和高中课程标准的颁布实施,人才培养规格发生了重大的变化,个性化和创造精神的培养成为人才培养目标中的重要内容。与此对应的教师的个性化教学受到大力的倡导。所谓的个性化教学就是改变模式化尊重学生个性的教学,必须根据学生的个性、兴趣、特长、需要进行施教,亦即学生需要什么,教师便需授予什么。从这个关于个性化教学的概念中我们看到的只是不断地从不同侧面对学生进行的强调,似乎并没有涉及对教育教学基本规律规范的内容,但其实对学生因素强调的本身正是因人施教这个教育教学基本规律决定的。所以,对于个性化教学,我们应注意两个方面,一是个性教学不仅要张扬教师的个性,更要尊重学生的个性;二是个性化教学不是抛开基本的教育教学原理和规律,而是必须以教育教学规律作为规范。

(2)教育学研究是教育教学发展的先导。教育教学的发展变化首先是从教育教学理论研究开始的。教育的发展是一个动态的过程,教育教学的基本原理也在整个教育发展中发生着动态的改变,这种改变首先是由社会的发展改变引起的,教育教学不能完全适应这种社会的发展变化,而在理论上进行改变的出路的探索。所以,教育研究的先导作用十分明显。同时,教师的发展也源于教育学研究过程延展和成果的不断积累。一方面,教育学研究是一种学习方式,尤其是对教师而言是十分有效而又有针对性的学习方式。教师在教育教学实践中会经常性地遇到一般教育学原理和规律所无法解决的具体问题,于是不断地对这些具体问题进行研究,找出其产生的原因,从而设计出解决方案。教师通过这种研究,不断重复和积累,在丰富教育学基本原理和规律的同时,再不断地注入新的因素,从而使教育教学的具体内容和方式获得改变。义务教育课程标准和普通高中课程标准正是教育学研究不断积累最终获得教育教学发展方案的典型例证。而教师正是在这个过程中逐步地改变观念、更新知识、提高素养而获得专业的发展的。

教育教学研究是教师从业的必备素养，也是教师专业发展的重要途径。因此，一方面教师要有足够的教育教学的研究能力，使自己成为一个合格的教师；另一方面，根据终身学习的要求，教师必须通过不间断的教育研究，使自己始终站在教育的前沿，在不断地充实和丰富自己的过程中，使自己的专业发展获得不竭的动力。

第三节　教师专业标准

教师专业标准是国家对幼儿园和中小学合格教师的专业素养的基本要求。其规定了幼儿园和中小学教师必须具备的基本专业素质和教师开展教育教学活动应遵循的基本规范。因此，教师专业标准是高师人才培养的依据，是师范生成为教师的准则。

一、专业标准的从业导向

教师专业标准将教师从业的各个要素进行分类，提出具体要求。同时，教师专业标准也充分考虑到了教师从业中的现实问题，其要求具有明确的针对性。它与教师资格认证制度和《教师教育课程标准（试行）》虽然各有所侧重，但是共同体现了教师教育的从业取向。在这些制度和标准中所共同强调的师德及观念改变的要求，是教师从业的核心和根本，也是教师现阶段在从业中存在不足的。"能力为重"则更多的是对教师教育尤其是教师职前教育严重脱离从业取向的校正。"学生为本"则强调了教师从业的目标。"终身学习"体现的是适应学习型社会和教书育人的使命对教师发展的要求。在这里，教师专业标准最全面、最具体、最具针对性地明确了教师从业基本要求。师范生只有具备了教师专业标准中要求的专业理念与师德及专业知识和专业能力，才能成为一个合格的教师，而且仅仅是一个合格的教师。例如，作为中学教师必须达到三个维度的六十三项要求,否则就不是一个合格的教师。当然,如果达不到六十三项要求,根本无法通过教师资格考试。可以说教师资格考试的《综合素质考试大纲》《教育知识与能力考试大纲》《学科知识与教学能力考试大纲》是教师专业标准内容的具体化和拓展。当然,无论是教师专业标准的四个理念,还是三个维度及相关的要求,都并非文件所显示的泾渭分明的独立存在,它们是相互依存、相互补充、相得益彰的,具体呈现在个体的教育教学素养中。为此,在高师人才培养中必须改变各类各门课程单打独斗孤立实施的局面,要通过整合使课程与课程之间建立紧密的联系,根据教师专业标准的要求,不断更新课程理念,构建课程教学与中小学教师从业要求意识。在知识培养和能力训练中,渗透道德情操的培养。建立知识之间的联系,开阔眼界。掌握知识,创新知识,建立知识与能力之间的联系,以知识为先导训练能力,以能力运用呈现知识的价值,使教师专业标准在高师人才培养中得到全面的落实,为师范生从业打下坚实的基础。

教师专业标准是高师人才培养的依据,也是办学追求的目标,是"教师培养、准入、培训、考核等工作的重要依据"。在教师专业标准的实施建议中进一步明确指出:开展教师教育的院校,要将教师专业标准作为教师培养培训的主要依据,这更加明确了教师专业标准的从业取向。所以高师管理者和高师教师必须予以高度重视。

二、专业标准的教学规范

教师专业标准的颁布和实施,使教师专业有了明确的规范,对于教师的职业化和教育事业的发展都具有十分重要的意义。同时,也为以专门培养中小学及幼儿园教师的高师院校的教学提出了新的具体要求,为高师院校教育改革提供了契机。

东北师范大学校长和《中学教师专业标准(试行)》课题组负责人史宁中对《中学教师专业标准(试行)》做了以下具体说明:

提高教育教学质量的关键在于教师。为了促进中学教师专业发展,建设高素质的教师队伍,基于中学教育教学的本质属性,借鉴国际经验,充分考虑我国的现实国情和教育发展的需要,研究制定了《中学教师专业标准》(以下简称《标准》)。

一、《标准》的基本理念

制定教师专业标准是确立教师专业化的前提,也是建设高素质教师队伍的依据。《标准》提出"学生为本""师德为先""能力为重""终身学习"四个基本理念,是中学教师作为专业人员在专业实践和专业发展中应当秉持的价值导向。

为了更好地贯彻实施《国家中长期教育改革和发展规划纲要(2010—2020年)》中提出的"育人为本"的教育理念,中学教师应当用这四个基本理念规范自己的教育思想和日常的教学行为。"学生为本""师德为先""能力为重"的理念既体现了对中国教师群体长期坚持的基本追求,也体现了现代教育发展对教师素质的新要求,是传统与变革的有机结合。"终身学习"的理念更多地包含了信息社会背景下对教师专业发展所提出的新要求。

二、《标准》的基本内容

《标准》的基本内容包含"维度""领域"和"基本要求"三个层次,即"三个维度、十四个领域、六十一项基本要求"。"三个维度"是"专业理念与师德""专业知识"和"专业能力";在各个维度下,确立了四至六个不等的领域;在每个领域之下,又提出了三至六项不等的基本要求。

"专业理念与师德"维度,从教师对待职业、对待学生、对待教育教学和对待自身发展四个方面,确定了"职业理解与认识""对学生的态度与行为""教育教学的态度与行为""个人修养与行为"四个领域,提出了十八项基本要求。这些基本要求指向于造就具有良好职业道德和专业精神的合格教师,既体现了对"学生为本"理念的细化,比如尊重学生、关爱学生、教书育人等,也体现了对

"师德为先"理念的细化,比如依法从教、爱岗敬业、为人师表等。

"专业知识"维度,从中学分科教学的实际出发,依据中学生身心发展的规律,以及中学教育教学的本质特征,确立了国内外学界基本形成共识的教师知识构成的四个领域,即"一般教育知识""学科知识""学科教学知识""通识性知识",提出了有关中学教师专业知识的十八项基本要求。体现了对中学教师把握"专业知识"三个方面的要求:在学科知识方面,中学教师不仅要知道所教学科的内容,并且要"理解所教学科的知识体系、基本思想与方法""了解所教学科与其他学科的联系"等,这是为了保证教师在教学活动中脉络清晰、重点突出,让学生感悟学科的基本思想;在学科教学知识方面,提出"掌握针对具体学科内容进行教学的方法与策略"等,是要求中学教师能够把一般教育知识与学科知识有机结合,并体现在教学活动之中;在通识性知识方面,提出"具有相应的自然科学和人文社会科学知识""具有相应的艺术欣赏与表现知识"等,一方面是为了保证中学教师在教学活动中能够关注学生的全面成长,更好地体现育人为本的教育理念;另一方面也是在素养方面对教师专业发展提出的基本要求。

"专业能力"维度,从"教学设计"等六个方面,提出了二十五项有关中学教师专业能力的基本要求,涵盖了中学教师应有的四方面基本能力。一是教学能力,这是中学教师的主要工作,因此《标准》对中学教师专业能力的要求是以教学能力为中心的,其中涉及教学的设计、实施和评价等。二是开展班级管理和其他教育活动的能力,这些工作是"教书育人"使命所决定了的教师教学以外的基本工作,一个合格的教师必须具备这方面的能力。三是人际交往能力,因为教师工作是一项与人打交道的工作,教师必须能够有效地与学生交流,此外,拥有与同事、家长、社区等沟通与合作的能力是有效开展教育教学的基本保障。四是自我发展能力,因为在终身学习社会中,教师只有具有自我发展能力,才能不断提升自己的专业水平,才能适应教育教学工作的需要。

三、《标准》的基本性质

1993年颁布的《中华人民共和国教师法》规定了教师是"履行教育教学职责的专业人员",但是该法律以及此后的法律文本、相关政策都没有对教师作为专业人员的基本要求做出明确规定。《标准》是我国关于中学教师专业要求的第一份政策文本。

《标准》的定位是"对合格中学教师的基本专业要求"。这意味着《标准》的规定超越于对不同学科、不同发展阶段教师的具体要求,是对所有中学教师的一般性共同要求。

从《标准》的前言和实施建议两个部分中的相关规定中可以看出,《标准》既具有"评价"标准之性质,也具有"导向"标准之特征。作为"评价"标准,它是"中学教师开展教育教学活动的基本规范",是"中学教师培养、准入、培训、考核等工作的重要依据",因此是评价教师和教师教育质量的依据,是进行教师管理和教师教育管理的抓手。作为"导向"标准,它是"引领中学教师专业发展的基本准则",因此是引领中学教师教育专业化的基础。

《中学教师专业标准(试行)》及史宁中所做的具体说明,为我们具体把握《中学教师专业标准(试行)》内容、深入理解其中内涵奠定了坚实的基础,提供了充分的依据,更为我们成为一个合格的教师从业者参与继续教育,指明了方向。

1. 教师专业标准全方位明确高师人才培养的方向

在高师人才培养目标的描述中,始终把应用型人才培养作为追求。而具体操作中,因对应用型人才缺少正确的理解和恰当的把握,往往在课程设置和教学评价等环节与应用型人才培养的目标相背离,结果是造成高师人才培养目标的含糊和混乱。教师专业标准对教师专业方面提出全面而具体的要求,这无疑为高师人才培养目标的描述和具体操作的矛盾的解决提供了依据。

(1)对师范生的师德及学生观的培养。师范生并没有实际教师的经历,高师期间虽然学了一些关于师德的课程,但也往往是作为旁观者的角色参与学习的,没有什么好的效果。至于学生观的培养,高师期间没有专门的课程,所以也几乎是一个空白,这对于师范生的从业是极为不利的。教师专业标准中"学生为本""师德先行"这两个重要理念,在高师人才培养中被冷落了。为此,需要通过高师与中小学的校地合作,让师范生更多地了解学生,更多地参与中小学的教育教学活动。通过参与,培养和强化他们的职业道德,形成和发展他们的学生意识。同时,改变传统教育教学中以说教为主的方式,通过高师教师和中小学教师爱岗敬业的行为示范感染和影响师范生,通过课堂教学中与学生进行平等对话及突出学生的主体地位等方式,培养师范生的教师与学生平等的观念。

(2)对师范生能力的培养。能力的培养在高师院校的人才培养中受到了越来越多的关注,但与教师专业标准中"能力为重"的理念相比还远远不够。过多的知识类课程大量占据了进行能力训练的时间,使师范生的能力普遍不足。为此,需对能力培养进行全方位的设计。一方面需增加能力培养的课程,使能力培养课程的比例占课时总量的百分之四十左右,并对能力类课程进行合理设计,使其贯穿于四年大学的始终,覆盖教师从业能力的主要方面。同时,具体课程开设的时间与相关的理论课对应起来,促进理论与实践的结合。另一方面,能力的培养应遵循由简单到复杂、由低层次向高层次的形成和发展规律,改变能力训练的无序状态,提高能力训练的效率。同时,非能力训练又具有很强操作性的课程,也需进行专业能力训练,如中文专业的文学类课程对分析能力的培养和训练,写作课对写作能力的培养和训练,等等,使高师期间的能力训练与教师专业标准中对教师的能力要求对应起来。

(3)对师范生终身学习的基础及其观念的培养。"终身学习"是教师专业标准的又一重要理念。高师对师范生的培养既是这些未来教师"终身学习"的一部分,又是进行"终身学习"的基础。因此,高师在人才培养过程中应有意识地对"终身学习"进行引导。四年的大学学习时间是有限的,而对知识的学习是无限的。所以,一方面四年的大学学习要为此后的学习在知识和能力方面奠定基础,使他们离开校园后,对于业务的升级提高,有充分的认知基础和储备;另一方面,在校期间要逐渐养成"终身学习"的观念,而这种观念尤其要有良好的学习习惯作为基础。当然,还需要有严格的计划性和方向性,使"终身学习"始终能够高效进行。

2. 教师专业标准对高师教师的素质提出了要求

教师专业标准对高师人才培养提出了要求和规范,为了适应这些要求,高师教师必须对自身的素养和行为进行调整和规范。

(1) 高师教师应具备全面素质并熟悉专业对应的中小学教师的从业状况。教师专业标准对中小学教师职业进行了全面而具体的要求和规范,作为以培养中小学教师为己任的高师教师,必须对这些要求和规范进行全面的理解和掌握,并具备相关的素质。让一个不具备某种素质的教师去培养学生的这种素质是不可想象的。但高师教师仅仅掌握并具备这些素质还不够,还必须对专业对应的中小学教师的从业状况有比较深入的了解和掌握。而对中小学教师从业要求和现状的陌生是高师专业课教师普遍存在的不足,它导致了专业课教学的盲目性。所以,只有将教师专业标准的要求和规范与中小学教师从业状况联系起来,才能实施有针对性的教学,充分实现对合格教师的培养。

(2) 在课程实施中准确把握教学目标,并进行恰当的取舍。高师专业课教育的目标包括两个方面的内容:一是宏观的人才培养目标,即课程的实施要根据教师专业标准中培养合格教师的要求进行;二是具体课程的目标,即所教课程在培养合格教师中所担负的责任是什么,主要针对《教师专业标准》要求中的哪些内容。明确地把握了教学目标后,就要根据实现目标的要求对课程讲授的内容进行取舍,与实现目标直接相关的是重点,需要准确而完整地掌握,铺垫性、拓展性的内容需要强化,没有关系的一概剪除。改变传统专业课教学中眉毛胡子一把抓、照本宣科的状况,简化不必要的环节,提高效率。

(3) 高师教师应成为教师专业标准的行为示范者。高师教师在教育教学中落实教师专业标准的要求是必要的,但不能仅仅局限于此,而是要进一步潜移默化地对师范生施加影响。即高师教师要成为教师专业标准的行为示范者。一方面教师要在课程观念和师德方面影响和感染学生,改变教师课程观念陈旧的状态,不断吸取最新的成果并内化为自己的理解和认识。不断更新课程内容,改变课程实施方式,以创新思维处理课程内容,使师范生在潜移默化中受到教育。同时,教师在日常教学中应充分体现爱岗敬业的精神和对学生尊重、热爱、宽容的情怀,使师范生受到高尚师德的感染和熏陶。另一方面,教师应在知识和能力方面得到学生的认可,受到学生的追捧。教师应有丰富的知识和足够的能力,这种知识的丰富性和能力的充分性,除了对教师专业标准相关的专业知识理解更为深刻、更为全面,还要具备跨学科、跨专业的知识和能力以及生活的知识和能力等。这是获得学生尊重的前提,也是学生进行仿效的依据。

3. 教师专业标准要求"三大板块、多元组合、个性化实施"模式的高师教学

任何教育思路和教育理念最后都必须通过教学来实现。教师专业标准对高师人才培养的全新要求具体到教学实施可归纳为"三大板块、多元组合、个性化实施"模式。这是一个非常复杂的体系,教学过程中需要彼此兼顾形成一体。

(1)"三大板块",即专业观念与师德培养板块、知识培养板块、能力培养板块。这三大板块是与教师专业标准的三项内容相对应的。在具体教学的实施中,虽然每一门课程各有所侧重,但对这三个板块的培养都负有责任,从而形成每门课程都是由这三个模块构成的系统,每门课又都有侧重。"观念和师德培养板块"是指在任何课程的教学中,都要渗透对课程理念和师德的培养,这是具体课程实施中不可缺少却又在人才培养过程中被淡化的内容,也是中小学教师从业中普遍存在不足和问题的内容,必须予以加强。"知识培养板块"是指高师课程实施中,专业知识的培养是重点,也是成为合格中小学教师的前提。但在传统教学中这个板块存在内容过多、比重过大的问题,也存在着与教师专业标准要求不对应的问题。因此,应根据要求进行调整。"能力培养板块"是需要强化的内容。教师专业标准强调"能力为重",为此,不仅专门的能力培养课程要专注于能力培养,理论课的教学也应增加实践因素,使理论与实践结合,形成理论的运用能力。

(2)"多元组合",即不同观念的组合、观念与知识和能力的组合、不同知识与能力的组合。教师专业标准虽然分别从课程理念与师德、专业知识和专业能力三个方面分别提出了具体要求,但其追求是对这些具体要求的实际运用,所以,从本质上是对教师综合素质的要求。而"多元组合"正是与对教师综合素质要求相对应的。首先,只有不同观念的矛盾、冲突和融合才能脱开旧观念的束缚,建立起全新的观念。其次,只有观念与知识和能力的组合,才能改变知识固有的形态,使知识和能力的内涵得到拓展。再次,只有不同知识与不同能力的组合,才能创新知识和能力并获得新知识和新能力。在这种多元组合中,促成观念的转变是核心目的。知识与能力的拓展和创新,既是观念改变的基础,又是观念改变所获得的成果。这种多元组合不仅能够有效实现教师专业标准的要求和规范,而且能够培养师范生的个性和创造精神,为他们进行个性化的教学提供基础。

(3)"个性化实施",即凸显"学生为本"的方法多样性,突出"师德为先"的内容选择性,强化"能力为重"的操作性,追求"终身学习"的目的性。千人一面、缺少个性的教学是高师教学实施中的一种普遍现象。教学方法的选用除了依据教学内容,更重要的是依据学生群体的具体情况。高师学生群体是具有鲜明的个性特征的,其个性特征不仅表现在个人因素方面,也反映在专业的不同、班级风气的差异上。因此,必须根据面对全体学生和因人施教的原则,根据学生主体的不同,采用多样性的教育教学方式。在高师,任何课程都担负着对师范生师德培养的使命,特别是专业课程。为此,在专业课教学内容的选择和拓展方面,要对培养师德的目标给予充分的重视,实现"以正确的思想引导人,以高尚的情操感染人,以先进的文化教育人",从而形成并不断提升师范生的师德修养。同时,在课程实施中,强调教师专业的"能力为重",强调教学展开过程的操作性和师范生对课程内容掌握的实用性,实现学以致用的教学目的。上述的三个方面都是在高师教学具体过程的要求,是高师人才培养必须完成的任务。而奠定"终身学习"的基础,确定"终身学习"的目标,养成"终身学习"的习惯,则是这个过程指向未来的目标。

教师专业标准不仅为幼儿园及中小学教师的从业要求提供了规范,也为高师的教育教学改革提供了契机和方向,高师院校应借助这一契机进行全方位的调整与改革,实现高师人才培养与教师专业标准落实的同步性,从而提高人才培养质量和水平。

三、"能力为重"的专业发展

"能力为重"是教师专业标准的重要理念之一,与"学生为本""师德为先"和"终身学习"共同构成教师专业标准的核心。"能力为重"在四个理念中具有十分重要的作用,是"学生为本"的基础,是"师德为先"的保障,是"终身学习"的依据。而能力的缺失又是教师从业中普遍存在的现象。因而,要使教师专业得到充分的发展,必须关注和加强能力的培养。

在教师专业素养构成中,能力素养占据着十分重要的地位,它是知识素养、情意素养的载体和价值实现的途径。因此,能力素养历来为教师所重视。教师专业标准中明确提出了"能力为重"的理念,正是基于它在教师从业中特殊的地位和价值。

1. "能力为重"的内涵及在教师综合素质中的地位

"能力为重"就是将教师从业中的能力因素放在重中之重的地位。这既反映了教师职业具有鲜明的实践性和操作性的特点,也反映了教育教学努力挣脱应试教育导致的高分低能状态并向学以致用的回归。因此,"能力为重"具有特殊的意义和价值。

(1) 教师专业标准对"能力为重"的阐述。我们以《中学教师专业标准(试行)》为例,"能力为重"是"把学科知识、教育理论与教育实践有机结合,突出教书育人实践能力;研究中学生,遵循中学生成长规律,提升教育教学专业化水平;坚持实践、反思、再实践、再反思,不断提高专业能力"。这段论述分为三个层次,第一个层次强调的是教书育人实践能力,第二个层次强调的是研究学生的能力,第三个层次强调的是教育教学能力。在对三个层次能力的论述中,并没有简单地提出要求,而是阐述了这些能力构成的因素和形成、提高的途径。"突出教书育人实践能力"的前提是"学科知识、教育理论与教育实践有机结合",其中隐含着对于知识、理论的理解和运用能力。"提升教育教学专业化水平"的前提是"研究中学生,遵循中学生成长规律",隐含着研究能力和对学生认知水平及规律的把握能力。"提高专业能力"的前提是"坚持实践、反思、再实践、再反思",隐含着实际操作能力和反思能力。因而,教师专业标准对"能力为重"的论述中包含着十分丰富的内容。

(2) 教师专业发展的综合性及能力在其中的地位。教师专业素质要求的综合性决定了教师专业发展具有综合性。这种综合性从大的方面讲包括"专业理念与师德""专业知识""专业能力"三个方面。而且这三个方面每个方面都是由多项内容构成的,自身又形成相对独立的系统。因此,教师素养的综合性又具有丰富的特点。一方面,专业能力对于专业理念具有支撑作用。有相应的专业能力,才会形成专业理念。同时,专业理念的落实也需要专业能力发挥作用。专业能力又是师德的构成要件,充分的教师职业道德是教师专业能力形成和发展的内在动力。当然,专业能力又是实现师德价值的必要条件。另一方面,专业知识与专业能力有着互为表里的关系。专业知识是提升和发展专业能力的基础,专业能力是验证、运用、转化专业知识的途径。因此,专业知识和专业能力二者具有不可分割的关系,由此可见能力在教师专业发展中具有非常重要和不可取代的作用。

2. "能力为重"视野下教师专业发展存在的问题

教师专业标准将"能力为重"作为重要的理念进行倡导和强调,既同能力自身在教师专业发展中的地位密切相关,也同教师专业发展过程中"能力"方面存在的问题有直接联系。

(1) 狭隘能力意识与孤立的倡导。所谓有狭隘的能力意识是指在强大的应试教育体制之下,知识的传授成为教育教学的内容主体,与这种应试制度密切相关的教学方式主体是灌输,内容主体和形式主体都使"能力"显得无关紧要。如果说人们在这样的背景下对教师的能力有所要求,那就是培养学生应试的能力。这就极大地萎缩和歪曲了能力的内涵,使能力在教师的专业素养中处于弱势地位。但即便如此,对于专业能力的强调仍然不绝于耳。当然,这种强调往往是孤立的。这种孤立体现在既脱离了与专业知识之间十分紧密的关系,又与专业观念和师德相游离。结果不仅无法发挥专业能力应有的作用,也极大地影响了专业观念和师德的完善及其知识价值和作用的发挥。与专业知识相脱离,使专业知识与专业能力相互促进、相互转换、共同提高的原理无法发挥作用。与专业观念和师德相游离,不仅使专业能力的发展失去了内驱力,也大大限制了教师专业观念的改变和师德价值的发挥。

(2)展示的能力与实际运用能力存在明显的矛盾。教师专业能力在被淡化和漠视的背景下,仍然有一些诸如教学能力竞赛和教学能力示范等活动。尤其是在新课标颁布和实施后,这类专业能力的比赛和示范活动明显增多。但是,这类活动所展示的能力和评价的依据与实际教学中能力的运用存在着明显的反差。这种根据课程标准要求,以提高学生素养为目的的教学竞赛和能力示范活动,所倡导的是新理念下的能力要求。其能力实施的追求反映着诸如平等对话、学生主体以及课堂教学中的拓展等等。这种新课标理念与教师专业标准的能力要求具有一致性,却不符合当下实际教学中对能力的需要,凸显出政策与制度、理论与实践的矛盾。现实的课程实施依然延续着应试教育,其能力要求的核心是应试能力。这种展示、倡导的能力与实际教学中能力运用的矛盾,最终导致教师对能力的理解和运用无所适从。

3. 能力的专业内涵对教师专业发展的特殊意义

能力在教师发展中具有十分重要的意义。但是想发展和提高能力还必须对能力有深入的理解和把握,从而进行有针对性的培养。

(1)教育教学能力的共性与专业特征。能力包括教育教学能力和专业能力两大方面。教育教学能力是所有专业的教师必须具备的能力,是能力的共性内容。比如无论是语文课教师还是数学课教师,也无论是政治课教师还是常识课教师,他们工作的主要内容都是传授知识、培养能力,其主要渠道就是教学。因此,教育教学能力是教师最基本、最重要的共同能力。同时,同样的教学,具体实施中又必然地与相关专业特点相联系而形成专业性。同样是在教育基本原理指导之下的课堂教学,语文教师的能力中就必然地融入语文课程的特点,数学教师的能力中必然融入数学课程的特点。同样培养学生的思维能力,语文课程主要特征是发展学生的形象思维能力,而数学课程的主要特征是发展学生的逻辑思维能力。这种情况要求教师在深刻认识和掌握教育教学能力的共性基础上,充分理解和强化训练与课程紧密相关的专业能力。

(2)不同教师能力的发展。教师能力的发展受三个方面的规范:一是任何教师都是教学的执行者。因此,教师具备共性的能力,诸如备课能力、课堂教学设计能力、课堂教学实施能力、班级管理能力、教学反思能力以及课程及教学的研究能力等。这些共性能力是教师从业的基础,必须进行不断历练和提升。二是每个教师都有自己的专业归属,专业能力是必不可少的。这里我们以反差比较大的几个专业为例:语文课程的教师必须具备文学的理解能力、充分的语言表达能力和写作能力;体育课程的教师则需具备实际的运动技能技巧和专项能力;美术课程的教师则必须具备构图能力、配色能力。这些直接与专业相关的能力决定着教师教育教学的质量和效果。三是教师的个性能力。每个教师都是富有个性的人,而且培养学生的个性也需要教师具备个性能力和个性思维。所谓的个性能力是与教师个性相对应的教育教学能力,诸如外语教师口语方面的特殊能力、数学教师速算方面的特殊能力、语文教师写作方面的特殊能力等等。它是创新课堂、发展学生创造力的基础,在教师能力发展中应受到特别的关注。

"能力为重"作为教师专业标准的重要理念,为广大教师提出了重视能力、发展能力的要求。教师应对照教师专业标准对能力的具体要求,找出不足进行有针对性的训练,为全面提高教育教学质量奠定基础。

四、落实标准与素质提升

教师专业标准于2012年2月10日由教育部颁布实施,结束了教师专业缺少规范的局面,为教师学习、发展和有效提高教书育人的水平提供了依据。教师专业标准包含四个相同的理念,即"学生为本""德育为先""能力为重"和"终身学习"。这四个理念高度概括了教师综合素养的内涵和要求,是教师专业标准的灵魂。那么,如何理解和处理四者的关系,将成为每个教师都要面对的具体问题。

1. 观念改变是前提

观念是行为的依据,有什么样的观念就有什么样的思想和行为。因此,要正确而深入地理解四个理念并将其具体地运用到教师的教育教学实践中,首先要进行观念的改变。

(1) 改变教师主体,确定"学生为本"的观念。教师主体是中国教育几千年的传统,在根深蒂固的世代传承中已成为一种定势。这种传统伴随着教育改革越来越不适应时代的潮流。因此,确立"学生为本"的观念成为教师从事教育教学活动的根本要求和依据。教师教育教学的使命就是满足学生的学习和发展需求,学生是一切教育教学的出发点和归宿。这对于教师而言,一方面要改变课堂教学中的主体地位、话语霸权,要蹲下身来与学生进行对话,不能用教师的讲授取代学生的理解;另一方面要具备充分的素质和宽容的品格,发扬教学民主,体谅学生的无知,包容学生的冒犯,培养和促进学生主体意识。

(2) 改变知识中心,确立"能力为重"的观念。长期的应试教育形成了以知识灌输为中心的课程实施取向。义务教育课程标准和普通高中课程标准颁布实施以后,虽然对知识与能力的关系和比重进行了重新设计,但由于应试制度没有从根本上改变,因此以知识为中心的状况得以延续。"能力为重"要求教师在自我发展和教学中,不仅要重视对知识的学习和传授,更要加强自身能力的提高和对学生能力的培养。一方面,对于知识的讲授不刻意追求其系统和完整,而是根据教学内容和培养目标的要求为我所用和学以致用;另一方面,在知识与实践结合、理论和应用统一中,突出实际操作能力,增加教师实际能力的同时增强学生对知识的运用能力。

(3) 改变应试唯一,确立"德育为先"的观念。伴随着应试教育愈演愈烈,应试的结果不仅成为评价学生水平的依据,也成为评价教师业绩的依据。应试已成为许多教师唯一的追求。教师无论用什么样的方式和手段,只要执着于学生应试能力的提高,就是好教师。学生也不管其他方面有什么缺陷,只要在应试中获得高分,就是好学生。这种局面不仅影响了学生的全面发展,也给教师从业带来许多问题。因此,必须确定"德育为先"的观念。教师以身示范,通过个人的道德修养对学生进行潜移默化的感染和影响,使他们能够在教师身上感受到温暖,理解教师对专业的执着,体会教师知识的丰富和心胸的博大。

(4)改变修补式学习,确立"终身学习"的观念。现阶段教师的主要学习方式是修补式学习:一种是备课过程中出现的问题通过查阅资料、与同行研讨等方式进行弥补,另一种是上级主管部门规定的岗位培训。这两种学习方式都比较被动,缺少整体设计,学习内容显得零碎,效果不佳。为此,必须确立"终身学习"的观念,进行职业生涯的整体设计,明确自己的发展方向和路径,充分完成各个阶段为自己设定的目标,使"终身学习"在整个职业生涯中得到落实。

2. 有效处理好四者的关系是重点

有效处理好四者的关系是提升教师综合素质的有效途径。当然,对于四者关系的处理,因个人情况不同而有差异,但总体上它又是有规律可循的。

(1)以"学生为本"为统领,实施教育教学。学校是教书育人的场所,教育教学是其基本的和最重要的工作。而教育教学是由教师和学生共同完成的,教师是主导者,学生是学习和发展的主体。作为主导者的教师把握着教育教学的理念和方向。学生作为学习和发展的主体要想获得学习和发展的满足,取决于主导者的教师。因此,以"学生为本"为统领实施教育教学,是指教师在实施教育教学的过程中要从发展学生的角度进行规划,从学生的角度认识问题,从满足学生学习需求的角度实施课程教学。

(2)以"德育为先"为核心,强化健全人格。在教师专业化进程缓慢、教师收入偏低、社会风气不佳、道德水平下滑明显以及教师职业竞争激烈等因素的共同影响下,教师人格异化的现象不断增加。这不仅直接影响对学生健全人格的培养,而且进一步加重了社会风气不佳的程度。为了改变这种局面,教师必须加强自身的德行修炼并将其作为核心追求。一方面,不仅要把教师职业作为谋生的手段,更要将其作为培养优秀公民、实现自我价值的工作;另一方面,在具体修炼中,不仅要在日常工作中修炼自己作为传道、授业、解惑者教师的职业道德,而且还要在日常生活中的言行、举止中成为为人师表的典范,使自己成为人格健全、情操高尚的人。

(3) 以"能力为重"为重点,发展从业水平。教师职业是兼具操作性和智慧的职业。而操作性是教师职业的基础,是智慧的呈现渠道。可以说没有或缺少操作性,就无法展示或无法充分地展示智慧。而操作性又是与能力相对应的,没有或缺少能力,操作性也就无从谈起了。因此,必须把"能力为重"作为重点,这是发展教师从业水平不能缺少的。这里的能力,既包括备课、上课能力,也包括教学设计和反思能力等。教师能力是一个系统,系统中任何一项能力不足,都会影响教师的从业水平。

(4) 以"终身学习"为追求,形成与时俱进的职业适应。教育是伴随着社会的发展而不断进步的,在教师的职业生涯中,任何故步自封的行为都会阻碍教师职业的发展。因此,必须以"终身学习"为追求。一方面伴随时代的发展和进步,知识更新的速度越来越快,教师只有不断地学习,才能保持与知识更新同步;另一方面社会的发展使人们的观念也处于不断的更新中,由此也引发了对中小学教育理念和培养目标的不断更新,同样需要"终身学习"与之适应。所以,"终身学习"必须贯穿教师从业生涯的始终。

3. 全面提升教师专业素养是关键

教师专业标准对教育从业者的素养进行了规范。这种规范虽然留有空间,但总的来说是具体的,而这些规范的理念却又是宏观的,其目的就是为教师更充分、更全面地提升自己的专业素养提供余地和空间。所以,全面提升教师的专业素养是把握四个理念关系的关键。

(1) 理解教师专业素养的内涵和特点。教师专业素养的内涵概括地说就是四个理念,即"德育为先",把师德置于教师从业的首要地位,统领教师一切教育教学行为;"学生为本",将学生作为根本,一切教育教学行为都是为了满足学生的学习和发展需求;"能力为重",把教师的教育教学能力看作从业中的重中之重,在充分训练展示能力中,不断地发展能力;"终身学习",进行职业生涯的整体设计,不断地充实自己、发展自己,获得与时俱进的职业适应。当然,这些概括的内容需要非常丰富的知识素养、能力素养和情意素养的内容加以充实。教师专业素养的特点是教师的职业行为、职业意义与道德意义是交织在一起的。做事与做人、教书与育人是密不可分的。从中我们不仅能够感受到"德育为先"的意义,更能理解"学生为本""能力为重""终身学习"的意义。

(2)提高教师自我反思能力,促进教师的协调发展。教师专业标准对教师应具备的专业理念和师德、专业知识、专业能力进行了规范。但对每一个具体教师来说,在这三个方面的发展是不平衡的。这就需要教师具备反思能力,通过学习教师专业标准中的各项要求反思和检查自己的优势和不足,尤其是要找出自己欠缺的内容进行有针对性的弥补。比如,对照"尊重中学生独立人格,维护中学生合法权益,平等对待每一位中学生。不讽刺、挖苦、歧视中学生,不体罚或变相体罚中学生"方面查找自己存在的不足;对照"具有相应的艺术欣赏与表现知识"方面查找自己存在的不足;对照"有效调控教学过程"方面查找自己存在的不足;等等,并进行有针对性的弥补。通过对照与反思,教师不仅能够深化对自我的认识,而且能够提高对不足弥补的效率,从而实现提高职业素养的目的。

(3)持续而全面地提高教师的从业能力和水平。从业能力和水平反映着教师综合素养应用的状况。也就是说,全面提高教师的职业素质的价值,必须通过提高教师的从业能力和水平来实现。这里对提高教师的从业水平用了两个定语来修饰,一是"持续",其含义是教师从业能力和水平的提高,不要停留在某一阶段或某一层次上。根据教师"终身学习"的理念和学无止境的古训,必须通过不断学习,不断超越这一阶段向更高阶段发展,不断跨越现有层次向更高的层次推进。二是"全面",既包括四个理念协调发展共同推进,也包括对

"专业理念和师德""专业知识"和"专业能力"三项大内容下的各个具体内容要全面理解和掌握,使自己成为完全符合教师专业标准规范的教师。

教师专业标准对教师的专业要求和规范是具体的、可操作的,为教师的专业发展提供了可靠的依据。而深入理解和真正落实教师专业标准还必须处理好"学生为本""德育为先""能力为重""终身学习"四个理念之间的关系,这既是发挥教师专业标准意义和价值的前提,也是关键。

第四节 师范专业认证

一、"产出导向"的人才培养

2017年教育部发布了《普通高等学校师范类专业认证实施办法(暂行)》,师范专业认证由此拉开了序幕。随着宣传和实践逐渐展开和不断深化,"学生中心、产出导向、持续改进"的专业认证理念成为越来越多管理者和教师的共识。这种状况对于处在封闭或半封闭状态的师范类专业的人才培养无疑是重大冲击。

1. 师范类专业认证的内容及"产出导向"的内涵

师范专业认证的目的是证明当前和可预见的一段时间内专业能够达到既定的人才培养质量标准。其具体内容包括两个方面,即认证办法和认证标准。认证办法由指导思想、认证理念、认证原则、认证体系等12项构成。认证体系分为三级,第一级是师范类专业办学基本要求监测,包括15个专业办学核心数据监控指标,目的是促进各地各校加强师范类专业基本建设;第二级是师范类专业教学质量合格标准认证,以定性指标为主,引导各地各校加强专业内涵建设,保证专业教学质量达到合格标准;第三级是师范类专业教学质量卓越标准认证,目的是以评促强,追求卓越,打造一流质量标准。研制和实施专业认证始终坚持三大原则,即"学生中心""产出导向""持续改进"。三个方面相互依托,相互影响,而"产出导向"是关键性内容。"学生中心"和"持续改进"的最终结果都体现在"产出导向"的程度和效果上。"产出导向"要求师范类专业人才的培养必须主动适应教师从业岗位的发展和变化,要根据岗位发展变化的需要调整人才培养方案,优化课程设置,改变教学方式,精选教学内容,使人才培养具有鲜明的从业目标。"产出导向"在严格遵循专业认证标准规范的前提下,必须具有内在的调控机制,紧密配合教育改革的进程,进行人才培养方案的优化,使师范生与就业岗位实现无缝对接。同时,"产出导向"还必须关注师范生走上教师工作岗位之后的状况,一方面对存在的问题进行反思,弥补人才培养过程中的缺失;另一方面有效地肩负起教师继续教育的责任,为学生的持续发展和终身学习服务。当然,教师继续教育作为教师教育的一部分,是与教师职前教育不可分割的。

2. 师范类专业人才培养中"产出导向"的缺失

"产出导向"是师范类专业人才培养的价值的核心,"产出导向"的结果是衡量师范类专业办学水平最重要的依据。然而,由于种种原因,"产出导向"在师范类专业办学中在相当程度上被淡化,甚至被漠视了。

(1) 师范类专业人才培养中传统观念的影响。作为以应用型人才培养为目标的高师院校,它与职业院校实用性技能型人才培养有更多的相同和相近之处,然而,由于传统高校办学的影响,师范院校追求综合性大学办学模式,轻视人才培养与从业要求的对应性成为较为普遍的现象,从而在一定程度上导致"产出导向"被淡化,甚至被漠视。一方面,按照应用型人才要求设定了培养目标;另一方面,却用培养研究型人才的学科课程体系实施教学,使应用型人才培养成为一纸空文。同时,办学开放性的缺失,使师范院校与外界尤其是中小学处于一种相对隔离的状态,无法迅速把握和跟踪社会的发展变化,特别是中小学教育发展和改革的进程,导致师范专业人才培养从学校层面对"产出导向"的淡化和漠视。

(2) 教师在课程实施中的本位主义。课程实施中的本位主义是与学科课程体系有一定的关系,同时也与教师自身对教育学、心理学方面的知识和素养方面的缺失相关。课程实施中的本位主义有两方面的表现:一是把自己应该讲授的内容讲给学生就完成了任务,至于这些内容对于人才培养的"产出导向"是否有意义、有什么意义等,都不在我的思考范围。二是就课程讲课程,缺少跨学科的意识。一方面以学科课程理念进行授课,其遵循的是学科课程封闭、自足的内容体系和规范化的传授方式,不仅缺少"产出导向",而且在不断重复中会消磨已经显得非常不足的"产出导向"的意识。另一方面,许多教师,尤其是伴随教学质量评估及专业认证等活动的要求,各师范院校都大批量引进具有博士学位的青年教师。这些教师的到来,无疑给师范专业的人才培养增加了新鲜血液,但也带来了无法回避的问题,加重了"产出导向"的缺失。在已有的教师队伍中,因为课程实施的本位主义,使他们许多人不了解中小学的实际状况,有相当多的教师不知道专业对应的义务教育课程标准和教师专业标准,导致了"产出导向"的缺失。而新引进的博士中,多数人没有师范教育的经历,缺少基本的教育学、心理学知识和素养,缺少师范院校专业课实施的基础,这必然会加重"产出导向"的程度。为了通过"产出导向"的师范类专业认证而大量引进的教师,反而加重了"产出导向"缺失的程度,这不能不说是一种悖论。

(3) 师范生"产出导向"意识的淡薄。考入师范院校的学生都明白毕业后要从事教师职业,但很少有人真正能从成为一个合格教师的角度参与对专业课的学习。他们更多的是按部就班地顺从学校和教师的安排,学校怎么要求就怎么做,教师教什么就学什么,缺少独立的学习角色的定位。在前三年的学习中,几乎不太考虑就业问题,只有到了第四年"产出"已经不可回避了才醒悟过来。但由于之前缺少这方面的思考,导致不断经历应聘的失败,或应聘成功之后需要很长时间才适应。当然,师范生"产出导向"意识淡薄也与教师课程实施导向密切相关。这一点从师范生对教师的评价中可以看得非常清楚。在他们的眼中最好的教师是幽默、风趣的教师,而不是即便有些沉闷,但与将来从业保持紧密联系的教师。

上述三方面的原因导致师范类专业"产出导向"被淡化甚至被漠视,从而造成人才培养与中小学对教师从业要求不能无缝对接。

3. 通过专业认证对"产出导向"的落实

"产出导向"作为师范专业认证的理念,对于今后师范专业人才培养乃至整个教师教育的发展具有方向性指导意义。而要将"产出导向"落到实处,则需要师范院校的管理者和教师进行不懈的努力。

(1)改变观念,开放办学,与中小学建立深度合作的机制。要实现"产出导向"必须有开放的观念。师范院校办学要改变象牙塔式的封闭状态,要有大视野。管理者不仅要把握高等教育改革和发展的脉搏,而且要深入研究中小学教育转型的具体进程,使人才培养始终与社会发展需要密切联系。教师要改变本位主义的教学状况,将自己所教课程与"产出导向"的需要对应起来。强化对教师专业标准和义务教育课程标准的学习、理解和掌握。同时,根据培养师范生综合能力的要求,拓展自己的知识面和能力素养进行跨学科教学,使师范生的专业课学习更具有开阔的视野。根据应用型人才培养的要求,改变单一的学科课程,充分借鉴职业教育任务本位课程原理,对应工作任务选择教学内容,确定教学形式的特点,将学科课程与任务本位课程进行有机结合。大力增加能力培养比重,强化师范生的操作能力,为"产出"之后迅速适应岗位工作需要奠定坚实的基础。实现"产出导向"更为重要的是师范院校要与中小学建立深度合作的机制。人才培养要由师范院校与中小学合作完成,不仅要求师范院校走进中小学,更要求中小学走进师范院校。人才培养规格的确定、人才培养方案的设计、课程体系的建立和调整、教师的安排、教学场所的选择等等,都应在与中小学合作中完成。这是"产出导向"获得人才培养与用人单位需求无缝对接的重中之重。

(2)强化对师范生四个方面核心素养的培养。四个核心素养是教师从业的必备要求,也是师范专业实现"产出导向"的核心内容。为此,应做好两方面的铺垫工作:一是入学伊始就让学生明确师范专业人才培养目标,使他们在后续的学习中始终围绕成为一个合格教师的要求展开。二是能够依据培养目标的要求,结合教师专业标准和义务教育课程标准对教师专业课教学内容和形式做出判断,并进行选择。改变教师讲什么就学什么的状态,实现学习的自主。教师教学则应以四个维度为核心展开。为了使学生在"践行师德、学会教学、学会育人、学会发展"四个维度得到全面发展,师范专业的教师必须首先具备这四个方面的素质。要使师范生将来从业中能够"践行师德",在其接受教育的过程中,师范专业的教师除了需要"以科学的理论武装人,以正确的舆论引导人,以高尚的精神塑造人,以优秀的作品鼓舞人",还必须具备充分的专业素养、健全的人格和对教育事业的执着和奉献精神,富有同情心、平等意识以及充分的师爱。不仅关心学生的学习,也要关心学生的生活。不仅关心学生的成绩,更关心学生的成长。"践行师德"潜移默化的影响,才能使师范生"产出"之后具备"践行师德"的品质和行为能力。"学会教学,学会育人",不仅要学习有关教学和育人的知识,更要躬身实践,培养学生教学和育人的能力,通过实际的教学和育人行为,将教学原理和心理学原理渗透到教书育人之中,同时,要将教书和育人进行有机结合,在教书中提升学生的情感、态度和价值观,在育人的过程中,提高学生的知识能力和思维水平,使师范生在体验和感受中学会教学和育人。促进学生"学会发展"则为师范专业提出了更高的要求,在培养过程中应努力开阔师范生的视野,关注教育发展变化及其走向,把个人的专业发展置于社会发展变化的大背景下建立"学会发展"的理念,能够制订行之有效的职业发展规划。为此,一方面师范专业在人才培养过程中,要充分奠定师范生"产出"之后的发展基础,包括知识基础、能力基础和情意基础以及学习习惯等基础。另一方面,师范专业同时要肩负起师范生"产出"之后的继续发展的责任,根据社会发展需要和教育改革进程实施继续教育,使师范专业对所培养的人才在"学会发展"这方面具有全程性。在对师范生四个维度素养的培养过程中,师范生不能完全被动应对,而应具有主动性和自觉性。师范生应主动地理解和把握四个维度的内容,不仅理解其中的含义,而且要把握四者之间的内在联系;不仅记住其中的原理,而且自觉地将其作为学习的依据。只有专业课教师和师范生双方共同努力,才能使四个维度的能力得到全面发展。

（3）以专业认证标准为依据,强化"产出导向"。"产出导向"是师范专业认证的重要理念,是师范专业认证标准制定的重要依据。因而,师范专业要落实"产出导向"就需要对专业认证标准进行全方位的落实。为此,必须以学生发展为核心,根据现有情况和发展需要,对专业进行准确定位,强化教师队伍建设,通过与中小学合作,充分实现"产出导向"。"以学生发展为核心"是因为"产出导向"的对象是学生,只有学生达到了"产出"的标准,才能真正落实"产出导向"。"根据现有情况和发展需要,对专业进行准确定位"是因为专业发展具有层次性,即第一级定位于师范类专业办学基本要求监控,第二级定位于师范类专业教学质量合格标准认证,第三级定位于师范类专业教学质量卓越标准认证。不同学校要根据具体情况选择发展起点,规划未来发展目标。"强化教师队伍建设"是因为专业认证标准中的一切要求和规范,最终必须通过教师教育教学才能得到落实。因而,强化教师队伍建设,不仅要在数量上满足人才培养需要,更要在质量上使教师改变观念、更新知识、提高素养,为落实"产出导向"奠定基础。"通过与中小学合作,充分实现'产出导向'"是因为中小学是"产出"的目的地,因而要充分实现"产出导向",必须与中小学建立广泛而深入的联系,实现全程的融合:根据中小学教师从业需要设置课程,根据中小学教师素质要求的变化调整教学内容,改变教学方式,通过师范专业课教师与中小学教师的岗位互换,获得二者的深度融合,实现师范生培养与中小学教师的无缝对接,使"产出导向"水到渠成。

师范专业认证的"产出导向"是师范专业人才培养改革的重要理念,也是高校改革具有突破性的观念,是师范专业办学的本质回归。随着这一理念在师范专业办学中的落地生根,必然进一步带动整个高等教育改革本质回归和务实发展。

二、内涵发展的专业建设

教师资格认证制度对高师院校的人才培养提出了严厉挑战,师范生人才培养与中小学教师从业要求游离的状况受到强烈冲击,高师院校进行内涵发展成了人们的共识。百年大计教育为本,教育大计教师为本,作为以专门培养教师为目标的教师职前教育,承担着对未来社会发展奠基和导向的责任。而伴随着社会的进步、经济的发展,教师的从业要求始终处于一种动态的变化中,尤其是互联网的普及,不仅密切了人与世界的关系,而且使人们的精神生活获得了极大的丰富,中小学生学习和发展有了更为广泛的途径和基础。这就为将来教师的从业者——师范生提出了全面提高综合素质的要求,而这种要求与现行的教师职前教育的教育理念和教育模式产生矛盾。单一的学科课程体系,悬空式的研究能力培养目标,全灌输式的教学方式,不仅使全面提高教师职前教育师范生综合素养无法落实,甚至教师职前教育的性质和特点也受到质疑。因此,在思考适应教师从业需要、全面提高教师职前教育师范生综合素质的时候,必须将其与丰富教师职前教育内涵、回归教师职前教育特点、尊重教师职前教育规律联系起来,否则全面提高教师职前教育师范生综合素质的目标就会落空,突出教师职前教育内涵发展便成为空话。

1. 教师职前教育的特点及现状

教师职前教育作为一种独立的教育形式和体系,具有自己鲜明的个性和特点。这些个性和特点归纳起来有三个方面,即目标的单一性、过程的师范性和评价的针对性。

(1)培养目标的单一性。与综合性大学相比,承担教师职前教育使命的教师职前教育的培养目标是单一而明确的,就是培养适应于中小学教育教学的合格教师。而综合性大学的培养目标是对应专业的社会岗位群。教师职前教育的特殊性决定了职前教育必须以教师从业素质为依据进行,这不仅需要相关的专业知识,而且要打破相关专业知识的系统,根据工作任务的需要进行知识系统的重新建构和组合。同时,不仅需要专业教学的操作技能,还需要面对不同对象能够进行灵活运用和有效调整。更为重要的是教师作为教书育人的职业,更强调从业者的德行修养,所以教师职前教育培养目标的单一性并非培养内容的单调,而是在单一性中有着十分丰富的内涵,其决定性因素是教师的职业要求。

(2) 教育过程的师范性。目标是决定教育的根本,教师职前教育是以培养合格教师为目的的,这既是教师职前教育的特点,也是突出特点的关键。其具体表述就是教学过程的师范性,即在教学过程中一切都要围绕培养合格教师这一根本目的进行。一方面,在教育教学活动的内容上,与培养合格教师直接相关的内容是重点内容,对培养合格教师起支撑作用的内容为一般内容,与培养目标无关的则必须舍弃。在专业课教学中应改变单一的学科课程体系,引入任务本位课程理念,并将二者有效融合。另一方面,在教育教学的形式上,必须坚持理论与实践相结合。通过课堂教学积累充分的专业知识,培养相应的研究能力,加强实践教学;通过教育技能训练和实习,运用和内化专业知识积累,培养实际教学的操作能力。在教育过程中更为重要的是培养学生的教师意识,使他们从教师从业的角度学习专业课程和训练教育教学技能,并使其成为一种自觉行为,贯穿于大学四年学习的全部过程,为成为一个合格教师奠定充分的思想观念基础。

(3) 教育评价的针对性。目标落实得如何?教学过程怎样?这些问题对作为教育教学最后一个环节的评价具有导向和规范作用。由于教师职前教育培养目标具有单一性,而这种单一性又被过程的师范性进行了严格限制,因此评价就有了非常明确的针对性。这种针对性在总体上以合格教师为准则的大前提下,有两个方面的具体内容:一是以教书育人为目标,对师范生个人德行素养的评价;二是以教师工作任务为参照,对师范生知识和能力的评价。这种评价的针对性是使教师职前教育始终围绕师范性特点进行推进的保障。

然而,教师职前教育上述特点在当下的实施中却因种种因素遭到异化。教师职前教育过于追求综合性大学的教学模式不仅使教师职前教育的目标形同虚设,而且使教育过程的师范性遭到严重的削弱。在专业课的教学中,我们很少能看到师范性的特点,无论是形式上的运用,还是内容上的选择,同一课程在综合性大学和教师职前教育的实施中看不出有什么区别。而有意识地追求综合性大学办学模式的评价,作为对这种办学理念的强化又加剧了教师职前教育非师范化的程度,这一切都使教师职前教育的发展不容乐观。

2. 师范生综合素质的要求与教师职前教育内涵丰富的对应性

义务教育课程标准和普通高中课程标准颁布和实施后,中小学教师的从业要求发生了重大变化。这种变化要求中小学在职教师要改变观念、更新知识、提高素养,而对师范生则提出了全面提高素质的要求。这也正是教师职前教育大力倡导、积极推进内涵发展的原因和目的。所谓内涵发展就是改变长期运行的学科课程的线性模式,建立以教师工作任务的复杂性为依据的立体教育教学方案,对师范生进行综合素质培养,突出师范性。其内涵主要有三个方面的内容:第一,回归教师职前教育的性质。教师职前教育有其明确而单一的培养目标,有其鲜明的个性。因此现行教师职前教育中普遍存在的照搬综合性大学教育教学模式的做法,扭曲了教师职前教育的特点,也是与培养合格中小学教师的目标相背离的。所以,教师职前教育必须回归其性质,建立和加强教育教学与培养对象的从业需要的联系,突出师范性。一方面应将职业教育相关理念引入教师职前教育教学中;另一方面不能从一个极端走向另一个极端,完全抛弃综合大学研究性教育教学模式,而应吸收和延续其中对研究素养培育的优势,从而实现师范生研究能力形成的目标。第二,适应中小学从业需要,职前教育中教学能力是培养的核心,对师范生的培养目标是使其成为合格的中小学教师。现行教师职前教育的课程教学中,相关的专业课教师与中小学普遍处于一种相对隔绝的状态,他们总是围绕着学科课程体系向学生灌输内容和原理,至于这些内容和原理与中小学教学有什么关系,对于师范生将来从业有什么价值便不了了之。这就造成了对师范生的培养与从业需求之间相互隔绝的局面,即学的没有用,有用的没有学。这是导致教师职前教育效率低下、效果不佳最直接的原因。因此,教师职前教育要真正进行内涵发展就必须改变这种局面,将中小学教育的现状及要求在各个专业课程实施中都作为不可缺少的内容融入课堂教学,把适应中小学教育教学作为专业课教学的核心,使教师职前教育的实用价值凸显出来。第三,职业意识的培养是关键。所谓职业意识是自觉地从所从事的职业出发,对事物做出理解,对学习和工作做出安排,对个人素养进行设计。教师职业意识是由充分的师德修养、丰富的知识积累、完善的教学能力以及对教师职业深刻的理解所形成的自觉意识,它是一个教师专注职业,在教育教学中充分发挥主观能动性并在从业中获得成绩的决定性因素。因此,教师职前教育的内涵发展必须对此进行贯彻并加以强化。

3. 教师职前教育内涵发展与师范生综合素养培养的融合

教师职前教育内涵发展自身包含着十分丰富的内涵,以上提到的只是教师职前教育内涵发展丰富性的框架,此外还必须有种种细节加以充实,使这个丰富的框架成为有血有肉的实体。

(1)将师范生综合素养构成分解为不同体系,融合于教师职前教育的内涵中。教师所需具备的素养包括情意素养、知识素养和能力素养。实际上我们现行教师职前教育所开设的课程也都是以这三个方面的素养为依据的,但实际效果却不令人满意。情意素养直接对应的课程是公共政治思想理论课,专业课起辅助作用。据了解,多数学生对公共政治思想理论课没有兴趣,教师照本宣科现象普遍存在,学生感觉在浪费时间,所以不能也无法投入地去学,使培养师范生情意的目标不能完全实现。由于教师职前教育普遍实行单一学科课程体系,因此知识掌握方面比较充分,但由于学科课程使各课程之间界限分明,自成系统,造成积累和运用知识具有封闭性,很难实现知识之间的融通。悬空的研究式教学使专业课知识的学习和积累与实践脱节,又造成了知识实用价值的减弱甚至丧失,知识积累并没有发挥对于实践的指导意义。教学技能训练和教育实习是直接针对师范生能力培养的,但由于教师职前教育办学中追求综合性大学的办学模式,使这类课程开课比例很小,不仅不能满足能力形成的需要,而且因为与情意素质培养及知识积累缺少联系和沟通,使其处于一种孤立状态,造成有限的能力培养课程的效率也受到严重的影响。在这种背景下,教师职前教育进行内涵发展就必须针对师范生素养构成系统对课程进行整合。以中文专业为例,在培养合格语文教师的总目标下,将所开设的课程分为四个子系统,即以"马克思主义基本理论"和"毛泽东思想、邓小平理论和'三个代表'重要思想概论"为中心,整合相关课程建立公共课系统,主要培养师范生的思想素质和方法论,服务于情意素养的形成;以"语文课程与教学论"为中心整合相关课程,建立语文课程综合素养系统,主要培养师范生语文课程素养及教育教学实施能力;以"文学概论"为中心整合相关文学课程,构建文学类课程系统;以"语言学概论"为中心整合相关语言课程,构建语言类课程系统。四方面整合内容共同统一于中小学合格教师的培养中,由此使教师职前教育的内涵得到浓缩和丰富。

(2)教师职前教育在知识传授中,关注情意的培养,强化能力训练,使之融合于工作任务的规范中。在教师职前教育中,因为人们往往有一种先入为主的误会,以为学生都是成人了,无须再像中小学那样进行情感态度和价值观的引导了,所以就知识讲知识的现象比较普遍。教师职前教育对于师范生的情意培养有着特殊的要求,所以必须在知识传授中关注知识的情意内涵,并通过长期潜移默化的浸染,形成深厚的师德素养。同时要明确意识到知识传授本身并不是目的,只有运用知识才能发挥它的价值,所以对知识的理解和掌握还需同能力的训练和培养结合起来。一方面通过掌握的知识在实际教学中的运用,对知识进行验证和内化,从而发挥知识对能力形成的指导和支撑作用。另一方面,通过实际训练总结经验,升华感受,形成新的知识,使实践的过程成为新知识产生的过程,由此使知识积累和能力训练都得到强化。当然,无论是知识积累、能力训练,还是二者相互融合、相互促进,都不是随意为之的,师范性必须贯穿其中。而师范性在这里具体表现为工作任务,也就是必须根据教学任务的需要积累和内化知识,根据教学任务的需要进行能力训练,根据教学任务的需要对知识积累和能力训练进行整合,使知识积累和能力训练融合于工作任务的规范中,从而提高教师职前教育内涵发展的针对性和实效性。

(3)普通高等教育、职业教育、基础教育相关因素融于教师职前教育教学的具体过程中。由于教师职前教育普遍追求综合大学的办学理念和模式,因此在课程实施中基本是以学科课程为主,这不仅导致教学形式单调,而且与师范性特点相游离。在这样的背景下,为了促进教师职前教育内涵发展,必须改变教师职前教育以学科课程一统天下的局面,回归教师职前教育的性质,吸纳职业教育任务本位课程因素及操作能力训练的有益经验,改变以学科课程为主体的专业课教学与教师从业相背离的局面及教师技能训练中分量不够、效率不高的状况。将基础教育的理念贯彻在专业课的教学中,把基础教育的实施能力作为主要内容进行强化培养,促进教师职前教育与基础教育的联系。同时将以学科课程为主体的研究式教学进行穿插,促进师范生的理论积累和研究能力的培养。从而形成普通高等教育、职业教育、基础教育相关因素融于教师职前教育教学具体过程中的局面,使教育教学形式内涵的丰富性与师范生综合素养的培育对应。这种内涵发展会彻底改变现行教师职前教育与培养目标游离的局面,大大地促进教学效率和人才培养质量的提高。

教师职前教育内涵发展是一个庞大而复杂的系统工程,需要不断探索和充实。其操作也对教师提出了更高的要求,因此专业课教师也必须改变观念、更新知识、提高素养。所谓改变观念,就是改变教师职前教育一贯实行的以学科课程为主体的研究式教学观念,树立师范性的教育教学意识,一切以培养合格教师的目标出发理解课程、选择教学内容,并进行有效的实施。所谓更新知识,就是打破学科课程的壁垒,通过知识之间的广泛联系创造新知。同时作为专业课教师不仅要有专业以及相关的知识积累,还必须有教育学、心理学知识;不仅要有知识积累,还必须有创造新知的能力。所谓的提高素养,就是提高对学生的情感投入,强化责任意识;提高知识水平,强化运用能力;开阔教育视野,强化教学效率。只有首先充实了专业课教师的内涵,才能有效促进教师职前教育的内涵发展,因此教师职前教育内涵发展首先是教师的发展。

三、职业意识的有效培养

高师院校人才培养的从业导向与其他高校相比,具有更为明显的方向性和规定性。培养合格的中小学教师是其根本追求,顺利地在中小学教师岗位从业是教师和师范生的共同目标。这种规定性就决定了高师院校必须对学生进行职业意识的培养。

高师院校师范生的教师职业意识对于他们有针对性地学习和训练、提高教学效率、实现学校培养合格教师的目标是具有决定意义的。而当下教师职前教育中无论教师还是学生,教师职业意识及教师职业意识培养的严重缺失,已经明显地影响了高师院校教育教学质量。由于教师职业意识的缺乏,学生在学习期间充满盲目性,不仅造成了学生学习动力不足,而且造成了他们大量时间和精力的浪费。这是造成学生从业素养不足、从业水平不高的重要原因,因此,加强高师院校学生职业意识的培养显得十分必要和紧迫。

1. 高师院校培养目标决定学生职业意识的重要性

培养合格的教师是高师院校的根本任务和职能所在,所以高师院校的一切工作都应该而且必须围绕"培养合格教师"这个中心展开,与这个中心有支撑作用和价值的工作不可缺少,游离于这个中心之外的则必须予以淡化。这是高师院校性质所决定的。第一,高师院校是培养教师的专门机构,针对教师职业培养特点实施教育是其根本特点。高师院校人才培养目标、培养规格非常明确,就是培养适应社会发展需要的、胜任教师岗位的专门人才。这种培养目标不仅明确而且单一,为高师院校有效地实施教育奠定了基础。因此,师范生必须根据教师职业特点进行丰富的知识积累、厚重文化底蕴的储备以及灵变的教育技能训练,从而形成教师的从业素养。教师的职业意识在其中起着十分重要的作用。第二,充分了解教师职业特点及其对知识、技能、文化修养的要求是实现目标的前提。以培养合格教师为目标的高师院校要充分实现目标,不仅要让师范生具备从事教育的职业意识,而且教师也要掌握师范生将来从教的职业要求。换一句话说,不仅要学生以职业意识为指导进行学习,也要教师以师范生从业要求去教。只有这样才能使高师院校的教学直接服务于教学目标的实现,才能突出师范教育的职业能力培养特点,强化技能训练。只有充分了解和把握教师职业特点,师生才能在教学中对知识和能力内容进行有针对性的选择,加重文化修养的分量。这既是职业意识培养的途径,也是其意义和价值实现的途径。第三,培养学生适应教师职业的素养是高师院校的根本任务。丰富的知识积累、灵变的教学技能、厚重的文化底蕴是教师职业素养不可缺少的因素,但它并不是教师职业素养本身。要实现培养学生适应教师职业的素养这一根本任务,必须将这些因素在学生教师职业意识的统筹之下进行内化和融合。为了促进这种内化和融合,丰富的知识积累必须以专业教学需要为核心,厚重的文化底蕴必须以满足教书育人的要求为基础,灵变的教学技能的选择也要以满足教学需求为目标。只有这样三者才能统一在共同的职业意识中,从而形成职业素养。

2. 高师院校学生职业意识的培养迫在眉睫

高师院校学生的职业意识决定了学生学习和发展的程度,体现了整体办学水平。当下高师院校师范生职业意识的普遍缺乏使学生不能围绕从业要求去进行学习和开展活动。整个教育教学体制也缺乏对师范生职业意识培养的设计,主要体现在三个方面:

(1) 课程设置与安排缺少职业角度的考虑。课程设置是人才培养规格的体现,人才规格的各项指标都是通过具体课程的实施实现的,不同课程设置所构成的体系构成人才规格完整结构。因此,课程设置反映了人才的特点和要求。高师院校是培养教师的,除了需要有系统的专业课程,还必须在课程设置中突出和强调教师的职业要求,使其与一般综合性大学培养研究型人才或其他专业人才目标相区别。而目前高师院校的课程设置存在明显不足,除了教育学和心理学公共基础课,便只有具体学科的教学论和实习,而且教学论和实习又往往安排在大四的上学期和下学期,致使前三年的专业课学习基本不能与教师专业相联系。

(2) 职业意识的直接培养与日常教学强化的缺乏。高师院校对学生从事教师职业意识的教育是非常重要的,我们甚至可以说它是教师职前教育的灵魂。但是这样一项教育内容却完全被漠视了,在多数高师院校,既没有直接地对学生进行职业意识的培养,在日常教学中也缺乏这种培养。在最为重要的直接培养契机——入学教育中,形势教育、思想教育、纪律教育成为主要内容,而原本作为入学教育核心的职业意识教育或轻点而过,或干脆不提。入学之后的职业教育更主要地体现在教学中进行强化。然而,由于各专业课教师本身只专注于专业自身内容,缺少对师范性的关注,加上对中小学和高中课程标准的陌生,也根本不可能从培养合格教师的角度进行教学,只能就专业讲专业,使学生在专业课上的所学与将来从事的教师职业相脱节。这又使通过专业课的教学过程对学生进行职业意识的培养和强化落空。

(3)教学行为与培养目标的游离。课程设置和安排与教师职业的游离,加上专业课教学就专业讲专业,使整体上体现为教学行为与培养目标的游离。培养合格教师是高师院校的教学目标,课程设置、安排和实施都要为实现这一目标服务,都要对这个目标的实现起支撑作用。然而由于许多高师院校办学思想中培养学生职业意识和职业能力观念淡薄,在具体课程设置、安排和实施中总是不自觉地附和一些综合性大学的做法,从而使教师职前教育师范性被淡化,学生职业意识的培养遭到冷落,进而造成了教学行为与培养目标的游离。这些现象严重影响了高师院校培养目标的实现和教学水平的提高,急需得到解决。

3. 高师院校学生职业意识培养途径

高师院校学生职业意识的培养方式是多样的,而且应该贯穿四年大学生活的始终。归纳起来应做三方面的工作:第一,开设以培养学生教师职业意识为目的的专门课程。作为实现师范教育目标的重要手段的职业意识的培养,一方面要抓住一切机会并努力创造机会开展职业意识的专门教育和培养。另一方面应开设专门课程进行职业意识的培养,这门课程除了要阐释现代教育教学理念,必须强调应该掌握的各个专业课程的知识以及教育教学技能和从事教师职业所必须具备的文化素养和做人的素养。这门课程的增设,不仅能够弥补师范教育中与教师培养直接相关的课程的缺失,还可以直接促进学生职业意识的培养。第二,与职业相关的课程要贯彻四年大学的始终。要从根本上改变高师院校对应专业课程设置不足的状况,除了增加以培养学生职业意识为目的的课程,还需要根据教师职前教育的职业教育特点,增加相关的教师技能训练课、教学见习课等,使之与教师从业直接相关的课程自身构成一个小系统,与专业课程知识的系统共同构成完整未来教师培养的大系统,并将两个系统的课程进行穿插安排,使知识的学习和能力的培养始终围绕着教师职业展开,在安排时尤其要注意将与职业相关的课程贯穿始终。第三,职业意识的培养要体现层次性特点。这种层次性应该有两条线索,一条线索是由"知识—能力—素养"构成,即在职业要求的引导下学习和选择专业知识,根据教育教学的操作特点运用学到的专业知识进行能力训练,结合教师从业的素养进行职业道德和文化素养的修炼。另一条线索是将所开设的与职业直接关联的课程有层次和梯度性地安排在各个学年,一年级开设以专门培养学生职业意识的课程,二年级开设见习课,三年级开设教师技能训练课、课程与教学论,四年级开设实习课,这样就构成了"认识—感受—模仿—操作"四个环节。在这个过程中,学生职业意识不断加强,教学能力和素养也不断提高。

高师院校学生职业意识是他们从事教育工作的基础和前提,学生职业意识的缺乏也是高师院校教育教学中存在的严重问题,所以培养学生的职业意识是高师院校走出困境、提高整体教育与教学水平应特别关注的。

四、课程建设的思路改变

教师职前教育教学质量普遍下降已是不争的事实。其原因一方面是教师职前教育扩招,生源质量下降,教师工作量增加。生源质量下降导致教学起点低,学生接受能力不强,使专业课程教学内容的选择往往在基础层面徘徊。教师工作量加大,使教师忙于应付上课,无暇从容地备课。另一方面是课程体系和理念陈旧。主要原因是教师职前教育办学性质模糊,培养目标定位不准,将培养研究能力作为主要工作任务,从而形成了单一的学科课程体系。学科课程体系以知识为核心,追求严密的知识结构,对于研究能力的培养具有对应性,但其保守、封闭,注重理论学习、轻视能力培养的特点,是与以培养合格教师为己任的教师职前教育不能完全一致的。教师教育除了遵循一般教育规律,还必须遵循职业教育的规律。首先,单一的学科课程体系是不适于以从业能力培养为主要目标的职业教育的,必须将任务本位课程引入教师职前教育课程体系中。这是由重新定位的教师职前教育性质决定的。其次,作为特殊的职业教育,教师教育与一般职业教育相比又有自身特点,不仅需要掌握系统的专业知识,而且要具备研究能力。而这方面素质的培养,单凭任务本位课程也是无法完成的,因此,将学科课程与任务本位课程进行恰当而有效的融合,便成为从课程角度改变教师职前教育教学水平下降趋势的出路。

1. 对教师职前教育中学科课程的评价

伴随教师职前教育改革的深入,对学科课程的质疑甚至批判的声音越来越高。许多人认为学科课程体系不仅造成了师范生对知识的把握刻板、生硬,而且直接造成了师范生毕业后适应性差和从业能力不足。要扭转教师职前教育水平不断下降的局面,必须在提高生源质量的前提下改变学科课程体系。那么学科课程体系是什么?它在教师职前教育中又充当了一种什么样的角色?这是我们必须弄清的问题。

(1)学科课程的概念。所谓的学科课程,是以知识为基础,按照一定价值标准,从不同的知识领域选择一定的内容,根据知识的逻辑体系,将所选出的知识组织为学科。它是最古老、适用范围最广的课程类型,也是间接感知和学习的类型。由此可以概括出学科课程三个方面的特点:一是以知识为主体,二是追求知识之间的逻辑关系,三是以间接感知和学习为主。教师职前的课程设置是典型的学科课程体系。以中文专业的文学课程为例,中国文学分为古代文学、现代文学和当代文学,这三门课不仅有线索的贯通,而且有文化传承,是一个完整过程的三个阶段。然而,这三门课程一旦成为独立的课程,它们之间的联系就被割断了,每门课都成为孤立的课程,都是按照各自的时间范畴,以文学知识为主体,以文学现象和文学作品为内容构建的课程,教师在实施中严格按照学科体系进行施教。其他人文类课程也是如此。由于教师职前教育从开始出现到现在始终是以学科课程体系为主的,因此,学科课程与教师教育成了无法分割的两个概念。

(2)对学科课程的评价。对于学科课程,由于我们更多的是从教师职前教育存在的弊端中去认识、分析和理解,因此看到的多是它对教育质量提高的阻碍作用,甚至有些人将近些年来教师职前教育不断下降的原因都归结在学科课程体系上。这是有失公允的,也不利于我们客观地认识教师职前教育中存在的问题并制定有针对性的策略。因此,我们必须一分为二地认识教师职前教育中学科课程的价值和局限。首先,学科课程具有逻辑性、系统性和简约性。学科课程的这些特点,一方面有利于我们对课程内容的整体把握,明确整体与局部、重点与非重点的关系。同时逻辑性、系统性和简约性主要体现在知识的组合和呈现上,有利于学生对课程知识的理解和学习,也便于教学的设计和课程管理。另一方面,其观点都是高度概括的见解和研究成果,加之理性的表述,使其对于培养学生的研究能力有直接的价值和意义,而研究能力是教师必须具备的基本能力。正是学科课程有这些价值,才使其成为教师职前教育课程类型的主体并延续至今。其次,学科课程被广泛质疑也并非空穴来风,而是有其自身局限性的原因。一是由于学科课程的"分科"是人为的,并在长期运行中逐步固化为一种不可更改的封闭体系,不仅使内部对新知识的整合缺乏空间,而且阻断了课程与课程之间的联系,从而阻碍了学生从联系的角度去理解具体课程内容,使其思路狭隘。如学科"课程与教学论"与"教师教学技能训练"是一对理论与实践结合的最佳组合,但因学科课程的封闭性而使学科"课程与教学论"不能对"教师教学技能训练"发挥理论指导作用,"教师教学技能训练"也无法验证、巩固和提升对学科"课程与教学论"的理解。二是学科课程以知识为本位,漠视对能力的培养,不仅造成了对知识进行内化过程的缺失,而且直接造成了师范生教学操作能力的不足。

以上论述的学科课程的价值和局限性使我们在对教师职前教育课程改革中,一方面要改变学科课程的局限性,另一方面还必须充分发挥学科课程的价值。只有这样才能准确定位学科课程的地位。

2. 师范性与教师职业的关系

从上述分析中我们可以看出,学科课程的主要弊端在于其单一知识主体及由单一知识主体所带来的一系列特点与师范性——教师职前教育最鲜明的特点不能完全融合,从而也造成了与教师从业要求的背离。

(1)课程服务于培养目标的要求。师范性既是教师职前教育课程最主要的特点,也是培养符合社会发展需要的合格教师的要求。教师职前教育是一种职业教育,其目标是培养具有情意素养、知识素养和能力素养的教育教学的从业人员。其课程设置的依据是对情意素养、知识素养和能力素养目标进行分解,并以相应的课程与之对应。因此,课程是服务于培养目标最具体、最有针对性的结点,也是培养目标实现程度的决定因素。这也正如徐国庆所说:"课程作为联结学校各要素的纽带,通常被认为是教育活动的核心环节。"(徐国庆《职业教育课程论》)

(2)学习内容与工作任务的对应性。将教师职前教育纳入职业教育范畴,既是对教师职前教育的一种本质回归,又是对人们观念的拨乱反正,是师范性的重要内容。虽然这一观点还没有得到普遍的认可,但这是不可改变的事实。它对于改变当下教师职前教育效率不高、整体水平普遍下降的局面,意义尤其重大。一是教师的工作目标是全面提高学生的素养。在具体实施中,将学生的素养分解成具体任务,而这些任务在教学中往往联系密切,相互纠结在一起,需要教师运用智慧灵活应对,这些都需要有针对性的丰富的知识储备。在这种情况下知识的积累、内化就显得非常重要。由于当下教师职前教育普遍采用单一学科课程,虽然以知识为主体,但知识学习与工作需要缺少针对性,学习内容与工作任务的对应关系还是处于游离状态。这也是造成学生在职前教育毕业后不能完全且迅速地适应教学岗位的原因所在。二是从职业教育的角度认识和理解课程学习内容与工作任务的对应性,能够使师范性在教学中凸显。这里的"学习内容"包括两个方面,一个是理论学习内容,另一个是实际操作内容。一般职业教育中往往突出实际操作能力的培养,并以相关的理论学习为辅助。而教师职前教育作为一种特殊的职业教育,对于专业及其相关知识学习的比重远远高于一般职业教育,操作能力只有在丰富的知识的支撑下才有意义和价值。这是与教师职业的特殊性密不可分的。三是学习内容与工作任务的对应性一方面要求对工作任务进行具体分解,根据培养需要设置课程;另一方面要求在课程实施中对内容进行选择、组合和重构,使所学内容与完成工作任务的具体需要对应。

(3)师范性与教师职业关系内涵。教师职前教育的一切活动都必然围绕着师范性进行。首先,师范性是教师职业特点和从业要求在教师职前教育中的鲜明体现。缺少和漠视师范性就无法培养出合格教师,教师职前教育的培养目标就会落空,所以师范性与教师职业是因果关系。教师职业的特点,要求职前教育突出师范性。师范性的突出会强化教师的从业能力。其次,教师职前教育又是特殊的职业教育,其特殊性主要表现在它不仅要求内化知识形成素养,而且要求情感、知识、能力三方面素养完整地融于一体,使其与教师教书育人的职业特点相统一。它使师范性超越了一般职业教育与职业能力培养的关系而具有更为丰富和复杂的内涵,成为教师职前教育的特殊性所在。

第三章 从业导向的有效落实

第一节 从业要求与存在问题

高师人才培养的从业导向是明确的,而如何将从业导向落到实处则是考验高师院校办学理念的关键。为处理好这一关键问题,高师院校必须对中小学教师的从业要求有清晰而明确的认识,对中小学教师从业中存在的问题有深入的研究,从而避免高师人才培养中因对中小学教师从业状况了解的缺失造成的盲目性,促进高师基于从业导向的教育教学改革。

一、主体地位与责任承担

基础教育和高中教育课程标准都明确地强调学生的主体地位,而教师是教学的组织者和引导者。这个理念使许多人对教师在教学中的地位产生误会,认为教师由传统教学中不可争议的主体变成了从属的角色。有的人则将教学中教师与学生的关系模糊化为双主体,但对这种双主体的关系并没有一个科学的符合教育教学实际情况的定位。其实教师在教学中的主体性并没有发生根本性的改变,其组织和引导的职责不仅决定和规范着教学内容和方式的选择,而且决定着思路和观点的确定,决定着最终目标能否凸显和凸显的程度。而学生的主体地位,是说学生只是"学习和发展的主体",这种"学习和发展"虽然要源于学生的"需要",但"需要"得到满足的最终途径还是教师的组织和引导。因此,教师在教学中依然具有主体性,必须承担与这主体性相应的责任。

1. 教师是教育理念、教学目标的最终落实者

教育理念和教学目标是决定教育教学性质及追求的关键内容。而教育理念变为教学行为,教学目标成为教学追求,必须通过教师的具体教学来实现。再先进的教育理念,再科学的教学目标,在传统观念控制下的教师那里也只能是空谈。

(1)教师是教学任务的执行者。教育理念决定教育性质和培养目标,培养目标规定具体课程的教学任务,而课程教学任务是通过教学来完成的,教师是教学的直接操作者。因此,最终教学任务是由教师来完成的。教学任务的完成情况由教师两个方面的因素决定:一是教师的素养及与素养密切相关的理念。教师素养直接决定教学效果和教育理念,决定教学任务的完成状况。综合素养高的教师不仅能够灵活应对各种学生构成的群体,而且能够抓住教学内容的关键,举一反三,从而提高学生学习的兴趣和教学效率。同时,高素质教师具有指向未来的眼力。伴随知识和能力的更新,他们能够迅速接受代表教育教学发展方向的理念,并运用于自己的教育教学实践,使其能够在执行具体教学任务时,高效而富有创造性。综合素养不足的教师则恰恰相反。二是具有导向价值的教师的个性特征。富有个性的教师往往也是有较高素养的教师,但以拥有丰富的知识积累、熟练和多样化的技能及正确的情感态度和价值观为前提的个性,才是我们倡导的个性。这种个性对于教师执行教学任务具有十分重要的意义。课程标准积极倡导对学生进行个性化培养,而教师的个性恰好对应着个性化的教学。同时,新课标特别强调培养学生的创新精神和创造能力,它是2011年中小学课程标准修改的原则之一,而个性正是创新精神和创造能力形成和发展的前提。因此,只有富于个性的教师才能担负起新课程标准下的教学任务。

(2)教学目标的突出程度,取决于教师的理解能力和驾驭能力。教学目标是教师进行教学的最终追求,但教学目标在不同的教师那里的最终凸显程度却不尽相同,甚至反差巨大。这同样与教师自身素质相关。然而,这种相关性并非以素养的整体形式呈现的,而是以其中的理解能力和驾驭能力两个方面表现的。从理解能力方面讲,对目标理解能力越强,就越能把握其内涵的丰富性,就越能进行全面的实施,从全局着眼,从具体着手,充分完成分解目标所形成的一个个具体任务。理解能力的缺失会造成对目标理解的片面性,缺少以全局观念去认识和对待具体任务,使任务和任务之间缺乏联系,造成目标最终凸显的欠缺。从驾驭方面讲,理解能力只是基础,只有具备理解能力的同时具备驾驭能力才能最终完成目标的实现。驾驭能力有两个层次:一是宏观的驾驭能力,要深入把握目标整体的阶段性和内容构成的因素,使不同的教学阶段有教学的侧重,不同内容的处理有准确的选择;二是具体的驾驭能力,是指面对不同学生和不同教学内容,进行有针对性处理的能力,使具体教学成为整体教学的有机组成部分,从而充分完成教学目标。

(3) 新课标对教师主体性的凸显和责任意识的强化。新课标在强调学生是学习和发展的主体的同时,对教师的主体性也进行了强调,因为学生作为学习和发展的主体,真正落实必须经由教师的教育教学实践来完成。如果教师依旧按照传统完全灌输式的教学,强调对问题理解的标准答案,那么学生是学习和发展的主体就只能是空谈。在将教学定位为"师生进行平等对话的过程"时,还要进一步解读为"教师是平等对话中的首席"。也有一些人对课程标准进行解读时,将"学生和教师"认定为双主体,还有人更明确地指出"教师是教育实施的主体,学生是学习和发展的主体"。这一切都表明了课程标准并没有因为提升学生在教学中的地位而降低了教师的地位,恰恰相反,在提高学生地位的同时,也强调了教师地位的主体性。这种强调改变了传统教师教学中的话语霸权,而使其与学生的教学交往更富有民主性。新课标在对教师主体性的强调中,也对教师的责任进行了强调。新课标在明确教师作为教学的组织者和引导者的定位之后,紧接着就提出了教师必须改变观念、更新知识、提高素养,对教师面对全面提高学生素养的目标、面对学生是学习和发展的主体的新局面、面对教育教学生活化的新理念等方面提出了很高的要求,使教师在教育教学活动中承担着更为重大的责任。

2. 教师教学中主体性的缺失与责任意识的淡化

课程标准对教师在教学中的主体性的强调是明确的,它不仅是教师面对全新教学任务所必需的理念上的要求,更是完成全面提高学生素养目标所必需的教师自主性要求。然而,在实际教学中,教师的主体性并没有得到真正的落实,与此相关的责任意识的淡化成为一种比较普遍的现象。

(1)教师教学活动受到种种限制和规范,教师自主性缺乏。教师自主是教师主体性最鲜明的表现形式,教师自主性缺失表明教师主体性的缺失,而教师自主性缺失主要表现在教育教学中教师的教学行为受到种种限制和约束。其中教育主管部门对教师的评价导向,使教师的教育教学行为受到严格细致的规范,也使教师教学行为几乎没有了自主的空间。而学校办学普遍追求应试导向,又使教师将教学注意力集中在学生的分数上。分数既是确定校长领导才能的依据,也是评价学校办学水平的依据,更是判断教师教学能力的依据。在追求学生考试分数方面,教师教学已经没有自我的余地。除此之外,教学参考书的使用又使教师在教学中逐渐地丧失了独立思考的习惯和能力,尤其是一些地区和学校指定教师教学中必须使用某种版本的教学参考书,使这种状况更为严重。从上面的分析中可以看出,教师的教学受到了来自不同层次的、涉及教学各个方面的约束和限制,使教师的教学几乎没有自主空间。他们不仅丧失了主体性,而且与主体性息息相关的责任意识也自然地变得淡漠,自主性的缺失使他们承担不起任何责任。

(2)片面强调教师的责任,使教师进一步受到限制和约束。缺乏主体性的教师连自己的命运都掌握在他人手里,还怎能奢谈对学生负责!而在实际教育教学管理的研讨中,片面强调教师的责任却是一种非常普遍的现象。1997年《北京文学》开展关于语文教育问题的大讨论中,在批判语文教育"祸国殃民"的同时,将矛头直接对准语文教师,使语文教师在承受了没有自主的压迫之后,又被迫承担因他人意志而造成恶果的责任。新课标颁布前后,又不断有人用"没有教不好的学生,只有不会教的老师"这句所谓的名言来强化教师的责任。在大量对于新课标的解读中,对教师责任的强调更是比比皆是。这种在剥夺了教师主体性前提下对教师责任的强调,造成了教师在教学中的约束和限制被强化,教师的主体性进一步丧失。

(3)教师主体性的丧失导致教师的职业倦怠。一方面,片面强调教师的责任使社会对教师的期望值过高,在"辛勤的园丁""人类灵魂工程师"等赞美的称号之下,教师却承受着失去主体性的精神压迫,在社会期望与实际处境的矛盾中,压力与无奈共存。长此以往,许多教师逐渐因丧失对教师职业的热情而产生对职业的疲惫和懈怠。另一方面,应试制度下,教师不仅要有大量的付出,而且要背负教育失误的责任,则进一步造成了教师的职业倦怠。

3.教师教学中强化主体性与责任意识的策略

教师教学中主体性的缺失,不仅造成教师自主性的缺失,而且使教师无法真正承担起教育教学的责任。这不仅无法落实新课标,而且由于教师的职业倦怠,教育教学质量受到了极大的影响。因此必须加以改变。

(1)全面提高教师素质,强化责任与待遇的统一。首先,全面提高教师的素养。一方面与全面提高学生素养的目标相对应;另一方面通过全面提高教师的素养,使他们更深入、更全面地理解课程标准对教师在教学中主体性的定位,使他们具有维权意识和教学中教师主体性的实施能力。其次,强化责任与待遇的统一。责任与相关待遇的失衡是教师从业中最窘迫的现实,是教师普遍产生职业疲倦的根本性原因,也是教师主体性缺失的最鲜明的表现。因此,解决教师责任与待遇失衡的问题,是确立教师教学的主体性、调动教师教育教学积极性的关键环节。一方面切实回归教师主体性所应承担的责任。过分地强调教师的责任已使教师疲惫不堪,把许多教师承担不起的责任,甚至是无法承担的责任都归结到教师身上,使教师不仅要承担行政规范和领导者强加的责任,而且还要承担制度和政策的失误的责任,使教师成为最无助的人群。为此,应严格分清教师责任的具体内容和范畴,一切不应由教师承担的责任以及一切言过其实的赞美都应毫无保留地取消,使教师能够真正地从主体性出发实施教学。另一方面要切实提高教师的待遇。这里所说的待遇有两个方面的内容,一是切实提高教师的地位,使他们成为具有主体性的教学实施者,而不是问题和失败结果的承担者。二是要提高教师的物质待遇,包括住房和工资水平等方面。前不久网络公布的统计数字表明,中国教师的工资待遇与世界各国教师工资比较处于垫底的水平。工资待遇的低下,不仅使教师自身感到自卑,而且造成整个社会对教师职业的轻视。因此,提高教师工资迫在眉睫。只有以工资水平为代表的经济地位提高,才能使教师职业地位提高,才能促使教师教育教学的主体性得到落实。

(2)积极创造实现教师自主的环境。创造教师自主的环境要从两方面入手。一方面要着眼于教师自身,使教师具有自主的意识和能力。首先教师通过深入研究新课标,重新认定教师地位,理解自身在教育教学中的主体性,从而改变教学中面对学生的话语霸权和面对管理者一味服从的生存状态。在正确的教育理论和教育思想的指导下,与学生进行平等对话,促进相互学习和共同发展,并在这个过程中逐渐树立自主意识,使教师充分发挥教学中的主动性和创造性。其次要不断加强自己的综合素质。自主意识的产生和强化都需要自身素养的提高做支撑。同时,自主意识变成现实的教学行为也必须通过素养的提高来完成。只有兼具自主意识和自主能力,教师自主才能变为现实。另一方面要着眼于客观环境,其中包括制度和政策环境、管理和评价环境及人际关系环境,并能够在制度、政策方面给予保障。管理评价可以在导向上给予保障,人际关系可以在相互支持中给予保障。这些因素不以教师的意志为转移,却决定着教师自主性的落实。

(3)将教师的主体性与教师的责任进行有机融合。教师教学中的主体性意味着对教学结果承担着更多的责任。主体性使教师能够在一定程度上摆脱一些不合理的约束,而获得根据自己的理解和认识,对教学设计和实施进行处理。同时,也可以拒绝承担并非自己主体性行为而导致教学中的不足和错误的责任。但对于自己自主范围之内的一切问题必须承担责任,包括拥有自主而没有自主和因自主的失误而导致的错误。这样才能使教师在教育教学中的主体性与责任有机融为一体,充分发挥权利与责任关系的价值,提高教育教学效率和水平。

教师在教育与教学中的主体性是明确的,与这种主体性对应的责任也是具体的,但实际教学中教师与学生主体关系又是混乱的。对教师过高的期望,不仅使教师主体性丧失,在实施教学中缺乏甚至没有自主,而且使教师承担了不能承担和无法承担的责任,从而比较普遍地产生职业倦怠,极大地影响了新课标的落实和教育的整体发展。因此,在实施教育教学中切实落实教师的主体性,明确他们的责任和义务,提高他们的物质待遇,是从根本上解决问题不可回避的。

二、教师自主与躬行自律

教师自主是教师职业的自由和职业的自由的发展。为了培养学生的自主学习能力,教师在教学实践中必须自由和有能力行使自己的自主权,它是教师职业化的一项重要内容。教师的自律就是教师主体以法律法规和规章制度为参照,按照教师职业道德和行为准则,依靠内在的自觉意识、心理需要,自愿地约束自己的意志、情感和行为,它是教师从业的基本保障。因此,教师的自主和自律是互为矛盾的统一体,它们共同构成了合格教师所遵守的规范。

1. 教师自主是教师职业化的重要内容

伴随着经济发展和社会进步,教师队伍的层次和格调在不断提高。教师职业化已成为一种影响业界的大趋势。它不仅对在社会生活中确立教师的地位提出了要求,更对教师的素养提出了要求。

(1) 教师自主是教师职业化的重要内容。教师职业化就是要改变对教师职业的传统认识,要求教师在综合素养方面不断适应现代教育改革和发展的需要,使教师由传统的知识型、经验型向学习型、创新型发展,使教师职业所承担的社会责任与社会声誉和地位一致。一方面,教师发展的终身性是教师职业化的保障。要坚持进行终身学习,教师必须具备自主意识——自我规划、自我鞭策、自我进取。由于在终身发展过程中有些是外在的约束发挥作用,更多的是靠个人的自觉性和明确的发展意识及发展目的为动力,因此,如果缺少自主性,人云亦云,跟着教学走,围绕行政指挥行事,终身发展的质量和效率就会大大降低,甚至会产生终身发展的中断。另一方面,教师自主是教师专业发展的基础,而专业发展是教师职业化的前提。在专业发展中,教师还应将外在的影响和启示转化为自己专业发展的动力,并在发展过程中不断地进行自我更新,使自我发展不断地获得完善,最终实现适应教师职业化的目标。因此,教师自主是教师职业化中不可缺少的重要内容。

(2)教师自主是发挥教师的创造性、培养学生个性的保障。创造性地开展教学活动是义务教育课程标准和普通高中课程标准对教师提出的基本要求,培养和发展学生的个性是开展教学活动的重要目标。而这两项重要内容都与教师自主有着密切的因果联系。一方面,教师在教学中受到太多的约束和限制,尤其是应试教育体制下的知识点和"标准答案"的僵化规范,使教师在强大的束缚下完全失去了自主。创造性地开展教学活动理念的倡导和落实,首先要打破这些约束和禁锢,使教师获得充分的创造余地,使与约束和禁锢相对立的自主获得施展和释放的空间。教师自主是与创造密不可分的。自主既是创造的前提,也是创造的动力,没有自主就不可能有创造,自主程度的高低决定着创造力的大小,决定着创造质量的高低。相反,创造的结果反映自主的程度。另一方面,从传统走来的当下教育,对于培养学生个性的要求虽然不是新课题,却面临着严重的挑战。长期模式化教育教学的运行,不仅对学生个性培养缺乏,而且在缺少和失去自主的情况下,教师也往往失去了个性。而教师自主不仅是教师展示和张扬个性的基础,而且是个性的本身,是培养学生个性的前提。因为自主,教师可以加强对规范和约束之外的一些认识、看法和见解;因为自主,教师可以展示与众不同的行为和做法;还是因为自主,教师可以包容学生的奇思异想,可以鼓励超越平凡的创造。因此,教师自主不仅能够使自己的个性更加完善和富有创造力,而且为培养学生的个性提供了保障。

2. 教师自律与自主的关系

教师自律与教师自主是教师职业化中的两项重要内容。它们既相互矛盾又相互统一,是构成教师职业化中两项不可分割的要求,缺少自律,自主就没有了约束,造成"一放就乱"的结果。因此,有效处理好两者的关系具有十分重要的意义。

(1)教师自律的要求和意义。教师的职业是一种特殊的职业,它以教书育人为本位,其途径是言传身教。因此,自身的行为修养在从业中具有突出的价值。一方面,教书育人、言传身教对教师提出了自律的要求。教育的根本任务是育人,育人最有力的形式就是言传身教,而言传身教最重要的内容是自律。人是一种复杂的生物,其生物本能中有着十分丰富而复杂的与生俱来的欲望,这些欲望中有的是符合人的生长和发展规律的,有的却是有违于人的发展规律的。人只有根据社会发展需要,通过自律发展有意义的欲求,扼制和限制有害的欲求,才能使自己获得发展。人又是一种社会生物,社会生活中的各种因素无不对人的成长产生影响。尤其是伴随经济发展,物欲膨胀成为一种发展趋势,使人性非常易于扭曲,这同样需要人的自律。一般人如此,作为教书育人的从业者和肩负着对人生及社会风气发挥重大影响力的教师,其自律必然成为一项核心要求。另一方面,教师自律是有效实施教育教学的前提条件。古人云"己所不欲,勿施于人",现代人说"学高为师,身正为范",所表达的都是对从事教育工作者的自律要求。如果教师在实施教育中缺乏自律,用来教育人的说教连自己都不相信,自己实际做的与对学生的说教完全相反,自己不想做的强加给别人去做,这种矛盾对立的言行,不可能有好的教育效果。因此,为了强化教学效果,教师必须通过自律,追求学识的高深,行为举止正派、规范、高雅。这是有效实施教育教学的前提条件。

(2)教师自主和自律的关系。教师的自主和自律是教师职业化的两项基本要求,它们相互矛盾又相互支撑。它们的矛盾表现在自主需要更多、更大的开放性,而自律则要求更多的约束;自主要求改变条条框框的束缚,使个人获得解放,而自律则是自身设计和安排的条条框框约束自己。它们之间的相互支撑表现在,自律使自主改变了放任和无序的状态而成为符合规律的有节制的自主,自主则使自律改变了过于僵化的束缚,使自律具有开放性和灵活性。

3. 教师自主和自律的困境

教师自主和自律是教师从业中非常重要的要求,是教师职业化进程中不可缺少的内容。但是教育管理机制存在的问题和教师自身的原因,使得教师既不能充分地自主,也无法完全自律,在教师从业中陷入困境。

(1) 教师自主的困境。从教育管理机制上讲,教师作为教书育人的职业,受意识形态影响比较大,受政府控制比较紧。政府机关、教育行政管理部门及学校规章制度层层限制、步步约束,使教师自主空间非常有限。从教师自身而言,"传道、授业、解惑",其全部内容都与社会正统思想密切相关。课程标准颁布实施之后,虽然在理念上提倡教师自主,要求发展个性,但是实际运行中的应试教育"知识点"、"标准答案"、学生分数,不仅决定着学生的命运,同时也决定着教师的命运。这是一种强大而无形的枷锁,使教师的自主成为宣传的点缀。

(2) 教师自律的困境。教师自律是与教师自主息息相关的。从本质上讲,教师自律是教师自主内容的一部分。自主遭遇困境,必然导致自律的困境。在教师自律中,反思既是自律的内容,也是自律发生的动力。但是,由于自主的空间几乎完全被各种约束挤占,使自律没有了反思参与的余地,尤其是在浮躁性、功利化已经在社会文化心理中占据支配性地位的背景下,反思变得越来越困难。在这种情况下,教师从业的各种需求、教师职业的特殊性和决定从业者的行为方式等都淹没在不断重复而忙碌的机械运动中。这使教师不仅无法判断自己的不足和缺陷,而且逐渐淡忘了寻找不足和缺陷的意愿,也就没有了职业自律的欲求,使教师自律同样陷入了困境。

教师自主和教师自律是教师从业的重要需求,也是教师职业化的重要内容,是教育改革对教师提出的重大课题,也是教育现代化的必然结果,对于整体教育的发展和教师职业化进程都是不可缺少的。然而,由于教育制度及教师职业特点,教师自主和教师自律都陷入了困境。因此,认识这种局面,并对改变策略进行探索是非常有意义的。

三、教学计划的稳定性与灵活实施

教学计划是为了教学的有效实施而在教学活动之前设计的教学实施进程、步骤和方案。教学计划的作用和意义实现于教学过程中,因此要充分发挥教学计划对教学的意义,教学计划必须具有灵活性。

课程实施是一项系统工程,它不仅需要在课堂教学中改变传统全预制、全封闭的教学方式,而且要求同时改变教材的处理方式、教学计划的安排以及教师的教学观念。就目前情况来看,对于教师职前教育认识的实践活动,多停留在认识层面,与之相关的深层次的因素并没有多大的改变,这就造成了教学各个环节之间的不平衡,造成了它们在教学整体发展中的相互制约,甚至相互阻碍。课堂教学这一环节的改革,缺少甚至没有相关教学环节和教学因素的改革作为基础,使课堂教学改革本身也失去了实际意义和价值。同时,由于课堂教学改革本身也往往是在教师缺少新理念的基础和自觉意识中进行的,因此高师教学改革许多沦为了应时应景的表演。要改变这种状况,就必须从对教学改革的狭隘认识中走出来,首先打破教学计划的一成不变的权威性,使其回到适应于教学、服务于教学本位上来。

1. 教学计划与教学的关系

教学计划与教学的关系中,教学是主体,教学计划是根据教学的要求,为提高教学效率进行设计的,因此,它也必然伴随着教学的改变而改变,它从属于教学、适应于教学、服务于教学。但在传统的全预设的教学中,教学计划与教学的关系发生了根本的改变,以教学需要为根据、以服务教学为目标的教学计划,反过来却成为教学必须遵循的硬性规定,成为教学必须落实的教学步骤,成为考查教学水平的标准。这种本末倒置的状况不仅造成整个课堂教学受制于教学计划的被动局面,使教学自主性完全丧失,而且教师创造性的发挥、学生个性的培养也完全没有了空间。尤其是在长期的运行中,一方面,教学计划自身在不断的所谓"发展"和"完善"中逐渐地成为一成不变的规范和模式。这种规范和模式一旦形成之后,便成为大一统的、必须遵守的规则。这种缺少甚至不允许有变化的计划,使高师教育的教学在相当长的时间内缺少真正的发展,而只是一味地重复。随着社会的发展和进步,教学计划与教学需要的距离越来越远,教学计划成为阻碍教学发展的因素。另一方面,走向绝对化的教学计划的长期运行,对于教师观念的影响是深刻的,使他们积弊成习,在潜意识中拒绝改变,乐于轻车熟路、简单易行地以教学计划为监本不断重复。这两方面都表明在传统教学中教学计划与教学关系的错位。因此,必须予以纠正,恢复以教学为中心进行教学计划的制订和设计,要突出课堂教学培养学生的个性和创造素质的核心,倡导丰富多彩的教学个性和教师对文本的个性化解读及对教学进程的个性化安排,倡导教学目标的多样性和生成性、教学方法的丰富性和选择的自主性,使教师在教学中有充分的空间。通过个性化处理和安排,实现适应教育发展需要的教师职前教育人才培养模式。这就要求教学计划与之相应地做出妥善安排,为教学中的不确定因素留出充分的余地和空间,使教学计划具有适应发展变化的弹性。

2. 生成性教学要求教学计划具有灵活性

潘涌在《语文新课程与教学的解放》一书中谈到个性化阅读教学时指出:"个性化阅读教学,既然有意识要打破按部就班的教学程式,那么,自然可能影响整齐划一的教学进度。但是,比教学进度更重要的是教学质量,是学生的学习质量。如果课时超过了计划中的规定,未必是坏事。如果以延长了的教学进度换取拓进了的教学深度和广度,可谓得已偿失。"这段论述的核心有两个方面的内容,一是个性化教学是与整齐划一的教学进度相矛盾的,对进度的影响是"自然可能"的;二是个性化教学影响了"整齐划一"的计划,换取拓展了的教学深度和广度是"得已偿失"的。这两点论述是客观的,但同时又是片面的,没有深层次反映教学与教学计划关系的本质。作者是把教学和教学计划作为两个相对独立的事物进行论述,而不是从"教学计划必须从属于教学需要"去考查。没有认识到离开了教学,教学计划尤其是教学计划中的教学进度,不仅毫无意义,而且也失去了存在的依据。教学计划必须从属于教学需要,要根据需要制订计划,而不是根据计划确定需要,更不能根据计划去考评教学。既然教学要打破"按部就班的教学程式",那么,教学进度也必须与这种打破"按部就班的教学程式"相对应,打破"整齐划一的教学进度",为不同教师实施个性化的教学提供一个开放的、具有弹性空间的教学计划,使计划本身具有适应多样性和变化性教学的灵活性。高师院校倡导的生成性教学,作为对传统教学的反驳,具有更为明显的不确定性,特别是对教学过程的高度重视,不仅使教学进度无法整齐划一,而且连教学目标也将丰富多样。充分体现和张扬师范生个性的生成性教学,是任何一种模式化的教学计划都无法与之匹配的。因此教学计划的理念必须从根本上加以改变。应在深入理解教学理念及具体课程内容的基础上进行框架设计,而不是细节安排,让教学计划具备容纳教学变化的灵活性特质,使教学计划成为教学实施的导游图而不是旅游路线。

3. 充分发挥教学计划对教学的意义

教学计划源于教学展开之前对教学的思考和规划,目的是使教学提高效率并有序进行。教学计划的作用和意义实现于教学过程中,因此要充分发挥教学计划的意义,首先应对高师人才培养的教学理念、教学规律、教学目标、教学环节、教育对象等进行深入的研究,从而制订出以培养合格教师为目标、适应实际教学需要的教学计划。这是基础,也是前提。其次要适应教学的需要。一方面要给教学计划留有充分的空间,去接受和容纳教师教学的个性,接受和容纳教学过程中的不确定因素。另一方面,教学计划本身还必须具有自身调整的机制。伴随着社会发展变化,知识更新的速度越来越快,人们的认知水平也在不断地发展和提高,教学计划的这种动态调整机制已经成为适应教学需要不可缺少的部分。再次,教学计划对教学予以规范。在进行个性化生成教学中,由于存在着许许多多的不确定因素,尤其是在进行生成性教学的课堂中,在尊重和发展师范生个性与规范引导之间存在着许多误区和问题,如因尊重学生个性而导致课堂教学无序,因规范引导学生思维而扼杀学生个性,等等,因此教学计划可根据教学进行之前所预设的框架,在宏观上杜绝这些误区产生的根源,减少产生误区的概率。最后,教学计划是以教学研究为前提,以服务于教学为目标的,而一旦成为教学文件,对教学就有一种指导和规范作用。运用教学计划的具体内容对教学过程中出现的偏差予以更正,运用教学计划的整体理念对教学中出现的新情况予以完善,通过教学计划对教学中的失误予以改进,使教学计划与教学在不断的调整中得到发展和完善。

教学计划的灵活性是新课标下教学形式的多样性、内容的丰富性和过程的不确定性的要求,是教学计划确立和服务于教学需求的必然结果,更是整体推进教师职前教育课程改革不可或缺的条件。教学计划只有与教学达成高度的统一和默契,才能使教师职前教育课程改革走出当下"注重形式的表演,缺乏本质的把握"的状况,从而真正实现培养师范生从业能力和提高水平的教育目标。

四、职业规划的超前性与运行中调整

教师职业规划是对有关教师职业发展的各个方面进行的整体设想和规划,包括教师职业的选择、对教师职业目标与预期的设想、对工作岗位的设计、对成长阶段步骤以及环境条件的考虑等。它是一种有根据的预设行为,是以当下的情况对未来发展的预设和规划,因而具有明显的超前性。形势的具体发展必须会有一些与预期相左的,所以教师职业规划在实际落实中,还必须进行适应性调整。

1. 教师职业规划的超前性及依据

由于教师职业规划是基于当前的基础对于未来的预期,具有鲜明的超前性,而要使教师职业规划最大限度地满足对未来的适应,其当前的基础必须是客观的,且对于未来具有直接导向意义。

(1) 教师职业规划的超前性。教师职业规划从实践上有长期、中期和短期的不同,但每种规划都是在规划的时间内。从当下指向未来的,都具有超前性的特点。短期规划由于时间跨度小,经历的环节少,"当下"与"未来"的差别不大,因而这种超前性也更易于把握行为与结果的密切联系,预期容易达成。

但从整个教师生涯来看,容易导致短期行为。中长期职业规划,时间跨度比较大,有的职业规划涵盖整个从业过程,因而超前性更为明显。许多师范生设计的职业生涯规划涉及从入学到退休的全过程。其超前性更为突出,很容易导致规划与后续的发展环境、发展要求等因素产生矛盾。所以,许多教师的中长期职业规划都具有不同阶段的具体设计,本质上是不同的短期规划融为一体构成的。教师职业规划的超前性是明确的。为了有效应对这种超前性给教师职业执行中带来的不确定性,教师在进行职业规划的设计时,对于过程、阶段、目标要求不要规划得过于饱满,而是要留有空间,为落实过程中出现的新情况留有余地。

（2）教师职业规划超前性的依据。超前性的设计并不是想当然做出的,而必须有依据,这种依据越充分、越客观,超前性的科学内涵就越鲜明。具体超前性的依据应有以下三个方面:一是对个人的基本情况有客观和充分的把握。诸如自己的爱好、学习能力和学习基础以及发展潜力等方面能够与职业发展的阶段目标和最终目标的确定有对应性。二是对职业环境及其发展变化的脉络有明确的把握。对当下职业环境的具体情况有全面的了解,对宏观和具体的职业环境发展变化的趋势、走向及职业规划周期内将呈现的状态,有充分、合理的预设和适应的心理准备。三是准确理解和掌握国家对教育的政策和发展规划。如教师专业标准、师德标准、教师资格认证制度、《中华人民共和国教师法》《中华人民共和国教育法》《国家中长期教育改革和发展规划纲要（2010－2020年）》,还有所在省、自治区、直辖市中长期教育改革的发展纲要等等,使教师职业规划的超前性,既承载着国家宏观政策法律的规范,又对应着国家对于教育发展指向未来的规划。这三个方面统一于教师职业规划的超前性中,使超前性既有现定的基础,又有科学的根据。

2. 教师职业规划中存在的问题及原因分析

教师职业规划显示教师职业发展的目标和走向,对教师的从业具有引领和规范作用。然而,由于教师职业规划中存在着问题,使这种引领和规范作用不能真正发挥,甚至引发教师职业生涯的混乱。

（1）脱离个人情况。教师职业发展规划可行性的先决条件是对自己的个人情况有充分的判断，并以这种判断为基础设定发展目标，规划发展过程，使职业发展规划能够按照既定的轨迹顺利运行。而一旦脱离个人的具体情况，职业发展规划就与个人实际发展的状况形成"两层皮"的局面，使教师职业规划或完全失去了作用和价值，或干扰和影响教师职业的正常发展。脱离个人具体情况主要表现为那些对职业发展有直接影响的个人因素，没有考虑或没有完全考虑在规划的设计中，诸如个人的职业基础状况、个人的兴趣爱好、个人的从业环境以及个人的专业特点、优势和劣势等等。我们所能够见到的被称为具有"典范性"的教师职业发展规划中，许多都存在着问题，使教师职业发展规划没有个性和特点的状况具有普遍性。因此也就缺少意义和价值，使教师职业发展规划对促进和规范具体教师的职业发展形同虚设。

（2）缺少对于未来的合理预设。作为指向未来的教师职业规划，必须对未来发展的各个阶段有科学、清楚的预设，它决定着教师职业发展规划的实际价值。但在教师职业发展规划中缺少对未来的合理预设是比较普遍的问题。具体有两方面的表现：一方面是一些教师完全是根据自己的主观意愿去规划未来的专业发展，至于这种意愿与现实的联系如何，是否能够与未来发展相适应，往往忽略，甚至是漠视，使教师职业发展规划成为一厢情愿的心营意造。另一方面是一些教师在设计职业发展规划的过程中，虽然也有对未来的预设，但依据往往不现实或简单化。"不现实"主要是对于未来的发展基本是基于个人的想象，缺少现实的基础；"简单化"则是基于眼下的情况，进行想当然的推测，缺乏对未来发展的科学预判。这两个方面，都使教师职业发展规划缺少科学性，使规划与发展的实际产生反差，从而降低了规划的可行性。

（3）与职业发展要求和法律制度及国家教育发展规划不能同步。教师职业发展规划是整个教育发展的组成部分，它必须适应教育转型对教师职业的要求，必须与国家有关教育发展规划同步。如果与上述两个方面相抵触，那么具体的教师职业发展规划就失去了意义和价值，或直接导致教师从业的失败。具体有两方面的表现：一方面，当下正处于教育转型期，随着教育的转型，对教师的职业要求也处在不断变化和充实中。然而,许多教师并没有完全走出传统。由于观念和习惯的作用,许多教师在设计职业发展规划中总是固守传统的理念,使职业的规划与教育发展相脱节。另一方面,一些教师虽然关注到了教育转型给教师职业带来的新变化,并根据这种变化的要求进行职业发展的设计,但忽略了国家对这种变化和进展的设计,即忽略诸如《国家中长期教育改革和发展规划纲要(2010—2020年)》以及各省、自治区、直辖市根据上述文件制订的中长期教育改革和发展规划纲要,使个人发展规划与国家发展规划不能同步,从而减少了个人发展规划的科学性,降低了其价值。

3. 教师职业发展规划在突破中的调整

科学的、完善的教师职业发展规划在具体运行中也并非一成不变的,无论我们在设计规划时对未来的情况预设得多么充分合理,总是不能与未来的实际完全吻合的。其中存在着诸多的变数,要求我们在教师职业发展规划的具体落实中进行合理的调整。

(1) 在职业发展规划的设计中,在明确大目标的前提下,对具体目标的实现方式、路径留有空间和余地。一方面要避免过于细致、过于具体,将职业发展规划设计成职业发展的实施方案,使职业发展规划形成饱和状态,无法容纳灵活处理的空间,而要具有前瞻性和宏观性。职业发展规划是一个线索清楚、分段明晰、目标定位准确的指导性路径。这一路径有多种行走方式,可以充实和丰富各种相关的内容,尤其是具有容纳新因素、适应新情况的特质。另一方面,虽然不能将职业发展规划设计成职业发展的实施方案,但是其必须具备可操作性。这对矛盾要求对于职业发展规划设计中预留的空间必须适"度",这个"度"从操作性角度讲,是具有可操作性的,具体而不细致,连贯而留有余地,使操作具有灵活性的特点;从前瞻性角度讲,是具有方向的规范性,宏观而有依据,规范且能容纳自主,使前瞻性具有适应变化的随机性特点。两个方面共同为适应教师职业发展规划在实际运行中的调整,预留出空间和余地。

(2) 密切关注教师职业自身的发展变化,把发展中出现的新因素、新要求及时纳入规划的落实之中。教师在职业发展规划中,为规划的实施预留出了空间和余地,为了对这些空间和余地进行有效的充实,教师必须时时关注从业形势和职业内涵的发展变化。具体内容有以下三个方面:一是教育改革进程。我国目前正处于教育转型期,应试教育体制的不断改变与素质教育的不断加强,使教育处于发展变化的活跃期。教师在进行职业发展规划时,已经将这种变化的因素考虑到了整体设计中,但设计与实际发展毕竟是存在着距离的。一方面,在规划时为超出设计之外的情况预留的空间,需要在具体实施中运用对形势关注所发现的新因素进行弥补,从而完成对预留空间进行充实的任务。另一方面,对于超出预设之外,规划时所预留的空间无法进行充实弥补的,则需对规划做适应性的调整和改造。因此,对于改革进程的关注,对于强化教师职业发展规划的适应性、实效性都是不可缺少的。二是职业要求的改变。伴随社会的发展和进步以及教育的转型,尤其是教师职业化,教师的职业要求在不断地发生着变化。这些变化对于教师而言有的是预期的,有的是不可以预期或不能完全预期的。对此,教师在职业发展规划的落实中必须予以关注,对于预期到并已经反映到职业发展规划中的,要严格加以落实,而对于没有预期或预期不够全面的则需要对职业发展规划进行充实和调整;诸如在教师专业标准颁布和实施之前制订的职业发展的规划要对应教师专业标准进行充实和调整;教师资格准入制在全国推广之前制订的教师职业发展规划,之后需对照教师资格准入的具体要求进行调整;等等。密切关注教师职业要求的变化,使教师职业发展规划的落实始终适应教师职业的改变。三是个人发展需要。具体教师的职业发展规划是对教师个别发展的设计和预期,所以,无论对教育转型的关注,还是对教师职业变化的掌握,最终都必须服务于教师个体的发展。教师的发展是具有阶段性特点的,不同阶段教师的认知水平不同,对教师职业的理解和认识存在差别,对教育教学的经历和感受也有变化。在入职之初,或入职之前所设计的职业发展规划,往往更具有理想主义色彩,许多设计的内容在实际从业中很难实现,即使是在入职之后并有了相当的执教经历阶段所做的职业发展规划,仍然会伴随行业的发展和变化,而使教师对当初的设计做出改动。由于教师职业发展始终以一种动态的形式推进,这种动态的推进有的是当初规划时没有预料到的情况,有的则是在规划的落实中产生了新的情况,这时就应该根据个人发展的需要,对已有的发展规划进行调整和改造,进而确定新的目标。而当已有的职业发展规划阻碍了新目标实现时,可以推倒重来。要充分确定这样的观念:教师职业发展规划是为规范和促进教师发展服务的,一旦它减弱或失去这种功能和价值,就必须调整和改变。

教师职业发展规划具有超前性,这种超前性取决于它的预设性特点。所有的预设都是根据当下条件对将来结果的推测,其中包含着诸多不确定性。因此,对于教师职业发展规划不能刻板地执行,而必须根据形势的变化及教师个人发展需求的变化进行适应性调整和改变,使教师职业发展规划在具体实施中具有灵活性。这是充分发挥教师职业发展规划价值的要求,也是职业规划面对诸多不确定性的必然。因此,在教师职前教育阶段必须对此有明确的指导。

第二节 学习困惑与问题解决

学生是学习和发展的主体,但许多学生对于将来从事的教师职业并不十分了解,有些甚至是陌生的。加上高师院校人才培养中的一些错误导向,使师范生在学习中存在着许多不足和问题。这些问题严重影响了师范生的从业。因此,认识这些问题的表现,探索其成因和解决办法成为高师人才培养的从业导向中不可缺少的内容。

一、研究能力与教学技能并进

义务教育课程标准与普通高中课程标准的颁布和实施,使以培养合格中小学教师为目标的教师职前教育的培养规格和方式都发生了重大变化。伴随中小学教师角色的改变,教师的研究能力不再是优秀教师所特有的素养,而成为一种基本的要求。师范生科研能力的培养成为教师职前教育的一项十分重要而紧迫的内容,同时伴随职业教育的发展以及对职业教育研究新成果的不断出现,有着鲜明职业教育特点的教师职前教育,强化教学技能训练的呼声不断高涨。技能训练受到比较普遍的重视,增加教学技能训练的比重,改变训练的方式,成为探索全面提高教师职前教育教学质量的热门话题。于是教师职前教育在办学中就出现了培养研究能力和强化教学技能的训练两个问题。这两个问题的解决都很迫切,而两个问题又分属两种性质,一个是思维范畴,一个属于动手能力,其培养方式反差鲜明,甚至相互干扰。因此正确地认识和妥善地处理二者之间的关系就显得十分重要。

1. 研究能力的培养和教学技能的训练是教师职前教育不可偏废的使命

教师职前教育的教育目标是培养适应中小学教育教学需要的合格教师,这种培养目标具有鲜明的动态性。动态性是指教师职前教育的培养目标不是一成不变的,而是始终处于一种变化状态,因为"合格教师"的要求在不断调整,是与社会经济发展和人们生活的变化一致的。

(1)研究能力是教师角色转变的重要内容。传统教师在应试教育的大背景下,以向学生灌输确定的答案为己任,按部就班、照本宣科就能很好地完成教学任务,甚至会成为一名优秀的教师。因为应试教育所提供的知识结论,永远是"标准答案",而"标准答案"是不能容忍"歧义"的,因此,它不仅不倡导个性解读,而且无论是对学生还是教师的个人见解都进行排斥和否定。在这样的背景下,趋向"标准答案"是教师共同的追求。新课标颁布和实施之后,对于教学内容的个性化解读和创造能力的培养成为课程实施的核心理念,探究性学习成为新课标对学生学习方式倡导的重要内容。新课标的这些内容和理念,从根本上否定了全灌输式的教育教学方式,颠覆了"标准答案"至高无上的地位,与此同时,教师的职能也发生了变化,由知识的权威和话语霸权者变为课堂教学的组织者和引导者。那么,如何组织和引导,怎样才能做好组织和引导工作,其中对教师的能力、素养和观念都提出了要求。仅从研究能力方面而言,如果教师不具备对教学内容进行个性化解读的能力,怎么能够正确地引导学生进行个性化解读？如果教师没有或缺少科研能力，如何引导学生进行研究性学习？因此，在教师角色转变的大环境中，教师的研究能力是不可缺少的。

（2）技能训练是教师职前教育的职业教育特点的要求。受传统观念的影响，师范教育与研究型大学教育的区别仅仅在于多了几门教育心理学课程以及一个多月的实习安排，使教师职前教育的师范性遭遇了极大的萎缩，严重影响了教师职前教育的教育教学水平。教师职前教育是具有鲜明职业教育特点的，它的教育目标明确具体，就是培养合格的、适应社会发展需要的教育教学岗位的从业人员。人们之所以总是试图将师范教育与职业教育分割开来，就是因为师范教育与一般职业教育相比有其独特性，即一般职业教育社会岗位面对的对象是机器，而师范教育社会岗位面对的是成长和发展中的人，因此师范教育从业者需要具备更为丰富和深厚的文化素养。但无论如何，作为面对具体社会岗位，总是需要从业技能且面对人的教师职业更需要技巧。而技巧的形成除了具体技术性训练，更要将具体的技术、能力进行有效而智慧的组合，灵活而有针对性地运用。因此，它比一般职业教育的技能训练要求更高。具备教育教学技能、技巧是合格教师的基础和快速适应社会岗位的前提。而技能、技巧必须通过历练才能形成，所以加大训练力度，增加训练内容，提高训练课程的比例，成为提高教师职前教育师范生从业能力和水平必不可少的要求。

（3）研究能力与教育教学技能共同构成教师的素养。从宏观上讲，教师的素养主要体现在理论和实践两个方面，而研究能力和教育教学技能分别是理论修养与实践能力不同形式的结合。从研究能力方面讲，它是以充分的理论积累为主体的，通过思维能力的选择、分析、归纳，提升出自己的观点，并运用语言表达能力进行呈现。教育教学技能则是以操作能力为主体，在教育教学理论的规范和指导下，通过具体的教学手段和教学方式，获得教学目标的达成。研究能力与教育教学技能各有侧重，既相互矛盾又相互补充，共同构成了教师的素养。

2. 研究能力的培养与教学技能训练在实际教育中的缺乏

研究能力和教育教学技能是构成教师素养不可或缺的因素,对于师范生适应社会岗位和从业效果具有决定性的价值和意义,因此,理所当然地受到重视。然而,由于人们观念和传统运行机制的影响,在教师职前教育的教育教学中研究能力的培养和教育教学技能训练不足和缺乏是一种比较普遍的现象。

(1)研究性教学内容并未培养出研究能力。教师职前教育追求和模仿研究型大学的办学模式,使用研究型大学的通用教材,导致师范教育的师范性严重缺失。但任何事物都有它的两面性,它对未来教师教育教学的研究能力的培养无疑是有积极意义的,然而受教师职前教育教师素质和教育评价因素的影响,所谓研究性教育教学方式并没有培养出师范生的研究能力。一方面,从总体上看,教师职前教育的师资队伍与研究型大学相比存在着差距,尤其是教师职前教育扩招之后大量新人的引进及工作量的加大,使教师的科研能力和科研水平大大缩水,应付上课、照本宣科的现象在教师职前教育教学中比较普遍。这不仅不能实现对学生研究能力的充分培养,而且在很大程度上萎缩了学科理论观点的内涵。另一方面,学校对教师科研能力的评价也极大地影响了对学生科研能力的培养。在这方面学校的做法往往存在着明显的矛盾:在整体目标的要求上,要培养合格的教师,要面向基层,要"好用""耐用";而对作为整体目标实现的重要支撑的教师科研却不看重,甚至轻看直接来源于基础教育和高中教育一线的成果,追求空泛的、玄虚的所谓前沿成果。这种脱离学生实际情况的研究对学生研究能力的培养和形成造成两方面的阻碍:一是有难度,因为学生的知识基础毕竟存在着不足;二是没有直接意义,因为教师职前教育的学生,毕业去向不是从事纯粹的研究,这种与实际教学脱节的研究对他们研究能力的形成和发展不会有直接的启发。因此如果教师职前教育有对学生研究能力的培养,这种培养也是与学生将来工作的需要不能完全相融的。事实上,教师职前教育这种对学生研究能力的培养和教师的教学内容,因为有不同的目的(一个是为评职称,一个是应对教学)而处于一种分裂状态,这也是教师职前教育研究性教学模式并没有培养出学生研究能力的原因所在。

(2)技能训练不足。教师职前教育是面对人的一种特殊的职业教育,它的复杂性在于从业过程中的动态性、灵活性和应变性。因此,它需要充分的研究能力,随时保持清晰的思维,灵活地运用技巧,恰当地进行应变。而作为职业教育的一种,它又必须遵循职业教育的规律进行充分的技能训练。教师从业的基本技能是具体的,也是师范生所必备的。因此,对学生进行教育教学技能的训练是教师职前教育实现培养目标的基础和最为重要的内容。但就目前情况而言,教师职前教育对学生教育教学技能的训练又是严重不足的,鲜明地体现了教师职前教育办学理念上的问题:首先,数量不足;其次,内容单调;最后,教育教学技能训练过于集中和靠后,时间安排不合理。

(3)教师职前教育办学定位的模糊加重了两者的缺乏。追求研究型大学的办学模式,就漠视教育教学技能训练;大量实用型人才培养专业的进入,就漠视研究能力的培养。在对不同性质学校的学习和借鉴中舍弃了其中有意义、有价值的因素,却吸纳了其中背离教师职前教育办学定位的因素,从而加重了科研能力培养的难度和教育教学训练的不足。

3. 师范教育中研究能力培养与教育教学技能训练策略

研究能力与教育教学技能是合格教师所不能缺少的,而研究能力的缺乏和教育教学技能的不足又是师范生中存在的比较普遍的现象。要改变这种状态,必须首先明确教师职前教育的办学定位,更新教师的教育教学观念,改变教育教学方法,专注于合格教师的培养。

(1)研究教师角色,分解素养构成,树立全新观念。教师职前教育的师范性并不单纯是教育学、心理学、课程与教学论教师的使命,也是所有专业课教师的使命。因此专业课教师不仅要对专业进行研究,更要对中小学教师的职业特点和从业素养要求进行研究,要准确把握新课标理念,并以此为依据结合专业课自身的体系内容确定教学的重点和难点。通过对教师从业素养的分析,总结本专业教学中存在的弱点和不足,在教学中进行应对性改变。对专业课内容的研究,应基于教师职前教育的要求和教师职前教育的定位,对专业内涵和发展方向进行理论提升,使研究成果既有对实践的指导价值,又有前瞻性。当然,教师必须具备研究能力,只有任课教师都能够从自己的专业角度对学生研究能力的培养进行示范和引导,才能使学生最终形成研究能力。

(2) 研究范围从单纯的专业内容拓展至从事专业技能。教师的科研中本位主义十分明显,囿于专业课内容进行研究的情况比比皆是。研究型大学的痕迹鲜明,不利于师范性在教学中的落实,研究成果与教学需要处于悬空状态。为了改变这种局面,促成"研以致用",专业课教师应对中小学教师从业素养分解,将与专业课内容对应的素养因素作为对象进行研究,根据现状分析,提出实施方案。这种研究一方面为师范生在校期间认识将来职业的情况提供窗口,也为他们研究选题提供示范;另一方面,每一个专业教师都能从各自专业课的角度出发进行研究,不仅能培养学生的研究能力,使学生形成研究意识,而且不同专业课所形成的对专业不同侧面和角度的研究,能够形成从专业角度的对课程的个性理解和评价及由此而引发的对教育教学技能的强化。

(3) 理论与实践结合。理论与实践的结合,包括三个方面的内涵:一是教师的研究要理论与实践相结合。其含义是教师在进行专业内容的研究中,要将专业课程的内容与中小学教学中的运用实践相结合,使专业课研究具有鲜明的师范性。二是学生的专业课的理论接受与研究能力的训练实践相结合。专业教师提供相关的与中小学教学相联系的问题,通过写作这一实践方式的训练,运用理论探索问题的解决方法。三是将研究能力与教育教学训练相结合。一方面,通过对教师职业的研究,强化教育教学训练的意识。教师职业的实施是具有规律性和程序性的,这些规律性和程序性的内容作为教师从业的共性必须通过强化训练获得,强化训练同时是形成训练意识的重要途径。另一方面,通过研究深化训练的内容,改变训练的形式。教师从业的规律性和程序性是固定的,但并非僵死的,每个人由于认知水平和个性特点的不同,对规律性和程序性构成的因素的认识就有所不同,训练的侧重点也就有不同的选择,使训练的效率更高。同时,通过训练丰富研究内容。任何理论都无法完全概括所有实践者的理解和感受,尤其是在张扬学生个性的教育背景下,结合基本的理论原理联系自己实践中的独特理解和感受,成为丰富研究内容的重要途径。理论与实践的结合,使教与学结合,也使理论的吸收与运用相结合,由此,科研能力与教育教学技能也获得了统一和融合。

研究能力和教育教学技能是师范生在校期间必备的能力,而这两种能力又恰恰是当下教师职前教育中缺乏的,既反映了学校定位的模糊,也反映了专业课教师观念的混乱。因此,要改变这种状况,一是学校要有明确的定位导向,二是教师在专业课内容的研究和教学实施中必须坚持师范性要求。

二、职教特点与能力训练融合

教师职前教育是我国传统高等教育的重要内容。然而由于教师职前教育大量借鉴一般高等教育的办学模式,长期采用研究性教学方式,使单纯的专业理论传授成为主体,教师职前教育的鲜明特点淹没在高等教育的共性之中。人们看到的教师职前教育除了开设的一些与教师职业相关的课程,其他方面已与综合性大学没有什么区别,这不仅导致了教师职前教育特点的丧失,而且直接造成教师职前教育人才培养质量的下降。因此,突出师范性,强化学生教学技能的训练,成为教师职前教育适应改革需要回归教师职前教育本质刻不容缓的内容。

1. 教师职前教育的职业教育特点

提到职业教育,人们马上会想到那些专门培养适应企业需要的操作人员的技术学校和职业教育,似乎与教师职前教育毫无关联。其实,职业教育这个概念的内涵比较具体,也比较丰富,任何针对具体社会岗位从业能力和从业素质培养的教育都应归在职业教育的范畴。从这个角度而言,教师职前教育无疑是职业教育中的一种,具体内容有三个方面:

(1)适应教师从业能力的培养目标。教师职前教育是为各个层次、各种类型的教育岗位培养师资的教育,但整体上主要是面对基础教育和高中教育培养师资。培养目标决定着整个办学的具体内容,实施形式规范着办学的方向。作为以培养教师为目标的教师职前教育,评价其办学水平的依据就是学生对教师岗位的从业能力和从业素养,其中包括适应于专业教学的知识积累和将教师、学生及教材内容有效融合的操作技能。

(2) 教师职业与其他职业的区别。教师职前教育具有鲜明的职业教育特点,是职业教育中的一种。但它同一般职业教育相比,又有自身的特点,这个特点主要取决于教师职业与其他职业存在的差别。教师面对的是一个个具有生命的学生,在教师职业的实施中因人施教是其最本质的特点,没有固定的程序,教师的组织和应变能力显得更为重要。因此,要求教师有更为丰富的知识积累,有更强烈的创造意识和创造能力,有更为明确的操作对象意识。

(3) 从业特点对技能的培养的选择。在职业教育的培养目标中,从业技能的培养是重中之重,它不仅是实现目标的形式,而且是目标的本身。一般职业教育对于职业技能训练,在理论原理的教学点拨之后,往往采取熟能生巧的原则,通过反复的实际操作使学生熟悉程序、步骤,掌握要领,进而获得操作中的悟性和创造素养。由于教师职前教育的特殊性,在教学技能的训练过程中,首先要有丰富的与从业直接关联的专业知识,这是一种对知识积累的训练。通过自己对专业知识的选择和积累的过程获得经验为将来对学生进行知识积累训练奠定基础。其次,要进行操作能力的训练,包括课文分析能力的训练、了解学生的训练等。最后,进行综合运用能力的训练,即将知识和能力综合运用在具体教学中,包括备课训练、课堂教学训练、教学反思训练等。由此可以看出,由于教师职业的特殊性,其职业技能训练内容更为丰富,形式更为多样,操作更为复杂,要求也更高。

2. 教师职前教育存在的不足

由于职业教育在我国是刚兴盛起来的一种教育种类,许多人不认可教师职前教育作为职业教育的事实,因此,追求综合性大学研究能力培养目标,在教师职前教育中仍占据着主体地位,教师职前教育在具体教学过程中存在着明显的不足。

(1) 学生普遍缺少职业意识。教师职前教育的学生入校之后,虽然知道毕业后的从业方向就是教师岗位,但他们在心灵深处并没有真正地将自己的学习行为与教师从业的职业联系起来,学生的职业意识严重缺乏。两个细节可以鲜明地反映出在这个过程中学生教师职业意识缺乏的严重程度:一是在教育实习期间学生普遍反映平时所学的专业课程没有用或很少用,二是在毕业论文中师范生很少在"教育学""心理学"课程中选题。学生教师职业意识的缺乏,一方面是因为许多学生对教师职业本身不感兴趣,另一方面是学校教育对这方面工作的严重缺乏,入学教育也很少涉及,甚至根本没有这方面的内容。

(2) 专业课的教学缺乏与职业之间的联系。教师职前教育的专业课教学是渗透和培养学生职业意识、增强职业能力的重要途径,然而当下教师职前教育的专业课教学对于学生的职业意识和职业能力的培养不但没有发挥正面作用,反而产生了负面影响。在教师职前教育的专业课教学中,教师并不是从培养师资的角度考虑学生从教需求并进行教学,而是将专业课的教学孤立于教师职前教育的要求之外,把具体专业课程作为独立的学问,对学生进行灌输,使学生对专业课的学习无法产生教师的职业意识。那么,以教师的职业意识对专业课内容的选择和积累就更无从谈起了。也就是说教师本身缺少或没有教师职前教育培养目标的意识,必然使通过专业课教学培养和强化学生从业的职业意识落空。从教师职前教育专业课教师(除了课程与教学论教师)普遍对专业对应的义务教育课程标准和普通高中课程标准缺少最基本的了解,就可以看出这种现象存在的严重程度了。

(3) 从业所必需的能力训练不足。目前,教师职前教育基本延续着传统高校研究型人才培养目标,将学生在校期间的绝大部分时间和精力用在知识的传授和研究能力的培养上,这与作为有着鲜明职业教育特点的教师职前教育是矛盾的。虽然研究能力是未来教师必备的品质,但这种品质的基础是教师首先具有充分的教学能力,只有在教育教学能力培养中形成的研究能力,才是教师所需要的研究能力。教师职前教育以培养适应社会教师岗位需求的实用型人才为核心,而实用型人才与研究型人才的培养无论从内容还是形式上都有着显著的差别。试图用研究型人才的培养内容和方式培养出实用型人才是不可能的。实用型人才培养最重要的方式是技能训练,而以研究型人才培养为主要形式的当下教师职前教育,将学生大量的应属于教育技能训练的时间和精力占据了,导致教师技能训练的缺乏成为普遍而严重的现象。要改变这种与办学理念及教师观念密切关联的现象,必须经历长期的过程。

3. 强化教师职前教育学生教学技能训练的途径

教师职前教育具有鲜明的职业教育特点,职业教育最重要的内容是技能训练。由于教师职前教育并没有完全从研究型人才培养的误区走出来,因此,教师职前教育针对教师职业进行的教学技能的培养缺乏的现象,从涉及的面上看是普遍的,从程度上看是严重的。为了充分实现应用型人才的培养目标,教师职前教育必须强化学生的教学技能训练,可以从三个方面进行:

(1)强化学生的教师从业意识。学生缺乏教师从业意识,不仅使其在大学期间的学习和活动缺乏针对性,也往往对教师教学评价产生脱离教师职前教育特点和目标的倾向。因此,培养教师职前教育学生的职业意识是十分重要的。其具体做法:一是将从事教师职业的教育作为一项重要的内容纳入学生的入学教育中,使学生一进入教师职前教育的大门就知道四年学习的最终目标是成为一个合格的教师,让他们明确地把握要成为一名合格教师需要掌握哪些知识和什么样的技能,使他们在以后的学习中始终围绕这些具体的要求进行。二是与教师职业关系密切的课程设置应分散在各个年级,使他们在学习的每一个年级都有具体课程对学生从事教师职业的意识进行提示和强化。教师职前教育现行的课程设置中,基本上将一般的专业课放在前期,而往往将与从事教师职业直接相关的课程放到最后的实习之前。这种安排对于学生职业意识的形成和有针对性地对专业知识学习的选择与把握是非常不利的。因此,适当增加与从事教师职业有直接关系的课程,分散在各个学年,将对从事教学工作具有直接指导意义的理论放在实习之前,既可改变学生职业意识缺乏的状况,又可发挥理论对于实践的直接指导意义。三是创造并形成教学技能训练的氛围。首先确立教师整体教学效果和学生考核的评价侧重，将教师专业课教学效果的判定与学生将来的从业要求联系起来，将学生技能训练的成果和进行教学的能力作为考核学业程度、奖学金发放的重要依据。其次是开展丰富多彩的课堂教学技能训练和教学技能竞赛活动，激发学生的参与兴趣和热情，使这些活动成为一种常态活动，形成一种校风。

（2）强化专业课教师对义务教育课程标准和普通高中课程标准的把握，时时关注培养教师的目标。教师对于基础教育和高中教育课程标准的陌生是教学中无视教师职前教育职业特点的重要原因。一方面，作为人才培养主渠道的专业课教学的实施者，如果对基础教育和高中教育课程标准陌生，就无法判断自己所教课程在教师职业能力培养中的地位和作用，就不可能进行有针对性的教学。另一方面，教师在专业课教学中对学生从业的漠视加重了学生对专业学习与从业的进一步游离。因此，加强对基础教育和高中教育课程标准的把握十分重要。教师在教学过程中要时时关注课程标准，从课程标准的立场出发对专业内容进行解析和升华，以新课标的理念选择和规范教学形式，从而对学生的职业意识和职业能力进行深刻的影响和渗透。

（3）加强学生职业技能训练。伴随职业教育的迅速发展，许多成功的经验被广泛借鉴。由于人们普遍认为教师职前教育并不属于职业教育范畴，因此职业教育的实用、有益、有效的经验始终为师范院校所漠视。因此，根据教师职前教育的特点对职业教育进行借鉴，显得十分必要。一是加大技能训练的数量。职业教育技能训练数量的要求没有统一的标准，但以技能训练为主却是各职业教育的共同做法，其份额占职业教育全部内容的一半以上。教师职前教育有它的特殊性，不能完全照搬职业教育的做法，但在四年八个学期里仅有不足一个学期的实习是明显不够的，因此至少要多一倍的数量。二是训练的形式要多样化。在目前的教师职前教育中，技能训练不仅只是单一的形式——实习，而且时间集中在最后的第七或第八学期，这对于学生技能的形成是非常不利的。根据职业教育的经验，一方面教育教学技能要贯穿四年大学生活的始终；另一方面要将技能分为不同层次，按照学生的学习情况来进行不同层次的训练,由浅入深,由简单到复杂。一、二年级侧重于基本功的训练,如"三字一话"的训练等。这一训练目标实现后,二、三年级进行备课讲课训练,如分析课文、确定目标、把握重点、难点以及试讲见习等。这一目标完成之后,三、四年级就要进行实际操作实习。这样使整个四年的学习中都有明确的技能训练内容和目标,这些内容和目标综合起来就是教师的从业能力。同时,应努力尝试顶岗实习,直接面对学生的实际操作不仅仅局限于教育实习,而应借鉴职业教育的顶岗实习方式,让学生尽早接触实际教学。当然这种顶岗实习方式,要以前面所提到的分层次技能训练为前提,在上讲台之前还应有一个具体的见习过程。通过见习把握一般的操作过程,了解学生的基本特点,为从容地登上讲台奠定基础。

教师职前教育的职业教育特点是明确的,而教师职前教育实施中职业教育特点的缺乏是严重的,明显地影响了教师职前教育目标的达成。为了改变这一状况,必须加强与教师职前教育的职业培养特点具有因果关系的职业技能训练,通过职业技能训练增加教师职前教育学生从教的能力和水平,使教师职前教育获得本质的回归。

三、课程预设与教学生成对应

专业课教学的实用价值,是直接对应师范生从业导向的内容。而实际教学中,这种实用价值成了一种虚假的预设。教师职前教育专业课的设置是基于应用型人才的培养,而应用型人才培养需要课程的实用价值与之对应。课程设置是由"应用"的分解来确定,课程实施要求对课程设置的理念进行落实和强化。但传统的师范教育和教师观念,不仅使高师专业课的设置脱离了"应用型"的规范,更使课程实施脱离了实用价值的追求,使教师职前教育专业课教学的实用价值成为一种虚假的预设。

1. 专业课教学服从于教师从业要求的本质

专业课是针对专业培养目标而设计的,是通过对专业培养目标进行分解以具体课程与之对应。而教师职前教育专业培养目标就是中小学对应课程的合格从业者。因此，专业课教学服从、服务于中小学教师的从业需求，既是对专业课教学的规范，也是专业课教学的追求。

（1）专业课教学目标是奠定师范生从事教师职业的基础。教师职前教育专业课培养目标是对高师人才结构和规格进行分解的结果。从整体上看，不同高师院校虽然对其人才培养目标的表述不尽相同，但本质是基本一致的，就是培养从事中小学教育教学的合格从业者，而对具体专业课的教学目标的确定、规范和表述也往往与人才培养目标相互呼应，形成一体。问题在于人才培养目标和具体专业课程的教学目标与实际教学的脱节，从而造成了泾渭分明的两条线索：培养规范的线索和教学实施的线索。培养规范的线索从高师人才培养的宏观目标到具体专业课程的教学目标，其定位总体上是科学、准确的，具有比较严密的逻辑关系。教学实施本应是对这些目标的落实，但在实际教学中，许多教师无视这些目标而按照自己的意愿和兴趣实施教学，使教学游离目标甚至危害目标的实现。专业课是师范生从业最重要的基础内容，它直接对应着中小学具体课程，是从中抽取出相关的知识和能力，通过归纳和建构确定的。因此，任何一门教师职前教育的专业课都反映着中小学与这个专业对应课程的某一方面内容，只有把握好每一门专业课程，才能够在中小学从业中没有专业方面的缺失，才能充分奠定教师职业的专业基础。

（2）根据实际需要对专业课内容进行选择和强化应用能力训练，是实现教学目标的主要方式。首先，教师职前教育专业课教学应根据实现教学目标的需求对教学内容进行选择。教学目标是一切教学行为的出发点和归宿。教学设计、教学实施过程以及教学评价等都必须围绕教学目标的实现展开。由于大学学制的限制，尤其是在强大的从业压力之下，教学的时间和内容在不断地遭到缩减。为此，在专业课的教学中，不应延续传统教学中的面面俱到和照本宣科，而是应该根据实现教学目标的需要，结合师范生的从业需求，对课程内容进行精选，对价值重大的内容进行强化，使专业课教学内容对教学目标的实现有意义、有效果。其次，对于专业课的应用能力训练要加强。专业课的应用能力训练包含两种情况：一是理论课的应用能力训练，不仅要让师范生掌握理论，还要训练他们运用理论解决实际问题的能力；二是要改变教育教学能力训练中存在的随意性和无序状态，根据教师从业在能力方面的要求和具体训练课程目标的实现，进行循序渐进的设计，加强计划性和规范性，使应用能力的训练专注于专业课目标的实现。

2. 高师专业课教学实用价值的虚假预设

教师职前教育以应用型人才培养为目标，决定了专业课的设置和实施对实用价值的追求。这种追求因教师职前教育普遍延续了学科课程体系以及专业课教学的理论化而发生改变，使教师职前教育专业课教学的实用价值的追求成为一种虚假预设。这种专业课教学实用价值的虚假预设主要体现在以下两大方面：

（1）学科课程体系和专业课实施中的理论化，取消了实用价值，使应用型人才培养的目标成为虚假预设。学科课程对应的是研究型人才培养，而作为以应用型人才培养为目标的高师，其各个专业和学科的课程设置及实施多采用学科课程的内容结构和实施方式，使与应用型人才培养对应的能力本位课程被拒于门外。由于专业课教师的观念并没有从传统师范教育的模式中走出来，使学科课程体系与封闭自足的教学理念相结合，加重了远离应用型人才培养的程度，导致理论教学中忽视对基本理论运用能力的培养和对知识与知识之间联系的思维能力的培养，知识与原理的传授显得单调而狭隘，并没有完成教师从业中对知识的需求。与此相关的是，在学科课程体系的规范和影响下，教师职前教育普遍轻视教育教学技能训练。许多教师在意识深处有一种执念：理论教学高深、有学问，教学技能训练浅显，不需要学问，因此，两者具有雅俗和高低之别。最典型的就是一些教师在技能训练课上用大部分课时讲授各种教育教学技能的知识和原理，而模仿训练反而成为对这些知识和原理认识、理解及把握的辅助。这些理论的讲授，通过教师的强化更为抽象，加大了与教师从业需要之间的距离。而且由于评价体系中缺乏课程实施与教师从业相互联系的要求，强调的是学科课程体系对知识和原理的积累和把握，加重了专业课程实施中的理论化。许多任课教师不愿担任实习指导教师,除辛苦之外,与以上所述密切相关,这就进一步造成了实用能力培养的不足,使应用型人才培养的虚假预设程度更为严重。

(2)教师在专业课实施中的随意性和对中小学的陌生,使专业课实施更加远离目标。教师职前教育专业课教师在处理教材和确定教学内容方面有过大的自主性,人自为战的情况比比皆是。一方面对于课程内容的选择在规章制度方面缺少强有力的监督。有些学校在这方面虽然有具体要求,但往往形同虚设。由于缺少监督和验收,同样一门课程不同教师所教的内容往往差距惊人,有相当一部分教师基本出于自己的兴趣与偏好来选择和处理教学内容。另一方面,个别教师不仅对中小学具体情况陌生,而且存有一种高高在上的心理,不愿意了解中小学教师的从业需求,在教学中有意回避,其观念仍停留在师范教育关门办学的层次上,这种状况使专业课教学更加远离了教师职前教育人才培养目标。

3. 实用价值虚假预设改变策略

教师职前教育专业课教学中实用价值的虚假预设的成因,从根本上讲是学校办学与学生的从业要求相脱节。因此,要从根本上改变这种局面,必须将职业教育理念引入教师职前教育,恢复和强化教师职前教育的职业教育本质,突出人才培养与中小学的紧密联系,建立健全高师人才培养与中小学需要的一体化机制。

(1)引入职业教育理念,将课程设置与实施同从业需要密切联系。职业教育在专业及课程设置中始终是以从业需要为依据的。专业的设置主要依据行业对人才的需要,具体专业课程的设置则取决于对岗位从业能力的分解,并随着岗位能力需求的发展变化对课程或课程的具体内容进行调整。所以,专业及课程设置始终与从业需求保持因果关系,课程为从业能力培养服务的取向非常明确。教师职前教育引入职业教育的这一理念,就是要改变课程设置刻板、僵化的局面,根据教师岗位的具体要求和不断变化的情况,对课程进行全面改革。使教师职前教育课程设置及实施具有鲜明的职业对应性,不仅要改变不合理的课程结构,而且要改变单一学科课程的性质;不仅要剔除一些与教师从业要求没有必然联系的课程,而且要对与教师从业要求有必然联系的课程内容进行增删和调整;不仅要在课程实施中对内容进行选择,而且要强化运用知识的能力训练。

(2)增加能力培养及训练课的比例,突出"实践取向"。"实践取向"是《教师教育课程标准(试行)》的基本理念,与职业教育的"能力本位"相辅相成。为此,一方面要加强能力培养和训练课程在教师职前教育课程体系中的比重,使其所占比重提高到百分之三十左右,使这类课程能够充分完成师范生从业能力的培养任务。另一方面要加强理论课程的实践导向,改变专业理论课教学从理论到理论的局面,将专业理论的理解和把握与中小学教育教学的实际运用紧密联系起来,使专业课教学与应用型人才培养的要求达成一致。

(3)学用结合,建立健全稳固的实习基地。借鉴职业教育"双元制"的宝贵经验,强化学与用的结合,即实行人才培养的"双元制"。在学校完成知识和原理的积累和学习,在中小学实践基地完成教育教学能力的培养。当然,由于教师职前教育与一般的职业教育相比具有特殊性,它对知识和学识的积累要求更高,因此对于职业教育的"双元制"不能照搬,而应通过借鉴进行调整和改造,使专业课教学能够依据中小学从业的需要对学习内容进行选择并实现知识向能力的转化。由此,充分完成高师专业课设置及实施的实用价值的追求。

四、实习特性与学生应对协调

教育实习是教师职前教育人才培养的一个重要环节,是教师职前教育进行教育和教学专业训练的一种实践形式。它是师范生培养过程中贯彻理论联系实际原则,实现合格的应用型人才培养目标的重要内容,是全部教学计划的重要组成部分。其特殊性就在于通过教育实习,师范生可以把所学的专业知识综合地运用在教育和教学实践中,培养和锻炼学生从业能力并加深和巩固学生的专业思想。然而,由于教师职前教育重知识学习而轻能力训练的传统观念,办学过程中往往对教育实习没有给予充分的重视。这种状况也直接影响了师范生对教育实习重要性的理解,许多学生仅仅把教育实习看作不得不完成的任务,不仅不能全身心地投入其中,甚至有些学生通过各种方式蒙混过关,严重影响了教育实习效果,直接妨碍了教师职前教育人才培养的质量。因此,加强教师职前教育师范生对教育实习的重视,并根据教育实习的特殊性进行有效的应对就显得十分必要了。

1. 学习环境与学习方式的特殊性与应对策略

与在教师职前教育整体接受教育和进行学习的环境和方式相比,教育实习不仅使师范生的学习环境发生了改变,也带来了学习方式的变化。这些变化要求师范生通过改变自己与之适应。

(1)由高校到中小学——从积累到运用。师范生学习基本是在高校环境中完成的,整个学习过程虽然有很强的计划性,但同时在学习内容的选择、学习方式的选择等方面都有很大的自主性。尤其是计划性之外预留的充分的时间和空间,留给学生进行自主处理,从而形成了民主、自由、多样、活跃的学习环境和学习氛围。学生在这种环境中形成了自己独特的学习习惯和学习方式。到中小学实习,学习环境发生了重大变化,高校那种封闭肃静的学习环境变成了相对开放嘈杂的学习环境,学习的每一个环节都受到计划性的严格约束,时间和空间余地消失,长期学习过程中所形成的习惯被严格的制度和规范代替。不仅学习环境发生了巨大变化,学习内容也发生了深刻的改变。高校环境中的学习,无论是课程和教学安排这些计划性很强的部分,还是计划之外给师范生预留的充分的时间和空间,其学习内容的核心都是对知识的积累——学科知识的积累、跨学科知识的积累、教育学心理学知识的积累。而教育实习虽然也有对新知识积累的内容,但核心是运用——运用学科知识进行课程教学,运用跨学科知识进行课程教学的拓展,运用教育学心理学知识对课程教学进行指导。当然运用的过程也是判断和反思的过程,通过教育实习判断知识积累的实用性,反思积累中的不足。

(2)由接受到传授——从理论到实践。作为积累过程,高校学习期间,学生学习、充实、提高的基本途径是接受,接受性学习是其主体。师范生通过课堂上教师的教接受专业知识和理论原理,通过教师的职业思想和专业态度接受师德素养的影响,通过整体上民主、自由、活跃的气氛接受自主性和个性化的影响。当然,这些由"接受"这个渠道所获得的不仅仅是影响,也有些是规范,甚至是塑造。而实习期间,这种接受性学习方式发生了根本性改变。由于教育实习是教师职前教育整体人才培养体系中的一个部分,而"传授"是教育实习的主要方式,因此,它也成为师范生在这一期间的主要学习方式。通过面对中小学生的"传授"验证"接受"的结果,通过"传授"从作为学习共同体的中小学生那里获得新的知识和启示,通过学习方式的改变获得视野的拓展和思维方式的改变。伴随学习方式的改变,学习的追求也发生了变化。课堂教学和在高校内的自主学习核心的追求是对知识积累和对理论的把握。尤其是在课堂教学中,教师职前教育的课程教学基本采用学科课程体系,使这种对知识积累和理论把握的追求更加显著。教育实习的核心追求是师范生的教学操作能力的形成和发展,这种操作能力包括将积累的知识、把握的理论运用到实际教学中,将自己的文化修养和人格魅力运用于对课堂的驾驭之中,将发展落脚在反思中。从理论到实践的过程不仅丰富了师范生的学习内涵,而且是使其发生飞跃的重要途径。

(3)由专业到课程——从具体到综合。高校课程安排和教学进度的计划性是以专业为依据的。专业是学习的基本单位,专业课程的设置和实施是由专业自身的特点和要求决定的,因此掌握专业的特点、构成等基本面貌是学习好专业课的基本前提。每个专业都由系统的专业课构成,不同的专业课在专业中的地位是不同的,分为专业主干课、专业基础课、专业必修课、专业选修课等。专业课之间都存在着逻辑关系,但这种关系的密切程度有疏有密。师范生的课堂学习目标基本上是提高专业水平,就是按照课程在专业中的地位,进行有侧重的把握;而进入中小学实习,针对的是与专业对应的一门具体课程,如中文专业对应的是语文课程,数学专业对应的是数学课程,等等。这种对应性使由"具体"到"综合"成为由"专业"到"课程"相辅相成、互相转换的情态。

专业是由具体课程构成的,因此整体把握课程的过程是在具体专业课的学习过程中完成的,而完成中小学具体课程的教学,又必须把构成专业的各个专业课程进行综合。这便是"由专业到课程——从具体到综合"的内涵所在,了解和掌握这种原理对于师范生的学习和发展都是有益的。

2. 师范生的角色和地位的特殊性与应对策略

实习期间的师范生,拥有双重身份。他们面对学生的时候是教师,面对教师的时候是学生,这种双重身份决定了他们角色和地位的特殊性。

(1) 作为学生的师范生承担着教师的职责——以教师的角色进行工作。在教师职前教育的四年学习生活中,师范生始终是以学生的身份进行学习和生活的,即使是在实习期间,他们的学生身份也并没有发生根本性改变。但是由于实习是一个特殊的教育教学环节,其学习环境和学习方式的改变,使师范生单纯的学生角色发生了改变。实习作为教育从业者的尝试和培养过程,其真实的教育教学情境,使师范生承担着教师的职责,在实习的班级中,他们是学生实实在在的教师。为此,他们必须改变在教师职前教育中形成的角色定位,应该以教师的角色进行工作和学习,明确为人师表是教师的标志,教书育人是教师的天职,热爱、尊重学生是教育教学的基础。在此前提之下,根据学科特点认真钻研新课标,深入研究教材、教法,精心设计课堂教学,创造性地使用教案,科学组织教学,板书工整、规范,教态稳重、自然、亲切,穿着大方得体,尝试用现代技术进行教学,精批细改学生的作业并及时加以反馈,深入了解学生,尤其是要重视对学困生的辅导和转化工作,使全体学生都在原有基础上有所提高,使师范生在教育实习期间"以教师角色进行工作"获得成效。

(2) 作为承担教师职责的师范生,保持着学生的身份——以学生的角色进行学习。教育实习期间,师范生站在中小学教师的讲台,面对中小学生,开展实际的教育教学活动,具有充分的教师角色特点。然而这个教师角色只是将来成为真正的教师之前的一个尝试过程,他们实际的学生身份并没有发生改变。一方面他们要接受所在教师职前教育学校派来的带队教师的管理,另一方面他们要接受实习学校任课教师的指导,因此,实习中他们的学生身份不但没有改变反而强化了。为此必须强化以学生身份角色进行学习：一是通过教育实习对以往积累的专业知识和相关知识的"实用"价值进行判断和反思，通过与带队教师的探讨和交流，对在校期间学习的知识进行整理，根据从业需要对以后的学习进行调整和重新设计。二是在教育实习中，根据教育教学中出现的具体问题，求助于实习指导教师，通过与指导教师的学习和交流及实际的教育教学经历，加深对实际从业环境的感受、认识和理解，对照自己的实际情况，找出存在的不足和缺点，进行有针对性的弥补和提高，使以学生角色进行学习获得最佳效果。

（3）学生与教师过渡期——双重角色的随机调整与转换。教育实习是师范生四年大学的特殊阶段，一般安排在第四学年，是介于大学生活结束和从教工作开始的过渡期。因此，实习不仅是将大学期间所学知识和所训练的能力运用于实际教学的尝试和提升的一种手段，也是由学生向教师角色转换的尝试和先声。因此，教育实习期，也是这种转换的过渡期。在此期间师范生具有学生和教师双重角色，这种双重角色并不是泾渭分明的，而是你中有我我中有你，共存于实习期间的工作和学习中的。这种角色在面对不同对象时需进行随机的调整和转换。带队教师一般也都是教师职前教育任课教师，虽然学习环境和方式发生了改变，但这种师生关系并没有改变。实习指导教师与带队教师不同，他们既是实习生的教师，承担着对实习生进行教育教学指导的任务，又是实习生的同事（他们与实习生都以任课教师的身份面对学生）。中小学生则是实习生的直接教育对象，具有明确的师生关系。所以实习生在面对不同对象时一定要有明确的角色意识，根据所面对的不同对象对角色进行随机的调整与转换。尤其是在与指导教师关系的处理上，要明确自己的身份，把握好尺度，既要以学生的身份尊重他们，又要以同事的身份进行交流。这是教育实习的特殊性决定的。

3. 学习形式、内容、目标的特殊性与应对策略

作为教师职前教育整个培养过程的特殊环节，教育实习承担着特殊使命。使学生明确认识和把握这种特殊使命的内涵并成为他们学习和工作中的自觉

行为,对于提高实习水平和效率都是十分重要的。

(1) 目标——以提高综合素养为追求。教育实习要有明确的目标,这是获得教育实习成功的首要条件。由于实习的内容是由课堂教学实习、班主任工作实习以及教育调查等方面内容构成的,因此教育实习的目标具有鲜明的综合性,通过理论联系实际培养和锻炼学生分析和解决实际问题的能力,提高教师职前教育师范生的素质和技能,缩短从教适应期。实习生在实习过程中应以提高综合教学能力为追求,一方面通过实习运用学习成果,检验学习成果,检验学习成效。"运用学习成果",就是把课堂上学到的系统理论知识尝试应用到具体教学的实践中。"检验学习成果",就是通过实际教学,认识和评估课堂教学中专业知识和教育学原理与中小学的教学要求的反差,找出存在的不足,并对自己的学习进行有计划的弥补,同时为教师职前教育的教学提供可资借鉴的建议。另一方面,熟悉中小学运行机制,吸收指导教师教学经验。中小学的运行机制既不是师范生在校园中想象的,也不是教科书中所阐释的,实际的状况总是与师范生以往学习中掌握或形成的印象存在反差。学生掌握真实的运行机制对他们尽快成为一名合格的教师来说意义是非常重要的。实习学校派出的指导教师往往是一些经验丰富的优秀教师,长期的教育教学实践,使他们在与学生相处、教材处理及课堂管理方面,都有自己的独到之处,这种不同于理论原理又基于理论原理的个人经验,对于实习生有更深刻的启示,使实习生的综合素养得以形成和发展。

(2) 实践——以发展专业能力为根本。实习是一个运用环节,它把在校期间所学的知识和所训练的能力运用到真实的教学中,所以操作是其主要的特征,专业能力是根本。实习不仅培养实习生对实践知识和技能的掌握,更注重发展人的实践智慧,形成实践能力。因此,实习生在实习的过程中,应改变课堂教学中单纯以理论为主的取向,努力把所积累的理论知识尝试运用于中小学的学校生活和教育教学实践中,使理论知识转化为实践成果。同时,不仅关注实习学校教师尤其是指导教师的操作行为规范,而且要关注他们行为的取向和做法;不仅要关注他们的教育教学的操作程序,而且要关注他们在遵循程序下的自主;不仅要关注和学习正常情况下的操作,而且要关注他们在特殊情况下的操作。只有这样才能使专业能力得到充分的发展。

(3) 评估——以实习的整体效果为依据。实习目标是实习的追求,实习评价是实现目标的导向。教育实习具有鲜明的综合性,是由课堂教学、班主任工作、教育调查三项内容构成的大综合。在这个大综合中课堂教学是主体,班主任工作是辅助,教育调查是拓展,三者缺一不可。教育实际效果的最终评价也必然要以三方面的综合表现为依据。因此,在教育实习过程中,实习生必须考虑到实习内容构成的各方面因素而全面参与,根据三方面构成因素各自在整个实习中的分量,结合自己在这三方面的优势和不足进行平衡和调整,使自己获得最佳的实习效果。

教育实习是教师职前教育中的一个特殊环节,也是最重要的环节。因为它是特殊环节,与整个学科课程体系的课堂教学相矛盾,所以不被重视。也因为它是重要环节,是实现理论价值的途径所在,所以形式上在不断地加强。面对这种矛盾的现象,教育实习的主体——实习生便处于懵懂和困惑之中。因此,让他们认识教育实习的特殊性,并提供应对策略的参考就显得十分必要了。

第三节 课程传统与重新认定

中小学教师岗位从业的定位,决定了高师院校应用型人才培养的性质,而高师院校普遍存在的以培养研究型人才的方式来培养应用型人才的做法,是与中小学教师岗位从业定位不对应的。应用型人才培养和研究型人才培养一个最重要的差别就是课程类型的不同。因此,专注于师范生从业导向的高师院校,其课程类型必须由学科课程转变为学科课程与任务本位课程的融合。

一、课程类型与人才培养对应

所谓的应用型人才是指以职业性为主,职业性和学术性并举的人才,它是与研究型人才对应的。长期以来,教师职前教育办学中对应用型人才的培养始终存在着误区。其课程设置始终以学科课程为核心,并形成完整的体系,学科课程理念渗透于所有的教育教学活动中。而学科课程并不适合应用型人才的培养,它以知识为核心,用知识的逻辑构建课程内容体系,所突出的是课程的理论和原理,所漠视的是实践和能力。因此,用学科课程体系来完成应用型人才的培养,其效率必然是低下的。因此,一方面应充分发挥学科课程对知识的把握和研究能力的培养价值,使师范生具备研究能力;另一方面,通过引进任务本位课程,突出课程与工作任务的关系,使师范生具有实际教学的操作能力。任务本位课程是职业教育的主体课程类型,它是针对职业教育中学科课程对工作任务的背离和对能力培养的漠视而强调并实施的,它通过对工作任务的分析,进行课程设置,通过完成工作任务的需要进行能力培养。这些特点恰好能够弥补教师职前教育人才培养中单一学科课程的局限,使学科课程与任务本位课程在相互弥补、相互融合中共同达成教师职前教育应用型人才培养目标要求,从而改变教师职前教育课程设置与实施中的片面性。

1. 教师职前教育人才培养的复合型要求

教师职前教育作为专门以培养中小学教师为己任的办学机构,其人才培养目标一贯被认为是最为明确和单一的。这种明确性和单一性与教师职前教育办学中同中小学教师从业要求的游离直接造成了教师职前教育教学运行的封闭性。中小学课程标准颁布和实施所带来的教师角色的变化及课程理念的更新,并没有促成教师职前教育人才培养观的调整,教师职前教育现行的人才培养模式,已处于严重滞后的状态。

(1)教师作为研究者的定位。传统教学以知识传授为主要教学内容,以灌输为主要教学形式,教师是整个教学的主体,学生是被动的接受者。新课标颁布和实施以后,这一切都发生了根本性变化,学生成为学习和发展的主体,培养学生的个性和创造精神成为核心目标。倡导和突出将学生个人的生活经验与认知积累融合于学习内容,这种融合的规范性、特殊性及其效果需要研究。新课标倡导课程实施要面对全体学生,因此,不仅要对学生整体进行研究,还要求对构成全体的具体学生进行研究;不仅要对学生进行研究,还要对教学内容的选择与不同学生的接受能力之间的对应性进行研究。新课标要求学生进行研究性学习,而对研究性学习进行有效指导要求教师必须具备充分的研究能力。同时,新课标要求教师能够进行教学反思,则直接将研究能力作为提升教学的手段。因此,研究能力的培养成为教师职前教育人才培养的重要内容,应用型人才中的研究能力的培养成为教师职前教育人才培养目标。

(2) 从业技能对教师的特殊意义。这也是一项长期被淡化的内容,由于教师职前教育长期以来追求综合大学的办学理念,因此注重理论和原理的讲授,轻视操作技能的培养,并极力回避其职业教育的性质。对于教师职前教育而言,教学技能是专业理论知识和原理价值实现的途径和手段,是教育教学效果直接的决定因素,也是应用型人才培养最显著的标志。在教师职前教育长期办学的运行中,始终将人才培养定位于应用型,而实际操作中却淡化教学技能的训练和培养,其结果必然是目标无法完全实现。因此,要突出应用型人才的培养,必须加强教学技能的训练。

(3) 实用性与学术性统一的要求。对于应用型人才的培养,人们总是认为既然是应用型人才,那就与研究无关,实际上,应用型人才是实用性与学术性统一的。在教师职前教育人才培养中,研究素质和教学的操作技能都是必不可少的,这是教师的工作性质和社会发展变化对教师角色的要求。因此,单一的学术型或实用型人才的培养都是不健全的,师范生必须是学术性与实用性的统一。这是教师职业特殊性决定的,它使教师职前教育既区别于综合大学研究型人才的培养模式,又区别于一般职业教育技能型人才的培养模式。它作为一种特殊的职业教育,其培养目标的定位综合了研究型大学和一般职业教育人才培养的特点。我们只有清楚地认识教师职前教育办学的特点,才能进行有针对性的实施,才能获得人才培养的最大效益。当然学术性与实用性的统一,并不是将二者进行简单相加,而是相互促进,有机融合,形成素养,提高研究能力和水平,促进操作能力的提高。在操作过程中内化研究成果,激活研究的动力,使研究获得深化,在彼此相互促进中相互渗透,融于一体,形成理论与实践结合的综合素养。

2. 构成复合内容培养的不同渠道与课程类型的选择

教师职前教育人才培养的复合型是由学术性和实用性构成的,这使教师职前教育比任何学校的人才培养都更加复杂。随着社会的发展和学术的进步,复合型人才培养的概念越来越被普遍使用。但其中总是有个主体,比如综合性大学的复合型人才培养主体是研究型人才,高职院校复合型人才培养主体是应用型人才,而教师职前教育的复合型则是对研究型人才和应用型人才的综合。而二者的培养要通过不同渠道,所以,课程类型的选择就成为必然的要求。

(1) 研究能力的培养主体——学科课程。学科课程以知识为核心,以知识之间的关系逻辑构建内容体系,所负载的是理论和原理,它本身是以一种学术体系的面貌呈现的。一方面它形式上的潜移默化的影响对研究方式具有启示意义;另一方面它内容的严密和推理逻辑性,对研究性思维的培养具有直接的意义和价值。而在学科课程的实施中所形成的学科课程的思维,使上述内容在教学中得到了进一步的强化。因此,学科课程与研究能力的培养和形成具有直接的对应性。无可讳言,教师职前教育在长期学科课程的运行中,对学生研究能力培养的效果并不够好。其原因一方面是单一的学科课程过于单薄,缺少来自其他课程类型的启示、强化和拓展。另一方面,学科课程在具体课程的实施中被扭曲了,教师职前教育课程实施中,任课教师在教学中有很大的自主性,由此造成了对课程内容选择和实施的随意性。许多教师不顾课程内在逻辑,依据个人的好恶,随意穿插或改变相关或不相关的内容,不仅使学科课程的特点被取消,而且导致课程内容的完整性也被破坏。因此,虽然学科课程与培养研究能力具有对应性,但要真正达到培养研究能力的效果,还必须尊重学科课程的特点。

（2）从业技能培养主体——任务本位课程。任务本位课程对于教师教育而言是全新的概念。这个概念的引入是与教师教育作为一种特殊职业教育的性质分不开的。任务本位课程是根据对工作任务分解的情况进行课程设置，依据完成工作任务的需要进行能力训练。这对于弥补教师职前教育人才培养过程中教学技能训练不足是极有针对性的，为培养学生的操作能力，使学生成为应用型人才提供了渠道。长期以来教师职前教育办学中不重视技能的培养，技能训练课不仅少，而且与工作任务联系淡薄，训练具有明显的随意性，导致师范生教学能力普遍不足，毕业后适应教学工作困难。将任务本位课程引入教师教育，要有三个方面的改变：一是课程的种类或内容增多。要以中小学教师全部的教学工作分析为依据，把所有的技能分门别类设置课程或纳入课程内容，使课程的种类或内容增加至足以满足从业技能的形成。二是教学训练始终围绕教师教学的实际需要展开。三是教师职前教育教学训练有序展开。

（3）两种课程理念的相互渗透与融合。教师职前教育中，学科课程的最大弊端是与师范生从业联系不够紧密，而任务本位课程恰恰能够弥补这个弊端。当然，学科课程在对应教师职前教育的特殊性方面，仍然具有不可缺少的价值和意义，所以不能以任务本位课程取代学科课程，而应该将二者进行融合。这是改变教师职前教育现状的有效途径。

首先是在整体课程设置中融合——学科课程与任务本位课程在课程体系中共存，承担不同任务，共同服务于目标的实现。由于教师职前教育培养的总目标是由不同因素构成的，因此，运用任何一种单一的课程类型与之对应都不能充分、全面地实现目标。只有对目标和人才规格中的不同内容设置不同类型的课程与之对应，才能发挥课程在人才培养中的最大价值和意义。从总体上讲，教师职前教育对未来教师的培养有两个方面的内容：一是以知识、理论、原理为主要内容的理论课。诸如以培养学生思想、态度、师德为主要目的的公共课，以及相关专业的基础课和理论课。这类课以学生掌握知识为主，而以知识为核心选择和构建内容，有严格的逻辑性和系统性的学科课程正适应了目标的实现。二是以掌握技能进行熟练操作为目标的训练课程（这类课程目前在教师职前教育中所占比例不大，有识之士强烈呼吁加大这类课程的比重，使教师职前教育回归职业教育的性质），诸如教学技能训练课及实习等。而这类课，尤其是教学技能课普遍存在着随意性，训练中考虑教学技能训练与实际工作任务的一致性明显不足，使其效率低下。任务本位课程与工作任务高度对应的特点以及围绕工作任务及其程序性进行训练内容和方式选择的课程理念，恰好成为解决能力培养课程实施中问题的最佳方案。由此可见两类课程类型都很重要，缺一不可。所以在教师职前教育的课程设置中，应将两者都纳入课程范畴，并结构在同一个有严格逻辑的课程体系中。

其次是课程自身的两种因素的融合——学科课程因素与任务本位课程因素相结合，你中有我，我中有你。教师职前教育是由知识目标和能力目标构成的，与这两个目标相对应的课程所承担的使命并不是单一的。相反，以培养知识为主的课程也肩负着培养能力的任务，以培养能力为主的课程也有运用、巩固和内化知识的责任。在教师职前教育中，对于知识的积累并非单纯地把握知识，而是要进一步将知识积累提升为知识素养，而知识素养就包括运用知识的能力，以及通过建立知识与知识之间的联系构建新知的能力。知识素养所包含的这两种能力，单靠学科课程是无法充分形成的，必须将任务本位课程的因素纳入学科课程中。因为能力有两个特点，一是任何能力都具有具体职业的指向，二是任何能力都必须通过训练才能形成。同样，能力的培养也无法脱离知识的积累，一方面相关的专业知识能够反映专业的规律性特点，为能力的培养提供依据，减少能力训练中的曲折。另一方面能力训练又是巩固知识、内化知识和形成能力素养的过程。在教师职前教育中，能力的培养不仅包括培养具体操作的能力，也包括培养能力素养、培养操作能力的自动化和培养触类旁通的能力迁移。这种能力素养的培养在巩固和内化知识的同时，也创造了新知。因此，学科课程和任务本位课程只有相互借鉴彼此的因素才能充分地完成各自的使命。

最后是课程实施中的融合——学科课程理念与任务本位课程理念融于一

体,相互依存,相互促进。课程设置价值的最终实现必须通过课程实施的环节。在这一环节中,教师的课程理念具有决定性的作用。要对学科课程和任务本位课程融于一体的课程体系进行有效的实施,不仅要有学科课程理念和任务本位课程理念,而且要会针对不同课程和同一课程的具体内容进行灵活的选择和有针对性的实施。一是要求教师对两种课程理念有高度的自觉。教师既要对两种课程特点及与培养目标的对应性有深入的理解和把握,还要对具体教学内容的性质进行准确判断。只有具备这两个方面的素养,面对具体教学内容才能准确地运用理念和做出方法的选择。二是具备两种课堂理念的操作能力。学科课程与任务本位课程无论在方法的运用还是教育教学形式的选择方面,都有很大的反差。只有熟悉两种课程类型的形式和方法,并具备相应的操作能力,才能把理念贯彻到实际教学之中。因此,加强对教师职前教育的职业教育性质的认识,增加对任务本位课程内涵的理解及实际教学中运用能力的训练,就显得十分重要。这是课程实施中将二者融于一体的基础。三是通过实施中的相互融合,达到相互依存、相互促进的效果。学科课程与任务本位课程在教师职前教育中都具有重要的意义,但毕竟二者之间存在着很大的反差,这也正是我们努力将二者进行融合的原因所在。而通过实施中的融合所要达到的效果就是相互依存、相互促进,从而获得最佳效果。所谓的相互依存、相互促进是在完成共同的培养目标中互相支持、互相补充;在分别承担目标中的不同任务时,通过学科课程及其理念的实施提高任务本位课程的能力培养,通过任务本位课程及其理念的实施,提高学科课程的知识运用价值及其品位。在两者相互促进中共同完成教师职前教育的培养目标。

教师职前教育中的问题是比较复杂的,而对教师职前教育的课程类属定位的错误,直接导致了单一的学科课程系统模式。它不仅与职前教育的师范性不能完全对应,还与教师从业相游离。因此,正确地认识和客观地定位教师职前教育的职业教育属性,并相应地将任务本位课程引入教师职前教育中,使学科课程与任务本位课程以实现共同目标为依据,进行融合,是改变教师职前教育中存在问题的出路所在。

二、教学过程与从业导向一致

从业是职业教育办学的目的,也是评价职业教育办学水平的标准。这使从业成为职业教育办学中最重要的、根本性的任务。

1. 伴随全过程的从业教育

伴随全过程的从业教育,首先是伴随时间的全过程。即从入学前的行业背景调研开始,到学生入学,再到毕业的四年的时间,始终把从业教育放在首位。具体做法是在时间的全过程中从业教育要有适当的分期,在内容上要有阶段性的侧重,在入学前的行业背景调研阶段要使师范生深入了解专业对应的教育教学岗位状况,为今后在开展具体教学工作中对学生进行从业思想的渗透奠定基础。在全面展开课程教学阶段,要通过潜移默化的渗透和专题讲座等形式,让师范生时时感受社会岗位竞争的气氛。在毕业前则要集中开展专题的从业指导。这样伴随着时间的全过程,从业导向的内容既全面具体,又在不同阶段有所侧重,能够有效地促进师范生从业理念的形成。其次是在全部课程的讲授内容中的渗透。教师职前教育的课程,包括实训教学和理论教学两大部分,所有课程讲授过程中都应该渗透从业导向的理念。每门课程的任课教师都应该明确自己所授课程对学生从业的价值,把专业知识的讲授同从业岗位要求直接地对应起来,明确人文课程要培养学生什么样的具有普遍意义的道德修养,要培养什么样的针对具体岗位的职业道德修养。专业类课程要明确所讲授的知识是对应什么样的能力的形成需要,对知识进行扩展时要把握好能力形成对知识要求的度,从而打破知识的讲授与能力的培养脱节的局面,打破教学内容与岗位能力需要的脱节。这种伴随全过程的从业教育,是教师职前教育以从业为本的体现,也是提高教师职前教育办学水平的根本性做法。

2. 实习、见习中从业理念的浸注

虽然从业教育要伴随所有课程中已经包含了实习、见习课,但是由于实

习、见习课在职业教育教学过程中与从业有着更为密切和直接的关系,因此,在这里进行专门的论述。目前教师职前教育的实习、见习教学有两种方式:一是通过模拟的形式,在仿真环境中进行;二是通过直接到中小学教师岗位中进行顶岗实训。第一种形式一般是校内设置的,由教师进行指导。由于教师一般没有实际操作的经历,因此,仿真总是与实际工作岗位有距离。所以,为了有效地浸注从业理念,学校应倡导到实际工作岗位进行顶岗实习。校内由教师指导的模拟实习最好也由中小学教师指导。实习基地的建设要实现高师与中小学的联合,中小学不仅要参与整个人才培养目标的制定,而且要参与实现培养目标的课程安排,使中小学成为高师办学的直接参与者,成为实习、见习教学的主体。以此让学生在实习、见习中不仅训练和掌握岗位需要的技能,而且切实地感受中小学的工作环境,从而认识和把握自己适应工作的程度和水平,为增加能力和弥补不足获得机会。同时,无论是课程设置还是实习、见习的整体安排,在学生入学之初就要对学生进行公布,并以适当的方式告诉学生与教师从业对应的每一门具体课程安排的目标和意义,并把它作为从业教育的第一项内容。在具体的教学过程中尤其是实习、见习教学过程中,因教育改革带来的岗位从业能力需求的变化而进行课程及实习、见习内容的调整时,也应及时向学生通报,讲清道理,使学生树立起知识的学习和技能的培养及训练完全是为了适应从业需要的意识。同时,在实习、见习教学中,要充分发挥理论知识的作用,避免专业知识的学习与技能培养相脱节的状况。通过学生的实际操作验证对专业知识学习的效果,通过操作水平验证和评价专业知识掌握的情况,通过实习、见习的教学环节明确对学生操作水平的考核是教学内容的主体。脱开能力培养的专业知识传授是没有价值的,要把师范生在校期间的根本目标确定在适应于岗位需要的能力培养上。同时,要通过在中小学的顶岗实习、见习,让学生感受当今社会竞争的激烈,从而激发他们以更高的热情和更大的投入进行专业对岗位所必需的人文修养、知识水平和从业技能的培养,从而强化学生从业的竞争力。

三、技能训练与项目化实施结合

教学技能训练课是将师范生的知识学习和能力培养与从业导向结合的关键性课程。因而，改变传统办学中教学技能训练课随意、低效的状况，探索符合技能形成规律的高效模式，成为重要课题。而项目化无疑是一种可行的思路。

教学技能训练课是教师职前教育课程体系中培养职业能力的重要课程，集中反映着教师的职业教育性质，具有十分重要的地位。然而，在教师职前教育整体办学中，其重要的作用和价值并没有得到全面的发挥和实现。教学技能训练开课时间严重不足、教学技能训练的知识化、训练安排的随意性及训练方式和内容的大量重复，使实施效率明显不足。尤其是教学技能训练与工作任务的脱节，不仅导致了训练的泛化，而且也造成了训练的盲目。为了改变这种局面，一方面应将教学技能训练课从学科课程思想的禁锢中解放出来，深入研究和理解教学技能训练课与其他专业课的不同性质和目标，确立它在整个课程体系中的位置；另一方面应针对教学技能训练课职业教育的性质和能力培养目标，与具体工作任务建立深入而直接的联系，将工作任务划分为相对独立的活动模块，通过把握这种相对独立的模块，制作出符合特定标准的产品。综上所述，就是将教学技能训练课程项目化。这对于改变教师职前教育理念、提高教师职前教育的效率和水平都是十分有益和必要的。

1. 项目课程及项目化课程的概念和内涵

对于教学技能训练课程乃至整个教师职前教育，项目课程都是比较新鲜的概念。因此，我们在详细论述教学技能训练课项目化之前，弄清相关概念及内涵是十分必要的。

（1）项目课程与项目化课程的概念。项目课程是指以工作任务（项目）为中心，选择、组织课程内容，并以完成工作任务为主要学习方式的课程模式。它是以能力培养为核心的职业教育的主要课程模式。项目化课程是指在原有学科课程的体系中增加个别项目课程,用以整合、应用所学学科知识,培养相关职业能力的课程模式,是对以知识为主体的学科课程模式的丰富、改变和超越。这种形式虽然不尽符合职业教育的要求,却适应教师职前教育的特点,具有独特的意义,尤其是对于教师职前教育中与教师工作关系对应性最强、直接以培养教师从业能力为目标的教学技能课,更为重要。

(2) 项目化课程的内涵。项目课程起源和发展于职业教育,但到目前为止,它已不是职业教育的专利。我们可以从各类教育中看到它的影子,诸如主题活动、研究性学习、课题研究以及职业制作活动等等。由此可见项目课程观念已成为各级各类教育教学的基本观念。这也是我们将其引入教学技能训练课的依据。但是,这里的项目化课程与职业教育的项目课程又不尽相同。一方面职业教育要求必须建立项目的课程体系,因此,项目课程存在于项目课程体系中,教师教育的特殊性还不能完全照搬一般职业教育的项目课程体系,而应在保持学科课程体系的基础上,对于凸显职业性的课程进行项目化,因此它存在于学科体系中。另一方面,由于职业教育以培养操作能力为中心,知识处于从属地位,知识为能力的形成服务;而教学技能的培养目标中知识素养既是教学技能形成的基础,又是教学技能的价值所在。在此基础上,了解职业教育中项目课程的特点,对于我们有效实施教学技能训练课程的项目化就有非常重要的意义。职业教育项目课程是在任务本位课程的基础上对任务本位的具体化,由于任务本位课程面对的是整体任务,是通过总结和概括的抽象任务,因此缺少具体情境,使能力训练缺少或没有细节,这就必然造成能力的空泛。为了解决这一问题,项目课程便大行其道,它将任务课程对应的概括化的工作任务具体化为一个个完整的项目——"具有相对独立性的客观存在的活动模块"。当然,项目化课程之间是有着非常密切的联系的,这个联系由任务课程中的工作逻辑决定,并以细节的形式加以充实。项目化课程打破了学科课程模式,发展了以工作任务为中心组织课程内容的任务本位课程模式,使知识传授与能力培养在教学中的地位和价值发生易位,从而使对应工作任务的能力培养获得了最充分的肯定和保障。项目化以改变学科课程体系在能力培养方面的缺失以及课程实施与培养对象的从业岗位游离状况为目的,沟通学科课程与任务本位课程的联系,使知识积累与能力训练获得均衡发展,使人才培养与从业要求实现对接。

2. 教学技能训练课程的特点及其与项目课程的关系

教师职前教育并不能像一般职业教育那样要求建立项目课程体系。但它毕竟具有职业教育的特点,这个特点决定了项目课程或项目课程因素纳入课程设置和实施中的必然性。而教学技能训练的特殊性成为项目课程纳入的最佳切入点。

(1) 教学技能训练以教学操作能力为培养目标。在教师职前教育中,教学技能训练是合格教师培养目标的重要内容。教师职前教育包括三方面的目标,即情意目标、知识目标、能力目标。一方面,情意目标与能力目标具有双向辐射和强化的作用,情意目标促进能力目标的形成,能力目标强化情意目标的格调和层次;另一方面,知识目标和能力目标则互为表里,知识目标为能力目标奠基,能力目标则实现知识目标的目的和价值。教学技能是能力目标的重要内容。教学是一种特殊的职业活动,教学技能肩负着促进、实现和提升其他两个目标价值的使命。所以,教学技能并不单纯是课堂教学的技能,而是包括极其丰富的内容。从类别上看有四个方面,即课堂教学的基本技能、教学综合技能、教学准备技能和教学研究技能,每个方面的技能都构成了一个系统,四个系统共同构成了教学技能的整体内容。它不仅涉及教学内容和环节的方方面面,更涉及具体实施中对各种教学技能因素的整合与建构。因此,以操作能力为培养目标的教学技能训练不仅自身肩负着直接培养合格教师的重大责任,而且影响其他专业课程价值实现的程度。

(2) 教学技能训练以实际操作为主要手段。教师职前教育应该学习哪些内容?学习这些内容的依据是什么?这是教师职前教育被严重忽略的问题,我们在按部就班地延续传统时,很少考虑这样的问题。这便造成了教师职前教育中师范生的学习内容与工作关系的脱节,必须对此进行调整。一方面依据教师职前教育中对知识文化要求的特殊性,保持学科课程的基本框架。另一方面根据教师职前教育的职教特点,引入职教任务本位课程,使学生学习的内容与工作任务对应起来。由于要保持学科课程的基本框架,因此任务本位课程的选择一定要针对具体课程的目标要求和个性特点。而教学技能训练课恰好符合了这一标准:首先,教学技能训练课是实践性课程而非理论课,其载体不适于学科课程,而恰恰与任务本位课程一致;其次,教学技能训练课直接面对的是实际工作中的教学操作,与工作任务有直接的对应性,其他专业课与职业发生对应关系必须由教学技能训练课程做中介。因此,工作任务与师范生学习内容的对应关系在教学技能训练课中表现得最充分、最直接。

(3) 教学技能训练符合师范生的工作任务指向。师范生的工作任务指向就是教育教学。教学技能训练课以实现具体教学任务为目标,主要培养师范生的教学操作能力。操作能力包括宏观的操作能力和具体的操作能力。宏观的操作能力是采取工作任务分析法对教师岗位的具体情况进行梳理和概括,获得逻辑清晰的工作任务结构,并通过训练获得这种概括的、抽象的教学任务知识和能力。这是任务本位课程的主要特点。具体的操作能力是在宏观操作能力的基础上发展而来的,是具体工作情境中的操作能力。因为任何教学工作都是在具体环境中进行的,任务本位课程所培养的宏观操作能力,往往在面对具体教学操作时力不从心,具体教学操作能力的培养不仅更深入地直接面对工作任务,而且弥补了任务本位课程的不足。而这种直接以培养具体教学操作能力的课程正是项目课程。

从上述分析中可以看出,教学技能训练课是教师职前教育具有职业教育特点的最集中的反映。教学技能训练课的项目化是提高课程效果、提升教师职前教育整体效率的必然要求。

3. 教学技能训练课项目化的实施策略

教学技能训练课无论是它所肩负的目标还是自身特点,都要求其进行项目化课程的构建。然而由于学科课程体系及学科课程实施观念的影响,教学技能训练始终以学科课程和理论教学的观念实施。因此项目化这种本然要求,依然需要研究和探索。

(1) 对教学任务的分解与项目的微型化。首先,要对教学任务的整体内容进行把握,厘清工作任务的顺序性和层次性,掌握教学工作的环节和过程,弄清楚工作任务的构成因素及其关系。尤其是要弄清各个环节及其构成因素在总体任务中的地位和作用,使师范生既清楚工作任务的整体构成,又明了各种因素对于整体的作用和价值,从而为进行课程的项目化奠定基础。教学工作是一项十分复杂的工作,作为完成任务手段的技能自然也是丰富复杂的。因此,整体把握的第一步是将其化为三个部分,或称之为三个阶段,即备课技能、上课技能和反思技能。然后再将三个部分的内容分别进行阶段性或层次性的具体化,诸如上课技能可分为导入技能、讲授技能、提问技能、板书技能、课堂观察技能、课堂倾听技能、演示技能、讨论技能、诊断与补救技能、结课技能等。掌握它们的特点、顺序及内在联系。其次,在对任务进行整体把握的前提下,按照任务构成因素进行项目化分解,从而形成一个个具体项目,在教学技能训练课上进行具体实施。如上述对上课技能的训练中,将构成上课技能的各个具体技能作为相对独立的项目进行集中训练,从而实现项目微型化所带来的与教学任务的直接对应。

(2) 具体项目的相对独立性与工作任务及课程本身的整体性的对应。项目是整体过程的组件。一方面工作任务是一个完整的过程,它是由一个个具体的具有相对独立性的环节构成的。因此,项目与工作任务的关系是整体与局部的关系,工作任务是由项目构成的,项目只有在工作任务中才有价值。另一方面,每一个项目都是完成工作任务所不能缺少的,同时项目在工作任务完成的过程中所承担的使命和责任是不同的,所以总体把握工作任务还应对项目进行轻重缓急的处理。把握了项目与工作任务的关系是进行对应性设置的基础和前提。在具体的项目设计中,首先,要突出项目的独立性,任务边界要清楚明了,使之能够成为一个相对完整的产品。其次,要突出项目与项目之间的联系,反映工作任务的各个环节的一贯性。通过项目与项目的连接,对应任务的整体性。再次,要突出项目设置的灵活性。教学任务是变化的,这种变化取决于两个方面:一是教育的发展和观念的进步给任务带来的变化,二是情境带来的变化。由情境带来的变化是教学技能丰富性和动态性的最集中体现,因此也是常态化的变化。由于存在上述动态变化因素,要求项目设置要有灵活性与之对应。这种灵活性设置内容也有两个方面:一是根据任务变化的实际情况和应用的具体情境进行灵活设计;二是项目设计不应过于饱和,要留有空间和余地以容纳因变化而产生的新因素。

(3)教学理论与实际操作的统一。教学技能训练课程的项目化,核心内容是培养教学能力。在教学技能训练课的实施中,很容易造成两个极端:一是因教师职前教育中的学科课程体系的主体地位及其理念而在实施项目化课程时偏重于对理论的验证,结果将造成项目课程与工作任务之间联系的松散,甚至是脱节;二是在专注于项目化课程对教学技能的培养和训练中,淡漠,甚至无视理论的价值及其与项目内容的联系,结果会造成理论指导意义的丧失,降低项目化课程实施的效率。所以在项目化课程的实施中必须处理好理论与实践的关系。对于理论内容,既要打破学科课程中理论的系统性和封闭性,根据项目内容进行有针对性的选择和运用,发挥理论对实践的指导作用,又要树立能力本位思想,从能力的培养和形成的需要出发运用理论,使理论充分地为能力的形成服务,从而实现理论在教学技能训练课程项目化实施中的价值。

教学技能训练课的项目化,是其特点和培养目标的要求,也是改变教师职前教育办学中单一、封闭的学科课程体系导致的课程设置及实施与从业需求脱节局面的尝试。而对教师职前教育性质进行准确定位,重新认识教学技能内涵,是科学而有效地实施教学技能训练项目化的前提和依据。

四、课程教学与实际应用统一

高师以培养适应中小学教育教学需要的应用型人才为目标。由于课程设置和实施是为人才培养目标的实现服务的,因此,高师专业课程教学必须以应用为导向。这既是课程设置的目的,也是人才培养的要求。

1. 高师专业课教学目标的应用性追求

高师的培养目标是容纳了高师所有专业课内容的综合,具体课程设置是对人才培养目标及规格进行具体分解的结果。因此,每一门具体专业课程都担负着构成人才培养目标这个综合体的一部分内容。任何一门课程没有实现或没有完全实现它所承担的目标,高师人才培养目标的最终实现都会受到影响。能否完成具体课程所承担目标的任务,关键就看专业课程是否具备应用导向。

(1) 高师作为特殊职业教育的性质。高师所具有的职业教育性质表现在它是针对具体的从业要求来实施对人才的培养的。对从业能力培养目标的追求,使高师整体性质上具有鲜明的职业教育特点。高师与一般职业教育相比又有其特殊性。其一是人才培养规格与一般职业教育不同。高师以培养应用型人才为目标,而一般职业教育是以培养操作型、技能型人才为目标。应用型、操作型和技能型虽然也有共同之处,但应用型人才要求更高,它既要有操作型、技能型人才的基础,也要具备充分的知识与学识方面的素养。其二,对能力培养要求的程度不同。职业教育以岗位操作人才培养为己任,所以能力培养是其核心。因此,职业教育将办学主旨定位为"能力本位"。高师作为一种特殊的职业教育也注重能力的培养。在《教师教育课程标准(试行)》三个理念中的第二个理念就是"实践取向"。但由于应用型人才培养比操作型人才培养涉及的内容更多,也更为复杂,因此,能力培养所占的比重就比职业教育少了很多。实习是高师学生能力培养的最重要的环节,在特别关注能力培养的《教师教育课程标准(试行)》中也强调"不少于一个学期"。这也正是不以"能力取向"而以"实践取向"进行表述的原因。上述高师的两个方面的特点,在高师办学中带来一系列不同于一般职业教育的个性,使其成为具有特殊性的职业教育。

(2) 高师人才培养目标与专业课设置和实施的关系。高师课程设置有三大类:教育学类课程、公共类课程和专业类课程。这三大类课程与高师的人才培养目标都有直接的对应关系。教育学类课程是满足从事教师职业所必须具备的教育理论和教育教学素养要求,公共课程则是满足教师职业道德、情意素养、价值观的基本要求,而专业课在人才培养中占据着核心地位。一方面,高师人才培养目标与课程设置具有对应关系。高师人才培养目标是根据中小学教师的从业要求确定的,而从业要求的内容是多方面的,每一方面要求的达成都需要有具体课程与之对应。因此,高师课程设置的前提就是对中小学教师从业要求进行充分调研和归纳,并进行分类、分解,然后进行专业课程设置。另一方面,专业课程实施与中小学教师的专业积累和运用对应。课程设置的目的和实施追求的目标本应是一致的,但目前高师课程实施中最重要的依据——教材,往往采用具有自身严格体系的所谓"权威教材",不仅缺少师范性特点,而且缺少选择和调整的空间,这就很容易造成专业课程实施与中小学教师专业积累和运用对应性的缺失。因此,专业课实施中要做两个方面的适应工作:一是要打破所谓权威教材的体系,在教学中不刻意追求课程内容的系统性,强调师范性内容并为师范生自主性的发展留下空间;二是密切关注相关专业课在中小学教学改革中的发展变化,根据中小学教师实际教学的需要,对课程内容进行增减或调整,使专业课教学始终突出实用性。

从以上的分析中可以看出,高师专业课的设置和实施,始终与中小学教学中的应用相对应,它不仅是专业课设置和实施的目的,也是对其设计和实施效果进行评价的依据,高师专业课设置与实施的应用价值取向是其基本取向。

2. 高师专业课实施对应用取向的漠视

高师专业课的设置具有明确的应用导向,但是由于高师课程设置往往比较保守,因此并没有与时俱进地进行调整。加上高师院校追求研究型大学的办学模式,使课程实施中课程的应用性取向被漠视。

高师的专业课是由专业理论课和专业实践课共同构成的。一方面专业理论课和专业实践课分别具有自己的应用取向。专业理论课主要是应对中小学教育教学实施中的知识和原理,它不仅需要进行充分和大量的积累,而且还需要对所学的专业知识和原理进行联系和拓展。因为中小学课程实施中所运用的专业知识和原理是综合性的,只有将高师人才培养中多门专业理论课进行多层次、多角度的积累融合和活化,才可以完成。实践课所培养的能力是高师应用取向的直接呈现方式,主要应对教育教学原理的外化以及促进学生对知识进行运用的操作方式和技巧，是最外在、最直观也是最重要、最深刻的应用取向。理论课程的学习成果通过实践课所培养的能力获得应用价值。另一方面，理论课与实践课又互相支撑、互相促进，具有强化应用取向的作用。作为构成高师课程系统的两类课程，它们既有各自的应用取向，又有共同的应用取向。这种共同的应用取向，一是理论课程规范和促进实践课程能力的培养，它不仅使能力的形成具有高效率，而且因符合规律而具有辐射性，从而带动其他能力的形成和发展，为形成实践能力素养奠定基础。二是在理论指导实践的过程中，通过实践的过滤，理论不仅得到选择、提炼，而且使实践的因素直接进入理论，从而改变理论与实践脱节的现象，使理论成为实践性理论。这便是理论课和实践课应用性关系的基本原理，但这个原理在高师教学中却并没有落实。单纯的理论课教学和单纯的实践课教学，不仅忽略了它们各自对中小学教师从业的应用导向，而且也使它们之间处于一种游离状态，理论课不能有效地指导实践教学的能力培养，实践教学也无法有效地验证和发展理论，从而使二者的实施效率大打折扣。

　　单一的学科课程体系以及专业课教师对培养目标及中小学教师从教要求的陌生，使专业课程的实施无视应用取向。首先是单一学科课程体系对应用取向落实的影响。从整体上看，由于高师普遍追求综合性大学的办学模式以及受师范院校办学传统的影响，单一学科课程体系在高师办学中具有普遍性。由于它以知识和原理为主要内容，并以严格的系统性、封闭性为特点，因此，它不仅漠视处于系统之外的中小学教师的从业要求，而且与相关的实践课程也缺少相应的联系。学科课程体系不仅存在于理论课中，也存在于实践课中。一些高师院校的教学技能训练课并不进行多少技能训练，而是将主要精力用于对各种教学技能知识和原理的讲授。这种学科课程体系，使专业课教学的应用取向遭到漠视。其次，专业课任课教师对高师专业培养目标模糊，使其无视专业课的应用导向。有相当一部分高师专业课教师不仅不知道本专业的人才培养目标，而且连本专业以培养应用型人才的类型也不知晓。有些教师知道培养类型是应用型人才，但不知道什么样的人才是应用型人才，那么自己所承担的专业课程的具体目标自然就模糊了。这些教师就是在这种不知为什么、要达到什么目的的情况下实施专业课教学的,要让他们关注专业课教学的应用取向并加以实施,当然是不大可能的。再次是专业课教师对中小学教师从业要求陌生对落实应用取向的影响。高师专业课教师对中小学教师从业需求的陌生也是普遍性的现象。伴随教育转型的不断深化,基础教育改革的步伐不断加快,而许多高校专业课教师不仅始终以原有的传统眼光看待中小学教育,而且没有把中小学教育与自己所教授的专业课联系起来。他们中的许多人不仅不知道中小学教师从业有什么新的要求,甚至不知道有基础教育各科的课程标准。他们的教学不仅漠视了专业课的应用取向,而且内容的陈旧和教法的俗套使学生丧失了学习的兴趣。

从上述对专业课教学应用取向的分析中可以看出,对应用取向的漠视情况不仅是普遍的,而且是严重的,这是造成教师职前教育质量下降的最重要的原因之一。

3. 高师专业课教学强化应用取向的策略

高师专业课教学的应用取向是明确的,而在实际教学中应用取向被忽略的现象又是普遍存在的,其结果是严重地影响了高师人才培养质量。为此,必须进行深入探索和研究,找出行之有效的针对策略,改变专业课教学应用取向被忽视的现状,提高人才培养质量。

(1)改变单一学科课程体系主宰的局面,引入能力本位课程。学科课程体系主要是对应综合性大学研究型人才的培养,对于高师之类应用型人才培养也有它的作用和价值,但在这类学校的人才培养中,将学科课程体系作为课程的主体,甚至是唯一的一种课程类型,就违背了应用型人才培养的要求。因此,要强化高师人才培养的应用性取向,应做两方面的工作:一方面是对学科课程体系进行调整和改造,不能因其绝对化造成应用取向的被漠视而对其进行全盘否定。事实上有些课程只有采用学科课程体系才能更有效地与中小学教学中的运用对应,诸如与中小学教学中的知识和原理方面的教学对应的课程等。所以,高师的这类专业课,应在保持它的学科课程体系的基础上,进一步针对中小学课程教学中的运用情况进行调整和改造,使学科课程的实施与中小学课程教学中的运用有更为紧密的联系,改变其联系的松散和无意识状态。另一方面,要引入新的课程类型和新的课程因素。尤其是针对教师职前教育作为一种特殊职业教育的特点,将职业教育中的能力本位课程引入教师职前教育中。能力本位课程是以从业岗位的能力需求设置课程,以培养适应岗位需要的能力实施教学的课程。其含义包括两个方面:一是扩大能力培养课程的比重。应用型人才培养的导向主要是能力的培养,而目前高师能力培养课程开设不足是一个普遍现象。因此,增加能力培养课程,加大其在整个课程体系中的比重,使师范生能力的培养和形成有时间和训练的保障,是应用型人才培养的基础。二是增加理论课程能力培养因素。应用导向的能力培养所包含的能力是具有多样性的,既有直观的操作能力,也有隐含在操作能力背后的具体能力,诸如思维能力和研究能力等。这些能力通过理论课的实施来培养更具对应性。

(2)强化教师人才培养的目标意识,丰富两类课程的素养,把握中小学教学的从业需求。首先,任课教师必须明确高师办学目标和本专业人才培养目标,熟悉和掌握本专业人才培养规格及课程设置的具体情况,充分把握所教课程在专业人才培养中的地位和所承担的责任,并针对课程目标的实现,自觉地对课程内容进行选择,具有明确的目标意识,并有效地将其贯彻到教学行为中。其次,应具备丰富的课程理论素养和实践素养,使理论课教学中能够进行实践能力培养的渗透。在实践教学中有意识地运用理论原理进行指导,使理论课增加应用取向,实践课的应用取向增加理论的指导和规范。最后,把握中小学教育教学的从业需求。一是要深入研究和掌握所教专业课与中小学课程教学内容中的对应关系,做到以应用为依据对专业课教学内容进行选择。二是直接走进中小学教学一线,参与他们的教研活动,时时把握中小学教育教学在改革中的变化,及时对课业内容进行调整和优化,使高师专业课的应用取向具有进行调整和变化的灵活性。

(3)建立科学的具有规范意义的评价体系,发挥评价的导向作用。评价具有鲜明的导向作用,有什么样的评价,就有什么样的教学。因此,发挥评价导向作用对于强化专业课教学的应用导向是非常重要的。这种评价体系的建立必须是科学的和具有规范性的,要直接对应应用型人才培养目标。"科学的"是指评价体系的建立不仅要符合课程应用导向的规律,而且要符合教师职前教育和职业教育原理,还要符合能力形成的规律。"规范性"是指评价体系直接对应教学行为,对教学行为具有规范作用。"规范性"的另一个内容就是对教学的评价的依据、教学成效的高低、教学结果的好坏都应根据评价体系做出判断。对于教师业绩的考评也应以评价体系所获得的结论为准,使教学评价成为教师教育教学中自觉追求的目标,使专业课教学的应用导向得到普遍的认同并取得良好的效果。

高师专业课的设置是以教师从业要求为依据的,而高师专业课教学实施是以实现高师培养应用型人才为目标的。从课程设置到实施,高师专业课的应用导向不断得到强化,这既是由高师所具有的职业教育特点决定的,也是提高高师人才培养质量的必然要求。

第四章 强化从业导向的继续教育

高师院校人才培养的从业导向原理,使高师人才培养与中小学教师的从业产生了深刻而紧密的联系。然而,这种联系更多局限在师范生在校期间。这种联系的实际结果则更多地体现在师范生成为教师之后的表现。"目标导向教育"或"需求导向教育"认为:培养目标是对毕业生在毕业后5年左右能够达到的职业和专业成就的总体描述。所以,高师人才培养过程中必须改变本位主义的短视和狭隘,将高师人才培养的职责与继续教育培训的职责结合起来,以从业导向进行培养,通过继续教育的培训对从业导向进行强化,充分且全面地完成高师院校人才培养的使命。

第一节 教师职前与职后教育的衔接

一、职后教育弥补职前教育

1. 高师人才培养的局限性与继续教育的作为

教师职前教育和教师继续教育是教师教育完整过程的两个阶段,教师职前教育是教师继续教育的基础和前提,教师继续教育是教师职前教育的完善和发展。在教师教育中,只有把两个阶段完整地统一起来,才能最终实现教师教育的目标。因此,在教师职前教育阶段存在的弱点和不足,教师继续教育有责任进行弥补和改进。

（1）教师职前教育与教师继续教育的一贯性。教师职前教育和教师继续教育具有共同的目标，即最大限度地提升教育从业者的教育教学素养。教师职前教育是将普通人培养成合格教师的教育，其目的是充分奠定教师从事教师职业的基础，并能实际地担当起教师职业。教师继续教育则是在教师从业中，根据教师专业发展的需要调整和充实基础，解决面对的实际问题，把握教育发展变化的方向，不断适应教师从业的新要求和新规范。因此，只有将两个阶段一体化实施，才能获得双赢。

（2）教师职前教育阶段性及其实施要求。教师发展具有明显的阶段性特点。虽然对阶段的分法多种多样，但以职业状态为标准，自然地分为两大阶段，即职前培养和在职培训。因此，阶段性是教师发展最显著的特点。其内在具有的联系性和一贯性，又使它们有着非常紧密的联系，这种联系要求在不同阶段的实施中，必须充分考虑相互联系的要求。在教师职前教育阶段所进行的知识和能力的培养中，必须以充分满足入职后的教育教学需要为目的。而教师入职后的继续教育也必须承续职前教育的基础，根据职前教育基础的不足进行弥补，依据新情况、新问题对基础进行发展，使两者的联系性和一贯性得到充分的体现。

（3）职前教育和继续教育内容的对应性。两个阶段内容的对应性要求从教者都要具有宽广的视野、面向未来的追求和机智的调整策略。"宽广的视野"就是要打破各阶段实施中的本位主义，一方面要将这一阶段的任务和下一阶段的相联系，下一阶段的任务和本阶段任务相沟通；另一方面本阶段自身的工作也要打破线性结构，构筑立体形态，从而形成全面联系的机制。"面向未来的追求"是要严格遵循教育超前性的特点，着眼于当下，对未来有充分的设计并为这种设计的实施打下牢固的基础。"机智的调整策略"指当设计走向现实的时候，设计本身与教育实际的发展状况总是会出现不对应的状况的，这时，应根据实际情况进行灵活机智的调整，包括充实基础、改变设计等，使教师职前教育和继续教育在调整和充实为中介的运行中始终保持内容的对应性关系。

2. 教师职前教育的局限性

教师职前教育存在着诸多与教师从业相游离的问题,严重地影响了教师职前教育的人才培养质量,也给继续教育带来了严重的困惑和负担。

(1) 教师职前教育的封闭性,使其游离于教师从业要求。由于高师办学的传统观念的影响,教师职前教育的阶段性所具有的相对独立性被强化。与这种强化相对应的是,职前教育与教师的从业需求及继续教育的联系被淡化,甚至被漠视,进而使教师职前教育与教师的从业要求处于一种游离状态。一方面,办学定位与实际办学存在着矛盾。在办学定位的表述中,培养适应中小学的教育发展的应用型从业人员是一般高师院校的基本共性。这种表述符合教师职前教育的定位,具有科学性和规范性,但其实施要求具有开放性,即教育是伴随社会发展而发展变化的,适应教育发展变化的需要就必须具有灵活性。教师职前教育以培养教师为目的,就必须与教师从业密切联系,具有针对性。教师教育是指向未来的教育,就必须具有超前性。教师教育以培养未来教师全面素质为追求,就必须具有丰富性和广泛性。然而这些"必须具有"的特性所呈现出的开放性特点,都被教师职前教育的封闭性传统和模式化方式取消,使具体办学与定位表述相矛盾。另一方面,对综合性大学研究型人才培养理念的追求和方式、方法的青睐,使高师院校关涉办学的各个环节都鲜明地留下了综合性大学研究型人才培养的痕迹,从而使教师职前教育的办学定位与实际办学理念的追求相矛盾,最终导致其与教师从业要求的游离。

(2) 课程设置和实施背离人才培养目标要求。课程是人才培养最直接的通道。根据人才培养类型确定课程性质,如研究型人才培养主要对应学科课程,应用型人才培养主要对应任务课程,等等。根据人才培养规格进行课程选择和设计,如知识方面的规格需要选择和设计知识类课程,能力方面的规格需要选择能力方面的课程,等等。根据从业需要进行教学实施,如教师从业需要从教者对教师行业的理解及教学中对课程内容的有针对性选择等。而教师职前教育的实际办学中,不仅课程类型的选择与应用型人才培养相抵触,而且具体课程的安排也与人才培养规格不相符合。高师教师对中小学教师从业状况的陌生,则更加剧了课程与人才培养的游离程度。一方面,教师职前教育的课程设计,基本上延续着师范教育的传统,虽然一些高师院校做了一些调整,但从整体情况看,无论是在课程性质的确定还是具体课程的安排上都没有发生根本性变化。教师职前教育仍然以一种孤立的完整过程进行运转,没有完全打通职前教育与从业的联系和职前教育与继续教育的因果关系。另一方面,在课程实施方面也没有使这种相对隔绝的状态得到缓解。教师是课程的实施者,课程实施的状况取决于教师的教育教学理念和素养。在教师职前教育中,多数高师教师对中小学教师从业的具体情况一知半解,甚至完全漠视。他们习惯于照本宣科或说教式的课程实施,从习惯和能力等多方面都无法对课程内容进行适应中小学教师需要的选择,导致教学实施与中小学教师从业需要的进一步脱节。

(3) 实际能力培养存在着严重不足。应用型人才的培养对于能力具有很高的要求,而当下的教师职前教育对能力的培养却存在严重的不足。这种不足表现在三个方面:一是相关能力培养课程的设置存在缺口,多数相关学校这类课程的比重只占20%左右;二是有限能力培养课的非能力化,相当一部分承担此类课程的教师将能力训练课变为能力形成原理的讲授课;三是有限能力训练课缺少规范和程序,显得混乱、重复、效率低。以上三个方面的局限性,不仅造成了师范生从业的困难,也加重了教师继续教育的责任。

3. 继续教育的责任

由于教师职前教育和教师继续教育是同一个过程的两个阶段,因此在教师职前教育中出现的问题就成为教师继续教育必须完善的任务。

(1) 全面、准确把握教师职前教育的局限性以及它给教师从业带来的困境。"全面"是指既要把握教师职前教育的局限性,又要把握这种局限性给教师从业带来的困境;既要看到这种局限性及其给教师从业带来困境的共同特点,又要看到具体教师的个体差异。这种"全面"使问题的解决具有普遍性。"准确"是指既要对问题与职前教育局限性的对应性有准确的判断,也要对二者的内在因果关系有切实的研究;既要有对问题的深入分析,又要明确继续教育的责任,使问题的解决不出现偏差。"给教师从业带来的困境"集中表现在职前教育中的好多内容是用非所学、学非所用。而其中的程度又存在着差别,学非所用中有的是完全没有用,有的是不完全没用。用非所学也是一样。这就要求继续教育的管理者对"有用"和"无用"进行严格区分,从而实施有针对性的弥补和迁移。这些都是落实教师继续教育责任的基础和前提。

(2) 继续教育主管部门与高师院校建立紧密的联系,贯通两个阶段的关系。继续教育主管部门和高师人才培养各自为政是造成两个阶段各自处于一种独立状态的原因所在,也是造成各自不足的重要原因。因此,要改变这种状况,解决现实问题,尽量减少和避免现实问题在今后继续出现,必须建立起继续教育主管部门与高师院校的紧密联系。一方面,两个部门紧密联系,相互沟通,继续教育主管部门不断地将教师在教育教学中的表现反馈到高师院校,使高师院校能够通过毕业生的表现反思和检讨自己在办学中的得失,并对办学进行相应的调整。高师院校与继续教育主管部门沟通人才培养规格和超前性设计,使继续教育主管部门能够根据职前教育的具体情况,对教师继续教育做出设计和安排。另一方面,承担教师职前教育的高师院校和教师继续教育主管部门在紧密的沟通中,要根据二者的阶段性特点进行分工,职前教育阶段需要完成的任务,需在职前教育阶段完成,教师继续教育的任务主要针对教育发展对教师提出的新要求、出现的新内容展开,避免教师职前教育中用非所学、学非所用和缺少针对性的大量浪费,减少教师继续教育为弥补职前教育的局限性而造成大量的浪费,从而实现两个阶段作为一个过程的贯通,提高两个阶段的效率。

(3) 针对具体问题进行有针对性的弥补。前两个方面都是从宏观、普遍性角度阐述继续教育对职前教育局限性的弥补。对于那些特殊的和个别不足的弥补,则需要通过有针对性的具体方式加以应对。诸如面对教师职前教育能力培养不足的状况,继续教育就应改变以理论培训为主的格局,增加能力培养和训练的继续教育内容,弥补教师职前教育中因教学能力培养不充分造成的不足。根据教师从教的实际对能力中存在的问题进行纠正和规范,使职前教育中能力培养的局限性通过教师继续教育得到弥补和完善，从而使教师获得专业性的发展。

由于传统观念和办学模式的影响，高师人才培养存在着诸多问题。这不仅严重影响了教师职前教育的人才培养质量，也造成了师范生从业中诸多的困难。为此教师继续教育有责任给予弥补和改变，即在通过继续教育对教师职前教育的不足和缺漏进行补充的同时，加强教师继续教育与高师办学的紧密联系，通过分工合作解决实际存在的问题，共同提高两个阶段的人才培养效率。

二、资格认证强化职后从业

教师资格认证制度是教师专业化的重要内容，它使教师的从业更加规范，对于全面提高教师队伍的素质和稳定教师队伍具有重要的意义。教师资格认证制度对于教师的知识、能力和综合素质提出了全面的要求，为了达到这些要求，教师继续教育肩负着重要的使命。因此，教师资格认证制度对于教师继续教育具有直接促进作用。

1. 资格认证制度与继续教育的关系

资格认证制度和教师继续教育都是教师从业所必须遵循的规则。教师资格认证制度是教师入职和从业的必要条件，教师继续教育则是教师从业和发展必须落实的责任和义务。

（1）基于终身学习的两种制度。终身学习是教师从业最为重要的规范之一。所谓终身学习，《中小学教师职业道德规范》中说："崇尚科学精神，树立终身学习理念，拓宽知识视野，更新知识结构。潜心钻研业务，勇于探索创新，不断提高专业素养和教育教学水平。"终身学习是社会每一个成员为适应社会发展和突显个体发展的需要，它贯穿于人的一生持续的学习过程中。由于教师教书育人职业的特殊性以及教育本身的超前性，终身学习尤为重要。教师专业标准将"终身学习"作为四个理念之一，强调要学习先进的教育理论，了解国内外教育改革与发展的经验和做法；优化知识结构，提高文化素养；具有终身学习与持续发展的意识和能力，做终身学习的典范。这不仅提出了教师进行终身学习的要求，而且对于学习内容和目标进行了规范，由此可见终身学习在教师从业中的重要地位。而教师资格认证制度和教师继续教育制度，正是基于终身学习而形成的两种制度。教师资格认证制度验证的三项内容即综合素质、教育知识与能力、专业知识与教学能力，与教师专业标准中"终身学习"理念内容范畴和目标的要求是一致的。而教师资格证五年一个轮回的验证也与终身教育的阶段性特点相统一。教师继续教育，本身就是终身教育体系中的构成内容，其内容分类、进度安排完全基于终身学习的任务和特点。由此，教师资格认证制度与教师继续教育有了十分密切的关系，它们相互补充，相互支撑，相互促进，共同完成教师终身学习的使命。

（2）资格认证制度对继续教育的促进和继续教育对资格认证制度的强化。资格认证制度和教师继续教育是基于教师终身学习的两种制度，它们有许多共同点，但也有不同之处。教师继续教育是教师终身学习的重要形式，是其整体内容的一部分，其核心目标是完成终身学习的使命。资格认证制度也担负着继续教育的使命，但其直接的目的是考核教师是否具备教师从业资格。正因为有这种差别，它们才能以各种相对独立的状况存在，才能产生相互补充、相互促进的作用。教师资格认证制度对继续教育的补充和促进作用主要体现在教师资格证考核中的三项内容构成一个比较完整而全面的系统，全面地反映着教师行业对从业者综合素养、教育教学素养以及专业素养的要求。但这些要求都是基本的要求，是入职的门槛，而继续教育是入职之后的教育，是在此基础上的深化。与资格证考试内容相比，继续教育内容的系统性比较淡，针对具体现象和问题进行实际、深入的研究成为它的一个重要特点。这样它们就有了相互促进的作用。一方面资格认证制度对继续教育具有促进作用。教师继续教育有主管部门投入大量人力物力开展形式多样的培训，如国培、省培、地培、校本培训等，教师参与的积极性尽管已经有了较大的提高，可与国家总体投入还有很大的差距。教师缺少学习的自觉性，缺少内在需求和动力是重要原因,而资格认证制度的实施使他们关注自己的生存。资格认证制度带来的后续竞争压力的加大和教育教学水平的提升,必然激发他们发展自己和提升自己的动力,也必然促进他们对参与教师继续教育的积极性和热情。另一方面,继续教育对资格认证制度进行强化。教师继续教育和教师资格认证制度都是教师职业化的重要内容。教师继续教育促进教师获得观念的改变、知识的更新和整体素质的全面提高。伴随教师职业化的进程,教师职业将越来越受到社会的尊重,越来越成为人们所羡慕的职业,而作为任职门槛的教师资格证,也将成为最有价值的从业证书。因此,通过教师继续教育提升整个教师队伍素质,将促进教师职业化的进程,使教师资格认证制度得到强化。

2. 借助教师资格认证制度促进教师继续教育的策略

教师资格认证制度与继续教育和终身学习都有十分密切的关系。借助教师资格认证制度促进教师继续教育,我们要先从共性的规范入手。二者都是教师从业所必需的要求,而且周期一直都是五年,内容有所差别,但又紧密联系。因此借助教师资格认证促进教师继续教育具有内在的因果联系。其一,教师资格证以五年为认证的周期,其综合素质、教育知识和能力、专业知识和教学能力三项范畴不会有大的改变,但伴随着社会的发展和教育的进步,这个范畴中的具体内容会有很大的变化。为适应这种变化,教师必须在五年中不断地积累,不断地完善,不断地更新。而这种积累、完善和更新最重要的途径就是结合具体的教育教学实际,接受继续教育。为此,继续教育在促进教师与时俱进的目标之下,为教师资格认证奠定基础的目的,这个目的,将促使教师从自身从教资格的角度强化自己参与继续教育的内在需求和主动性、积极性。其二,教师资格认证所考察的内容虽然是教师从业的基础,但这个基础对整个从业活动都具有规范和决定作用,对继续教育内容的理解和选择都离不开这个基础。继续教育中的一些专题性的内容,正是在这个基础上选择的某一点进行深化和拓展。教师在接受继续教育的过程中,基础方面有缺失的,必须先进行强补,否则就会使继续教育处于一种悬空状态。其三,借助认证制度促进教师继续教育,可以直接将认证内容作为继续教育的内容。实际上,由于教师资格考试涉及了教师从业方方面面的内容和素养要求,因此继续教育的所有内容从本质上讲并没有超出其内容和素养要求的范畴。许多继续教育的栏目甚至与教师资格考察的内容栏目完全一致,如"综合素质""教育学原理"等,只是继续教育的这些栏目的内容更具体,与教师的教育教学实际联系得更紧密。因而,将教师资格认证考试的内容作为继续教育的内容,除了专注于理论和原理的把握,还需加强理论原理与实际教学的联系,这样不仅通过继续教育强化了资格证的考试内容,而且从实用的角度拓展了这些考试内容对从业的价值。同时在五年的共同周期中,前三年以继续教育自身的内容为主,对教师资格认证考试直接相关的内容进行联系和点拨,第四年、第五年逐渐加强对教师资格认证考试相关内容的强调,在资格认证考试之前可通过教师继续教育进行专题学习和辅导。这样就可以使教师资格认证考试与继续教育相互促进,相得益彰,从而丰富继续教育的内涵,提高继续教育效率。

教师资格认证制度与教师继续教育有着十分密切的联系。充分、科学、有效地利用它们之间的关系原理,不仅有助于提高教师资格认证的质量,也会大大提高继续教育的实效性。对此,我们必须做好研究和设计,力争双赢。

三、专业标准规范职后从业

教育部颁布并实施的教师专业标准是对教师专业要求和评价的依据,是合格教师必备的专业素质。教师专业标准与教师继续教育关系密切,继续教育的目标是促进教师的专业发展,而教师专业标准对教师专业发展的内容进行了具体的规范,使继续教育更为具体、更为集中,也更具有目的性。

1. 教师专业标准对继续教育的规范

教师专业标准对教师专业知识、专业能力、师德等方面进行了全面而具体的阐述和规范,使教师能够从整体上认识和把握从事教师职业的要求。这对于以补充教师专业方面的不足和促进教师专业素养方面的提升为目的的教师继续教育无疑具有引领和规范作用。

(1) 符合教师专业标准是继续教育的目标。继续教育的基本目标有三个方面:培养良好的师德,提高依法执教的能力;提升教师教育理念,提高教师课堂教学能力;促进教师专业发展,通过直接面对教育教学中的问题,提高教师解决问题的能力,突出教育教学问题解决与专业发展目标的统一。从中可以看出,教师继续教育以教师的专业发展为核心。教师的专业发展是继续教育的最终追求。而教师专业标准明确了教师专业发展的内容和程度要求,为教师的专业发展做了明确的规范,教师继续教育也就有了具体和明确的要求。教师专业标准是国家对合格教师的基本专业要求,是教师开展教育教学活动的基本规范,是引领教师专业发展的基本准则,是教师培养、准入、培训、考核等工作的重要依据。在实施建议中,更是明确教师专业标准是教师培养和培训的主要依据。这种明确的规定使教师继续教育更具规范性,内容更集中,目标更具体,对于提高教师继续教育水平和完善继续教育体制具有重要意义。在这个大前提下,教师专业标准的具体内容涵盖了教师专业基本项目,也将使继续教育在内容上更为全面,更为系统化。教师专业标准的三个维度即专业理念与师德、专业知识和专业能力,涵盖了教师专业构成的三大板块。由三个维度分解出的十四个领域则从中观的视角对三大板块进行了丰富和充实。而由十四个领域分解出的六十三项基本要求,则从具体的微观视角明确了可操作的规范。它使教师专业标准从宏观到具体,从观念到操作,构成了全面而具体的完整体系。其作为"教师培养、准入、培训、考核等工作的重要依据"对继续教育内容体系的构建具有明确的规范价值。

(2) 教师专业标准引领教师终身学习的方向。"终身学习"是教师专业标准的重要理念。教师专业标准明确指出:学习先进教育理论,了解国内外教育改革与发展的经验和做法;优化知识结构,提高文化素养,具有终身学习与持续发展的意识和能力,做终身学习的典范。这种对教师终身学习的要求,与教师继续教育是一致的,教师继续教育是教师终身学习的重要形式,其内容是与教师专业标准一致的。应明确的是教师专业标准并非一成不变的,伴随社会发展、教育进步和知识更新,教师专业标准始终处于动态发展之中。而不断提高对教师的专业要求,必然反映到教师继续教育的内容和形式中来。因此,教师专业标准规范终身学习中每个阶段的学习内容,引领着教师继续教育的方向。

2. 以教师专业标准为依据的继续教育策略

教师专业标准与教师继续教育的关系是十分密切的。但由于我国教师专业标准出现得比较晚,目前为止,它们之间的密切关系并没有反映或完全反映到教师继续教育实施中。因此,探索以教师专业标准为依据的教师继续教育策略便成为一个必须首先解决的问题。

(1) 按教师专业标准要求,分段实施继续教育。分段实施继续教育是现行教师继续教育的基本方法。所谓分段就是把继续教育根据不同学段,划分为幼儿园、小学、初中、高中几个阶段。高中阶段的培训一般由省培承担,幼儿园、小学、初中一般由地培来承担,但分段并不严格。总的来说,教师继续教育的培训是分段进行的,但这种分段并没有与教师专业标准发生联系,所以并非我们讨论中的分段。教师专业标准通过共同的体例分别对幼儿园、小学、中学教师提出了要求,形成了《幼儿园教师专业标准(试行)》《小学教师专业标准(试行)》《中学教师专业标准(试行)》。它们之间项目要求相同,但程度要求反差很大而且具有联系性和层次性。所以,一方面,在继续教育的内容和形式方面要强化教师专业标准的规范价值,使整个教师继续教育始终围绕着促进教师专业发展展开;另一方面,幼儿园、小学、中学的教师继续教育各自既需相对独立地开展又必须进行有效的联系,努力探索一体化的实施方案,使它们之间存在的联系性和层次性通过一体化进行贯通。

(2) 按照教师专业标准内容,分类实施继续教育。教师专业标准的内容分类科学,条理清楚,这为继续教育提供了栏目设置的良好样本。事实上,目前教师继续教育的栏目设置也是依据教师专业构成进行的,只是与教师专业标准所显示的教师专业构成不尽相同罢了,因而在一些地方不能与教师专业标准中的内容相对应。所以只需调整和改进,不需重建。当然对于教师专业标准在继续教育内容的设置中,也不能完全照搬,要在保证内容完整性的前提下有所侧重(根据面授教师的具体情况)。对于栏目设计要根据明确、易学的原则对教师专业标准进行分解和整合,如"专业理念和师德",最好将其分为"专业理念"和"师德"两个部分。专业能力中的"教学设计""教学实施""教育教学评价"三者整合为"教学能力",使教师专业标准更适合继续教育的操作。

(3)继续教育中进行个性化实施。前两者都属于设计方面的内容,设计的目的是实施,而设计本身已经对如何实施进行了规范。以教师专业标准为依据进行继续教育设计,是对传统继续教育的变革,这种变革要求在具体实施中改变过去传统的做法而进行个性化的实施。一是要根据对象的不同进行有针对性的实施。幼儿园教师、小学教师、中学教师,长期面对不同却又固定的学生群体,使他们在性格、知识积累、教学方式等各个方面都形成了各自的群体特点。这就要求培训者在培训之前进行深入调研,在培训中因材施教,充分满足他们学习和发展的需求。二是内容选择的个性化。教师专业标准对于幼儿园教师、小学教师和中学教师要求内容的项目是一致的,只是有层次上的差别。所以培训者在培训过程中,要始终有培训对象观念,尤其是那些跨几个学段进行培训的培训者,要避免传统培训中一视同仁的做法,对不同对象的培训要有鲜明的个性。

教师专业标准对教师继续教育的规范是明确的,这不仅给教师继续教育的规范化提供了依据,也为教师专业标准的落实奠定了基础。教师专业标准与继续教育的结合,将会大大促进全面提高教师素养目标的实现。

四、职前教育与职后教育贯通

教师职前教育是为教师从业做准备的教育,它既是教师从业的基础,又是教师终身发展的前提。而教师在职教育是终身教育的具体形式,是对社会发展、教育进步给教师从业不断提出新要求的应对,是在职前教育的基础上教师专业发展的途径。因此,职前教育与在职教育是一个过程中的两个阶段,职前教育的结果规范着在职教育的发展,在职教育是职前教育的发展和深化。

1. 教师职前教育与在职教育一体化是教师职业化的要求

教师有自己的理想追求,有自身的理论武装,有自觉的职业规范和成熟的技能、技巧,从而形成不可替代的独立存在。教师不仅是知识的传授者,而且是道德的塑造者。教师职业化既是一种认识,也是一种过程;既是一种资格认定,也是一个终身学习、不断更新的自觉追求。

(1) 职前教育与在职教育在教师职业化中承担着不同的责任。职前教育与在职教育作为教师教育完整过程的两个阶段,既有十分密切、不可分割的联系,也有各自的特点和独立承担的任务。只有两个阶段和谐发展,才能充分完成教师教育的使命。一方面,教师职前教育是整个教师教育的基础,承担着为教师从教奠基和规范在职发展的职责。教师从教的基本任务是具体课程的教育教学。中小学具体课程都具有综合性特点,教师不仅承担着育人的根本任务,而且还必须进行课程知识与能力的培养。而教师职前教育为了适应师范生这种从业需要,将中小学课程构成的各种因素进行分解细化出三类课程:一是公共课和教育类课程,主要传授育人的素养和教育教学规律;二是专业知识类课程,将中小学课程知识经过分解和归纳形成专业课程,主要培养专业知识和能力素养,为进行课程教学服务;三是能力训练课程,将知识转化为能力,并根据中小学课程的培养目标将能力进行实际运用的迁移。这三类课程完全是从教师从业的需要出发进行设计和实施的。学好这些课程既为从业奠定基础,也为教师的终身发展奠定基础。另一方面,教师在职教育是整个教师教育的目的,承担着教师职前教育价值实现的责任和适应教师职业发展的使命。在职教育是对职前教育成果的运用,但与职前教育的分科方式不同,在职教育必须把职前教育的各类课程的学习成果综合运用在中小学具体课程的教学中。所谓的"培养的分科与运用的综合"准确地表达了职前教育的学习和积累与在职的运用关系原理相对应的规律。因此,缺少职前教育的基础,在职教育就成了无源之水;职前教育的成果如果不能用于在职教育,在职教育就成了无本之木。同时,在职教育必须在职前教育的基础上进行发展。中小学教育是一个动态的发展过程,尤其是在目前教育转型期,教育改革使中小学教育发生了根本性的快速变化。这种变化直接带来了对教师从业要求的改变,所以,教师不能固守职前教育的基础,而是要在此基础上进行适应性的发展和改变。因此,教师在职教育的发展和改变,依然无法脱离职前教育的基础。

(2) 职前教育和在职教育一体化是教师职业化的保证。教师职业化不仅是教师教育的目标,也是整个教育发展的目标。教师职业化已成为世界范围内的大趋势,而教师职前教育和在职教育一体化是教师职业化的保证。教师职前教育是教师职业化的基础,教师在职教育是教师职业化的发展。教师职前教育和教师在职教育是一个完整过程的两个阶段,两个阶段互相支撑,互相促进,互为因果。教师职前教育使准教师逐渐认识、理解教师职业,不断深入地学习专业课,逐渐把握师范性的特点,最终形成教师从业所需要的知识素养、能力素养和情意素养,为从事教师职业做好准备。教师入职之后是对教师职前教育所培养的知识素养、能力素养和情感素养的运用和验证。"运用"就是通过职前教育的在校学习和从业的有效衔接,使职前教育的成果得到深化和发展。"验证"是通过实际教学的操作,对职前教育的积累进行检验和判断,进行重新选择,从而获得实践的过滤而发展,使教师职业化的进程得以推进。在整个教师职业化的进程中,职前教育和在职教育任何阶段出现偏差,都会影响教师职业化的进程,而二者一体化的程度也决定着职业化的效果。

2. 教师职前教育与在职教育的割裂状况

教师教育是一个整体,这个整体是由教师职前教育和教师在职教育两个部分组成的,它们共同完成终身学习的使命。但是在实际操作中,教师职前教育与在职教育却处于一种割裂状态,使教师教育的完整性遭到破坏。究其原因,有如下三个方面:

(1) 职前教育的封闭性和单一学科课程体系导致"学"与"用"的割裂。"学以致用"是教育教学的基本原则和规律。教师职前教育和在职教育与教学运用的关系正是这种"学"与"用"关系的典型体现。然而,教师职前教育的封闭性和单一学科课程体系导致了"学"与"用"的割裂。受传统高等教育理念的影响以及由于高师院校普遍追求综合性大学的办学模式,出现了两种结果,一种是高校关门办学,另一种是单一的学科课程体系。关门办学使承担教师职前教育的高师院校高高在上,看不起甚至不屑于同中小学及其教师进行交往。其对自己的服务对象中小学的现状、要求及变化缺少必要的了解。而课程设置及实施固守成规,严重脱离实际要求。中小学教师从业需要的内容讲得不够甚至不讲,所讲的内容很多是中小学教师从业不需要的,是没有价值的,这不仅与眼下的中小学教育教学有隔阂,更为从业以后的在职教育埋下了隐患。教师职前教育单一的学科课程体系既是师范教育的传统,也是目前高师办学追求综合性大学办学模式的结果。学科课程体系注重知识和原理的讲授,其突出特点是知识的系统性。这种严格的系统具有鲜明的封闭性特点,强调知识内部的逻辑联系,忽视知识系统之外的延展、沟通及迁移,结果必然造成知识使用价值的缺失。

(2) 在职教育缺少职前教育的基础,使其处于悬空状态。职前教育与教师从业要求的割裂状态是严重的,这种严重后果在职前教育阶段并没有特别的表现,而到了在职教育阶段,职前教育与在职教育之间除了有理想与现实的矛盾,还有理论与运用的矛盾,并由此产生了对职前教育的积累进行重新认定的任务。一方面,职前教育由于脱离实际教学的要求,其中不仅有空洞的说教,而且还有很多过时的内容、做法和理念,甚至有一些是对实际教学的误导。因此,教师职前教育的基础必须重新建构。而这一切又必须在否定以前一些积累的基础上,吸取其合理因素进行。所以,在很多情况下,教师职前教育很大程度上在给教师在职教育提供相当一部分负价值。要正确地展开教师在职教育,必须以清理这些负价值为前提。另一方面,职前教育单一学科课程所形成理念的影响深远。无论是职前教育还是在职教育,其载体都是课程,以什么样的课程理念进行学习,不仅反映了学习者的观念,还直接影响着学习的效果。长期接受职前教育学科课程体系的学习,使走上教师岗位的师范生不仅非常熟悉这种课程体系,而且习惯于接受这种课程体系的学习。对此,我们既不能简单否定,也不能简单肯定,而应在逐渐改变师范生单一学科课程体系的基础上,根据学习内容和要求,将学科课程与能力本位课程进行穿插融合。这种状态的形成,需要花费在职教育相当长的时间和精力,因为课程观念的改变是绝不会一蹴而就的。

(3) 教师教育缺少整体设计,各自为政,导致互相干扰,效率低下。教师教育是由教师职前教育和教师在职教育两个阶段构成的整体,但由于缺乏整体设计,两者出现了两种割裂状态:一是职前教育与在职教育的割裂状态。职前教育与在职教育是一个过程的两个阶段,二者相互联系,相互贯通。职前教育是在职教育的基础,在职教育是职前教育的规范和发展,任何一个阶段出现不足和偏差,整个过程都会受到影响。但是在实际的实施中,二者这种密切关系没有得到充分的重视。职前教育只是关注学生在校期间的所谓的专业学习,而这种专业学习往往又普遍缺乏师范性的规范,使专业内容缺少与从业的直接对应关系,更缺少为在职教育奠基的意识。同时,由于教师职前教育的整个实施过程缺少对教师从业的考虑、设计和安排,教师在职教育也往往缺少与职前教育相联系的设计,它们之间的联系往往是一种自然的联系,缺少有意识的衔接。当然,由于职前教育的封闭性,两者的衔接也缺少契机。二是两者各自构成因素的割裂状态。无论是职前教育还是在职教育,都是由很多因素构成的,这些因素的具体内容、构成方式、紧密程度,都决定着整个教师教育的效果。而事实上,二者的种种构成因素都存在着各行其是的局面,这主要表现在课程与课程之间缺少联系,如专业课之间联系的缺乏。以中文专业为例,中国古代、现代、当代文学之间是由共同线索贯通的,但不同任课教师对这些课程的实施各行其是,很难看出它们之间的联系。在教师在职教育中,以课程的形式进行专题培训,而专题与专题之间往往跨度很大,没有联系,无法形成相互之间的支撑和促进。

从上述分析可以看出,不仅教师职前教育和在职教育缺乏整体设计,教师职前教育和在职教育自身也缺少整体设计,这是导致教师教育效率低下的根本原因。

3. 教师职前教育和在职教育一体化策略

教师职前教育和在职教育的割裂状态，严重制约了教师教育的效果和发展。因此，为了提高教师职前教育质量，促进教师教育的整体发展，必须进行教师职前教育和教师在职教育一体化的设计和实施。

（1）对教师教育进行整体设计。造成教师职前教育和教师在职教育割裂状态的，除了人们的观念原因，最重要的就是对教师教育进行整体设计的缺乏。因此，对教师教育进行整体设计的第一步是强化教师职前教育的职业教育性质，使高师的教师和师范生在教和学的过程中，始终按照中小学专业课教师的从业要求展开，使教和学都为了一个共同的目的——培养和成为一名合格的中小学教师。教师从业要求不仅沟通了教和学，而且架起了高校和中小学联系的桥梁，并预设出了学与用的联系及职前教育与在职教育的关系。这种"从业要求"所凝聚起的职业意识产生于职前，运用于在职。第二步，在职教育既要考虑教学发展所带来的新内容，又必须兼顾职前教育的基础。在职教育的专题往往是来自教育发展所带来的新内容、新问题，这是教师在职教育中职前教育的基础往往被忽略的原因，也是在职教育结果不佳的一个重要原因。因此，一定要加强教师在职教育中教师职前教育的基础地位。无论什么样的课程类型，也无论针对什么样的新情况，职前教育中所积累的基础知识和基本原理都是有价值的。运用这些基础知识和基本原理去解决实际问题，不仅是高效的，也是教师教育一体化优势的体现。

（2）高师专业课教师对中小学课程实施有深入的把握。任何教育思路和教育理念的落实，都必须经过教师的教学。因此，改变教师的观念、开阔教师的视野是教师职前教育和在职教育一体化的关键。为此，要做好两方面的工作：一方面，高师专业课教师应对中小学教育教学情况有比较深入的把握。高师专业课教师对中小学教师从业状况与需求的陌生是一种普遍现象，也是造成高师专业课实施与中小学教师从业要求脱节的最直接的原因。为此，首先高师专业课教师要理解和掌握所在专业对应课程的课程标准，根据课程标准的规范和要求，对所教专业课的课程内容进行调整和建构，使专业课教学具有鲜明的师范性和时代性。其次,与所教专业对应的课程教师对从业情况要有深入的理解和把握。理解和掌握他们应具备的知识和能力的同时,把握他们从教的优势和不足,并通过在校师范生与中小学教师比较对具体教学内容进行重新选择,确立新的重难点,从而建立职前教育为在职服务的理念。另一方面,高师专业课教师要深入理解和把握与所教专业对应的中小学教师的继续教育情况。教师的继续教育就是在职教育,其内容的选择往往是根据在任教师从业中的不足或根据教育发展变化需要加强和提高的内容。这些内容一部分是教师职前教育不足造成的,一部分是教育发展对教师从业提出的新要求。高师专业课教师了解和掌握这些情况,不仅对于师范生应对当下适应教师从业要求有直接的作用,而且对专业课教学指向未来具有启发意义。

(3)职前教育和在职教育相互渗透,相互融合。职前教育和在职教育是具有先后顺序的一个整体,其先后的顺序性要求我们必须以职前教育的基础为前提,在职教育必须在这个基础和前提下进行发展,它们相互融合,你中有我,我中有你。做到这一点的策略有两个方面:一是人员互动,就是高师的专业课教师与中小学教学开展教研活动甚至直接为中小学授课,从中深入理解和体验中小学教师教育教学的现状及具体从业需求,进一步加强职前教育对中小学教育教学活动的参与。同时,中小学任课教师到高校进行交流和任课,面对专业课教师提出中小学教师的诉求,面对师范生使他们认识和掌握中小学教师从业的具体要求,从而加强在职教育对职前教育的影响和规范。二是内容穿插,就是打破职前教育和在职教育的内容界限,促进两者进一步融合,职前教育改变关门办学的状态,将职业教育办学经验引入其中,时时关注从业岗位的需求及其变化,把从业中的新要求直接纳入职前教育的教学内容中,使职前教育教学的内容具有开放性和灵活性。同时,在职教育必须在不断地强化职前教育基础的前提下进行发展。这种强化有两方面的意义:一方面是不断巩固职前教育规律性知识的积累,并在解决具体问题的运用中得到发展;另一方面是以不断适应教育教学发展变化为依据,改变或剔除原有积累不适应的内容,使积累更为纯净。这些内容方面的穿插,可以使教师职前教育和在职教育获得更深层次的融合。

教师职前教育和在职教育是一个过程的两个阶段,由于各种原因这两个阶段处于一种割裂的状态,严重影响了教师教育的效果。为此,对其原因进行深入的探讨,并在此基础上制定行之有效的策略,既是必要的,也是迫切的。

第二节　强化的内容与方式

中小学教师既有从业岗位的不同,也有教师发展阶段的不同;既有理念的变革,也有知识的更新;既有共性的提升,也有个性的发展。这些都需要根据不同情况,通过继续教育进行有针对性的强化,这是高师人才培养从业导向的深化。

一、发展阶段与方式选择

在整个从教生涯中,教师的发展是一个循序渐进的过程,这个过程有明显的阶段性。处在不同阶段的教师,面对的具体问题和发展需求都有很大的差别,认识、把握这些差别,并根据具体发展需求选择继续教育的内容、设计继续教育环节,对于提高继续教育的效率是非常重要的。

1. 教师发展的阶段性

教师从教是由入职、熟悉、适应、发展和衰退几个阶段构成的,每个阶段都有其自身的特点。对此教师自身必须有明确认知,以便进行自我设计。继续教育主管部门和实施单位也应有深刻的把握,以便进行具有针对性的安排和实施。

(1)教师职业生涯不同阶段的划分。对于教师职业生涯阶段的划分,到目前为止还没有一个权威性的共识,而是呈现出多样化的状态。20世纪60年代,最早研究教师专业发展阶段的美国学者福勒,以教师关注的对象为核心,将教师专业发展划分为任前关注、早期生存关注、教学情境关注以及关注学生发展四个阶段。70年代美国学者又提出了四阶段理论,即求生存阶段、巩固阶段、更新阶段和成熟阶段。此后,伯林纳和本纳提出了新手阶段(新手)、优秀的新手阶段(高级新手)、胜任阶段(胜任者)、熟练阶段(精熟者)以及专家阶段(专家)五个阶段。在我国,则有从教师状态划分的四阶段,即新任教师、合格教师、骨干教师和专家教师。还有与之对应的从发展角度划分的四个阶段,即适应期、发展期、成熟期和持续发展期。总而言之,教师发展的阶段性虽然具体划分有所不同,但它作为一个客观存在的规律已被人们接受。

(2)不同阶段面临的具体问题。对于教师职业发展不同阶段的划分虽然有种种不同,但归结起来却有许多共识的内容。伯林纳和本纳五个阶段的划分比较具有典型意义,对我国有关教师专业发展阶段的研究影响最大。我们就以这种划分为例,分析教师发展的不同阶段所面临的具体问题。新手阶段指大学毕业之后从事专业岗位工作的初期。在这一时期,接受大学教育期间所形成的理想与现实中的实际教学形成鲜明的矛盾,他们往往因对现实教育教学准备不足而感到不适应,甚至产生失落感。优秀新手阶段一般指师范生入职后的二三年。这一阶段教师积累了一定的经验,使教学能够超越前一时期,但工作经验仍显不足,对于突发事件往往束手无策,容易坚守原则而犯教条主义的错误,缺乏灵活性。胜任阶段,大致在教师入职后的三四年。这一阶段,教师积累了更多的经验,掌握了教育教学的基本规范并能够胜任所教课程的具体教学工作。这一时期他们更加投入地从事教育教学工作并有了进一步发展的内在需求。熟练阶段,大约在从业的第五年左右。这一时期教师对教学情境已有了直觉感受,并能够运用这种直觉感受处理具体问题和对新的教学情境进行有效的预测。他们需要进一步提高预测的准确性,也需要将经验向理论提升。专家阶段,大约在教师有从业10年以上的教育教学实践和积累,有丰富的教育教学经验、丰富的知识、充足的能力和运用自如的教学实施和调控素质以及最优化的教学效果时。他们面对的是对经验的进一步充实、丰富和提升,以及紧跟时代步伐的理论学习和观念更新。

从上述的分析和概括中可以明显看出,教师专业发展的阶段性是客观存在的,不同阶段教师面对的问题和继续教育的需求有很大的不同。为了突出继续教育的终身教育理念,在对继续教育的具体设计和安排中,要从内容的选择和形式的确定两个方面,关注处于不同阶段教师的需求。要以不同的、分别与教师专业发展各个阶段适应的继续教育方案实施继续教育,充分体现继续教育面对全体教师和有针对性实施的原则。

2. 教师继续教育的模式化倾向

教师专业发展具有明显的阶段性特点,这种特点要求教师继续教育具有多样化特点。然而,由于继续教育传统的影响和观念的制约,继续教育模式化倾向严重,造成继续教育缺乏与教师发展不同阶段具体需求的对应性,严重地影响了继续教育效果。

(1)教师继续教育模式化的表现。教师继续教育模式化,是指在继续教育中不顾培训对象的具体情况,将某种模式当成一种普适性模式,甚至是唯一的模式运用于教师继续教育中。其具体表现有三个方面:一是人人参与一体化实施,二是内容缺少与教师需求的对应性,三是形式单一缺少变化。"人人参与一体化实施"是指在教师继续教育的培训中,无视教师发展的阶段,不顾教师年龄的差别,甚至淡化教师的专业特点,所有教师都参与相同的培训,按照相同的要求进行一体化的实施。"缺少与教师需求的对应性"是指参与继续教育的教师都处在具体的发展阶段中,由于在人人参与的培训中对于具体参训的人群没有进行相关不同发展阶段的分类,加上培训的内容自身许多都是泛泛的、基础性和通识性的范畴,处于不同发展阶段的参训教师所面对的具体问题无法得到解决。"形式单一缺少变化"是指在教师继续教育的培训中,讲座式培训始终是主体。随着继续教育改革的不断深入,形式上虽然有了一些变化,但讲座的主体地位并没有得到根本改变,使培训的参与者因所处的阶段性特点在形式上遭到漠视而感到单调、乏味,这也大大萎缩了继续教育的丰富性内涵。

(2)继续教育模式化的成因及影响。继续教育模式化的成因主要有三个方面：一是传统观念和习惯的影响。简单化、模式化的教师继续教育培训是传统教师继续教育的突出特点。虽然教师继续教育伴随改革的不断深化，已经发生了一些改变，但长期运行中所形成的观念还在相当大的程度上左右着人们的行为，观念的改变还需要时间和有意识的努力。同时，长期运行也形成了人们操作上的轻车熟路，造成一种惯性行为，在改变呼声不断高涨的情况下，其在实际的实施中仍然得到延续。二是理论和实践的不同步。伴随教师继续教育改革的不断深化，对改革尝试经验的理论提升也加快了步伐，产生了许多适应新情况的理论成果。然而，从理论的产生和完善到进行实践运用需要一定的过程，而目前正处在这一过程中，突出体现出理论与实践的矛盾。倡导与实际状况的冲突，理论的发展与实际的守旧，突出反映了理论与实际不同步。三是操作主体的固定化。教师继续教育的操作主体包括进行设计的主管部门和直接实施的培训人员。在从传统走向现代的转型中，教师继续教育的主体虽然进行了一些调整，但并没有发生根本性的改变。这正是改变教育模式化的复杂性和艰巨性所在。这种状况对于继续教育的影响反映在两个方面：一是漠视培训对象，使培训缺乏针对性。继续教育培训是以解决参训者面对的具体问题，促进其专业发展为目的。模式化的培训无视继续教育培训的具体特点和参加培训的需求，使所接受的培训内容与参培教师的专业发展缺少对应性，使培训缺少吸引力。二是突出形式的价值，缺少实效性。在传统教师培训中，参加相关单位组织的各种培训是硬性要求。伴随教师资格准入制和终身学习理念的倡导，继续教育学分的要求更加严格，许多继续教育的培训安排和教师参加继续教育培训的目的就是积累学分，使形式的意义大于实效的意义，实效性不足成为具有普遍性的状态。

3. 教师继续教育中模式的多样化和选择机制

教师继续教育模式化不只限制了适应不同人群和不同内容的多样化形式，也使参训者失去了针对个人具体情况进行选择的余地。所以要改变教师继续教育模式化，就要突出教师教育模式的多样化，并为教师参与教师继续教育提供选择机制。

(1) 教师继续教育模式在以人为本的前提下既要考虑内容的丰富性,又要关注社会发展的新因素。以人为本就是以教师为本,根据他们所处的不同发展阶段对继续教育的需求对培训内容和方法进行有针对性的设计,从而强化教师继续教育的针对性和实效性。在具体培训的过程中设置多种层次和模式,改变硬性要求对某种培训必须参与的做法,使教师能够根据自己的需求、意愿和兴趣对培训做出个性化的选择。在此基础上,每一种模式的培训内容自身要有丰富性,改变传统培训中以通识为主、内容泛泛的状况,使培训内容既重视通识性,又突出专业性,有点有面,使培训内容与全面提高教师素质对应。尤其要关注、强化教育发展、社会进步带来的新因素,促进教师观念的更新,使对处于不同发展阶段的教师的培训内容始终保持与时代发展要求一致。

(2) 既要有理论前沿指向,又要解决教师实际所面临的问题。教育本身具有超前性,而这种超前性特点对于教师继续教育有着更为重要的意义。因此,前沿性理论和反映教育教学规律的对于未来教育发展的预测在教师继续教育中应得到充分的重视。而解决教师所面临的具体问题在教师继续教育中十分重要且不可偏废。解决现实中存在的问题是进行教育超前性理解和把握的基础,没有或缺少对当前问题的充分解决,对于教育超前性的理解和把握是空洞的。而执着于当前问题的解决,漠视教育超前性的理解和把握又是片面而狭隘的。在处理二者关系时,要遵循先解决现实问题,后进行教育超前性理解和把握的顺序性。这是教师由当前所处阶段向下一阶段发展和转变的要求决定的。

(3) 既要面向全体,更要具备充分的个人选择余地。面向全体教师是教师继续教育的重要理念,但是面对全体教师并不是一刀切地对所有教师的培训都用同样的方式、相同的内容、同一个评价标准。全体教师是由一个个成员构成的,他们所处的发展阶段不同,个性也存在着差异。面对全体成员是面对每一个成员,虽然不能对每一个人都制订一个具体的培训计划,但需要通过对处于不同发展阶段和不同个性的教师进行归纳分类,使具体教师有较为充分的选择余地来加以对应。

教师的发展有着明显的阶段性特点，深入分析和把握不同阶段的具体情况和继续教育需求，有针对性地对继续教育进行设计和实施，对于提高教师继续教育效率是非常重要的。

二、均衡发展与能力强化

教育教学的实践能力是教师从业的核心，提高教师的教育教学实践能力也是教师继续教育的核心追求。因为无论是知识积累还是文化修养，只有运用实践将其融入教学中，才有价值和意义。然而在当下的教师继续教育中，虽然在理论上不断强调对实践能力提高的追求，但在实际的培训中，以理论为主导，实践能力的培训被边缘化成为普遍现象。为此，强化教师继续教育中的能力培养和训练成为重要的课题。

1. 继续教育对教师能力培训的缺乏及困境

教师继续教育对教师的培训，以每年两次的全员性集中培训为主。这种全员性的集中培训，往往从教师素养提高的普遍性需求为内容展开，因而理论成为培训的主体，而具有更多个性特点、需要操作才能完成的能力训练，往往被淡化甚至无视。这种现象的存在是具有普遍性的。继续教育中实践能力的培训存在着操作的困境。相比于可以大面积全员共同参与的理论培训而言，实践能力的培养受到方方面面的制约和限制。

（1）理论原理是一种规律性的内容，是教师必须掌握的基础，带有鲜明的共性基础。虽然不同人对于理论的理解有所不同，但这种不同理解所依托的规律性必须通过理论来规范。而实践能力，正是对理论个性化理解之后运用到教育教学中所获得的成果，它具有鲜明的个性化特征。因此，在继续教育中，对于理论原理的培训容易操作，而对于实践能力的培训难以操作，这是造成教师继续教育中实践能力培训缺乏的重要原因。同时，理论原理的培训适应集中培训的形式，而实践能力的培训要适应个别指导的培训形式。对于面对繁重任务和巨大压力的我国教师继续教育而言，进行实践能力的培训是困难重重的。

（2）在人们的理念中尚未形成进行实践能力培养和校正的意识。以教育理论原理和专业知识的培训为主体是我国教师继续教育的传统。人们的普遍观念是，在整个教师成长中，理论原理和专业知识对于教师的专业发展具有决定性作用，因此，在教师继续教育中始终将其列为重中之重。对于教师的教育教学的实践能力的培养和训练，往往认为其只是教育教学过程中的任务，似乎与教师继续教育的关系不大。这种观念和认识不仅存在于教师继续教育主导者的意识中，使继续教育培训内容的设计、实践能力的培养训练严重不足；也存在于广大接受培训的教师意识中，使他们意识不到继续教育中实践能力培训缺失的弊端。

（3）伴随教师继续教育改革的深化，越来越多的人意识到了实践能力培训不足的弊端，于是有意识、有目的地增加和强化相关的内容来应对，但因为集中培训的局限，这种实践能力的培训并没有完全遵循实践能力的形成和发展规律。实践能力的培养和对实践能力培养中存在问题的校正，必须通过具体的实践操作，没有实践操作只能是纸上谈兵，其作用是有限的。必须打破和改变集中培训的方式，进行小范围甚至个别的培训。而在不改变集中培训的方式之下，所普遍采用的案例培训——选取某些具有典型意义的教学录像，对教师实践能力培训及教育教学实施是有启示的。但这种启示往往是认识层面的，由于没有直接的实际操作，依然属于运用理论进行判断的范畴。而且，由于这些案例化的实践能力培训对接受继续教育的教师缺乏普遍的针对性，也缺乏必要的指导价值。

2. 实践能力在教师继续教育中的地位

教师素质的提高和教师专业的全面发展，最终的表现形式是教学实施能力，最终的目标追求也是教师的教学实施能力。所以，实践能力在以提高教师素质、促进教师专业发展为目的的教师继续教育中占有十分重要的地位。

（1）提高教师教育教学实践能力是继续教育的核心目标。实践能力的提高是教师继续教育的核心目标，是由学以致用的教育原则所决定的。所谓的

"学以致用"是为了实际运用而学习,换言之就是将学到的东西运用于实际之中。教师继续教育有着十分丰富的内容,包括师德培训、教师专业素养培训、教育技术能力培训等。尤其是教师专业素养培训包含诸多内容,如通识素质、文化素养、教育教学素养、专业知识素养等。这些内容培训的直接目的是全面提高教师的素质,而教师素质的提升并不是最终的目标,最终的目标是全面提升我国的教育教学质量和水平。而由教师素质的提升到全面提高我国的教育教学水平,有一个不能缺少的因素——教师的教育教学实施水平,即教育教学的实践能力的提升。缺少这个因素,即使教师有再多的积累、再高尚的师德,也不会实现全面提高教育教学水平的终极目标。教育教学的实践能力,不是终极目标,而是继续教育的直接目的,但要实现终极目标,这个直接目的是基础和前提。

(2) 实践能力与理论及综合素养的关系。当下教师继续教育中以知识和理论原理培训为主体,以综合素养的培训为目标。通过客观地阐述实践能力与知识理论的关系以及实践能力在综合素养形成中的作用和价值,可以从比较和分析中认识实践能力的地位。首先,厘清实践能力与知识和理论的关系。知识和理论产生于实践,是对实践经验的归纳、概括和提升,没有实践就没有相关的知识和理论。而学习理论的目的是促进实践的发展,知识理论是前人实践的结果,是对前人实践获得的规律的总结。学习理论就免除了前人获得理论的实践过程,提高了实践的效率。教师继续教育中理论原理的培训,目的是避免教师在教育教学实施中不必要的曲折,校正教育教学实践中的错误并通过具有规律性和指向性的知识和理论引导教师教育教学实践的方向。缺乏对教育教学规范和指导取向的知识和理性原理的培训是毫无价值的。这是实践与理论的关系原理决定的。其次,实践能力在教师的综合素养中占有主要地位,使其具有决定性的因素。教师的综合素养包括教育思想素养、职业道德素养、知识素养、能力素养和身心素养,这五个方面的素养在教师从业中缺一不可。教育思想素养规范和引导整个教师的教育教学行为,职业道德素养决定教师的职业态度和职业行为,知识素养是教师从业的重要条件,能力素养是开展教育活动、完成教育教学任务的保障,身心素养是提升工作效率和提高教学质量的保障。从构成教师综合素养的五个方面可以看出,五个方面虽然是缺一不可,但其他四个方面的价值和目标的实现,最终取决于能力素养。当然能力素养的程度,也有赖于其他四个方面的支撑。从中可以看出五个方面相互联系,但最终价值的发挥和实现取决于能力素养。

通过以上分析可知教师的实践能力是非常重要的,教师继续教育中,实践能力培训的不足必须加以调整和弥补。

3. 强化继续教育对教师实践能力培养策略

教师教育教学的实践能力是非常重要的,而教师继续教育中实践能力培训又存在着严重不足。因而,必须进行调整。

(1) 丰富培训形式,网上培训与实地指导相结合。教师继续教育形式多样化探索虽然如火如荼,也取得了一些可喜的成果,但从总体上来看,多样化形式的实施主要集中在发达地区和在小范围试行,大面积的教师继续教育,无论是国培、省培还是地培,依旧以远程全员集中进行。这是实践能力培训不足的最主要原因。为了改变这种状况,一方面应不断吸收多样化、小规模培训的成功经验,根据能力形成和发展规律,设计能力培训的专题项目,借鉴和吸收教育技术能力培养的经验,通过案例式能力培养与教师实际教学实施相结合,培训教育教学的实践能力,使实践能力的培养成为教师继续教育的主要内容。另一方面,网上培训与实地指导相结合。要落实这一做法,先要解决培训队伍的问题。目前,之所以以集中远程培训为教师继续教育的主体,主要是因为人力不足。为了解决这个问题,除了要扩大专家队伍,还需加强培训者培训,将培训者培训分成若干层次,直到对具体学校的培训者,使培训队伍得到健全和完善。在远程集中培训之后,需要主管部门进一步组织各个中小学校,将培训的成果运用到教学的具体实施中,使培训中所获得的理论与教育教学实践相结合,促进教师教育教学实践能力的提升。在网上培训与实践指导相结合的过程中,尤其要加强国培、省培与校本培训之间的联系。校本培训往往是直接对应教师在实际教学中的需要和面对的疑难和困惑的,是源于教学实践的。

国培、省培与校本培训面对的对象是重叠的，因此，二者具有因果联系，这也为二者的结合奠定了基础。

（2）案例学习与能力提高相结合，理论学习与实际运用相统一。在强化教师实践能力的培训中，除了增加专题性的实践能力培训，一方面，对于教师继续教育中已有的相关实践能力培养的内容和因素也应进行强化，诸如案例视频。除了对其好坏高下进行分析和评价，还要特别强调对照自己的教学实际进行反思，通过归纳概括反思的结果发现自己在教学实施中存在的问题，使具有典范性的案例视频真正提升受训者的认识。强化受训者的反思能力，使他们对自己的教学实践有一个准确的判断，为在此基础上改变不足、不断进步奠定基础。有了这样的一个前提还不够，参加培训的教师还必须有意识、有目的地将反思的结果直接在教育教学实践中进行运用，通过模仿、学习视频案例中的优点，逐渐地内化为自己的实践方式。另一方面，对于理论原理培训的内容要进行感性化——在尊重规律的前提下加入自己个性化的理解，使理论学习改变教条式的悬空状态，为直接服务于教育教学实践扫清障碍，使理论能够与实际运用相统一。在开展教师教育的过程中，要改变理论和原理的学习和培训孤立化的局面，将二者进行有机结合。理论原理及其结果论的得出，除了合乎逻辑的推理，应尝试通过实际操作获得结论，改变权威的说教式灌输。同时对于理论原理还需通过在实践中的运用，使其价值得到发挥。

（3）建立健全完善的教师继续教育效果评价机制。当前教师继续教育的评价单纯通过培训过程中的作业情况、参与论坛情况等得出，存在着诸多弊端。这对于教师继续教育全面提高教师素养目标的实现非常不利，其中涉及实践能力的更是少之又少。为此，加强教师继续教育评价体系的建设显得非常重要和迫切。那么，如何通过评价强化继续教育中对教师实践能力的培养呢？首先，在评价的时间节点上，不能在远程培训后马上做出，而最好是在远程培训后的一个学期。通过一个学期对培训成果的内化和实践中的尝试的情况，对该次远程培训具体教师的状况做出判断，使教师继续教育具有实际价值。其次，对于教师评价的依据，要改变单一以作业情况和回帖、发帖情况为依据的状况。最终的作业,应有一堂课的完整录像,或一节课中最精彩的片段录像。指导教师根据录像中教师实际的实践操作,对教师素质及教学能力进行判断,从而强化教师继续教育的应用价值。

教师继续教育中,实践能力方面培训的不足,既有历史原因,也受到全员参与远程培训这种形式的制约。而教师教育教学的实践能力又是教师从业最为重要的内容之一,因而教师继续教育中实践能力培训缺乏的局面必须加以改变。要改变教师继续教育的知识和理论原理为主题的观念,发展壮大培训者队伍,突出"能力为重"的观念,切实实现全面提高教育教学质量的目标。

三、提高效率与分类实施

中小学教师继续教育中的分类实施主要是针对目前继续教育中不管对象、无视差别大一统的全员培训方式和与之相对应的单一的远程辅导方式提出的。这种方式作为有过多欠账的教师继续教育的弥补具有它自身的意义和价值。当教师继续教育完成欠账的弥补,逐渐走上规范化、制度化时,就会越来越明显地显露出其违背教育规律阻碍继续教育深化和发展的弊端。而中小学继续教育的分类实施,正是解决这个弊端的有效方式。

1. 大一统继续教育模式具体情况

大一统的继续教育模式是国培、省培和地培普遍采用的培训方式。其内容大致分为通识内容、专业内容和班主任工作内容等。无论学什么专业,还是面对学生的差异,通识内容都是所有教师必须学习的,各个专业的教师所学内容完全一致。专业内容虽然根据中小学教师不同授课内容区分了专业,但在专业内容的学习中,无论是初任教师还是老教师,也不管教师个体的具体学习和发展需求及面对的问题,必须一刀切地对所规定的专业内容进行学习。班主任工作内容的培训与通俗内容的培训一样,既没有专业上的区别,也没有不同教师个性的区别。从总体上看,宏观、泛泛是大一统继续教育模式的特点,不可否认,这种模式有它的优点,即对教师掌握教育教学基本规律、树立宏观的专业观念具有重要意义,同时这种大规模的培训使教师继续教育的效率可观。但这种模式也存在着明显的不足,最集中的表现是针对性不够,使继续教育难以深化。一方面,任何专业课教师,其对通识内容的把握都是专业化的。例如,同样是文化素养,数学教师的文化素养包含着丰富的数学文化的内容,语文教师的文化素养则更多地包含着文史文化的内涵,等等。因此,只有包含着数学文化的通识内容才有利于数学教师吸收,也才更有意义;包含着文史文化内涵的通识内容才有利于语文教师吸收,也才更有价值;等等。缺少专业性的通识内容,很难养成和提高教师的专业素养。班主任工作也是如此,不同课程的教师担任班主任工作都有其与专业特点相关的优势和不足,如果仅仅以一般规律来培训,很显然就漠视了专业特点所决定的个性。另一方面,专业内容的培训虽然以专业为依据进行了分类,但这种粗放型的分类,并不能解决继续教育的深化问题。如同样是语文或数学教师,他们却存在着非常大的差别,他们不仅处于不同的发展阶段,而且所教的年段也不同,这就决定了他们对继续教育的需求不同。用相同的内容对待同一专业有着不同需求的群体,其培训效果受到影响也在情理之中。

由于上述种种原因,在继续教育不断深入的背景下,进行分类实施是非常必要的。当然,大一统的培训模式也并非因此而被全盘否定,对于教育改革中出现的新事物,对于教育规律的新发现以及一些新的教育制度和法规,大一统的培训模式仍然是必要的。

2. 对继续教育对象进行科学分类

对继续教育对象进行科学分类是中小学继续教育分类实施的前提,也是落实分类实施目标的保障,所以必须进行深入研究和科学论证,使分类既符合继续教育参与者自身的需求,也能够减少继续教育的枝蔓。

(1)城乡之间的分类。城市和农村中小学教师存在着很大的反差,这种反差不仅表现在能力和素养方面,也表现在开展教师继续教育的环境和条件上。所以教师继续教育有必要将农村中小学教师和城市中小学教师分开进行。现行教师继续教育的体制更多的是根据城市教师的情况制定的,因此,对于城市教师的继续教育可基本保持现状。而对农村中小学教师的继续教育，一方面要相应地降低标准，使培训内容更适合他们的接受能力。同时，与城市中小学教师培训相比，农村中小学教师的培训力度应不断强化，通过增加投入和培训的次数，逐渐缩短城乡教师在能力和素养方面的差距，突出对教师继续教育的公平。另一方面，在培训的方式上，根据农村中小学的工作和具体情况进行改变。由于农村教育比较落后，物质条件及现代化设施明显不足，因此集中性远程培训可以在条件比较好的学校和教师当中推行。条件不足的学校则应更多采用面对面的培训方式，使继续教育真正起到提高农村中小学教师素质的作用。

（2）不同对象的分类。不同对象的分类是在已经运行的专业分类基础上的进一步分类，即同一专业处于不同发展阶段教师的分类。在教师的整个职业生涯中大致分为五个阶段，即入职阶段、熟悉阶段、适应阶段、发展阶段和衰退阶段，不同发展阶段的教师其素质和发展需求存在着很大的差别。目前教师继续教育的分类，只是进行了专业的分类，而对于具体专业中处于不同发展阶段的教师状况，采取了漠视的态度。这不仅违背了因人施教的原则，也与教育部颁布的《中小学教师继续教育工程方案（1999—2002年）》的内容相违背。《中小学教师继续教育工程方案（1999—2002年）》中虽然没有详细规定教师发展各个阶段的具体培训内容和目标，但是将其划为了三类，即0—1年教龄教师、1年以上教龄教师和骨干教师，并对其目标和内容进行了严格的规范。不同对象的分类，应参照这个规范，在目标的确定、内容的选择以及方式方法的使用上都要紧密联系教师的特点和专业发展需求，进行有针对性的培训。

（3）不同需求的分类。处于同一发展阶段的教师有诸多的共同点，但也有个体差异，关注这些差异不仅是教师继续教育的责任，也是深化教师继续教育的途径。不同需求反映着个体差异，诸如处于同一发展阶段的语文教师，有的优势在于阅读教学，有的优势反映在写作能力上；有的不足在知识上，有的不足在能力上；有的素质教育有优势而应试教育能力不足；等等。不同的优点和不同的缺点反映到对接受继续教育的需求上会有很大的不同。继续教育的主持者应进行深入调研,科学归类,进行分门别类的培训,使他们通过继续教育获得学习和发展需求的满足。

3. 科学分类的有效实施

科学的分类本身并不是目的,目的是更有效地实施。有效实施是科学分类获得价值的途径。

(1) 多品种、小批量、常态化的实施对于不同的内容应有不同的形式与之对应。由于将原来大一统的内容进行了细致的分类,因此,在继续教育具体开展的过程中必须进行多样化。"多品种"是指因分类而形成的内容专题的多样性。这种多样性不能仅仅局限于上述的三种类别的分类,上述三种类别的分类中的每一类别是由多项内容组成的,又可分为多种主题,使继续教育的培训内容更为丰富。"小批量"是与大一统相对应的,分类之后将参加继续教育的教师分为各种类别,每个类别又分为若干个主题,所以在培训的规模上自然就显示出"小批量"的特点。由于分类之后的继续教育内容更为丰富和复杂,只有"常态化"的实施才能与之对应。

(2) 远程培训、集中研讨、专家讲座、校本培训多样化实施。这是与"多品种""小批量""常态化"相对应的形式因素。"远程培训"主要是国培和省培通过网络培训教师基本素养的内容以及教育改革的最新进展和教育教学新成果。"专家讲座"主要是针对具体专题、理论、原理及其实施要求的内容。"集中研讨"则是由培训者与接受培训的教师对于教师面对的理论问题和实践问题展开平等对话。"校本培训"则是校内专家和教师针对教育教学过程中出现的具体问题进行探讨和解决。这些方式的实施并不是孤立的,而是相互联系、相互促进的,其中校本培训贯穿于始终。每种培训形式都有不同分类的归属,即以分类为前提开展这些培训活动,以校本培训深化这些培训成果。实际教学实现这些成果的价值使教师继续教育的培训有统一、有分类、有理论、有实践,突出针对性和实用价值。

(3) 建立科学的评价体系,保证实施质量。从整个继续教育的状况看,评价的不规范和不健全甚至被漠视是比较普遍的现象,因此,在探索分类实施中必须对其有充分的关注,改变培训结束后对于运用培训成果的无视状态。一方面,将培训与教师的整体素质提交的考核结合起来,以对教育教学中一些理论原理的认识和实践中对具体问题处理的变化为依据,对其认识和观念的改变进行评价。另一方面,通过具体教学实施的变化,尤其是对应培训内容在教学中的模仿,吸收及评价其方式、方法和能力方面的发展。在此基础上,构建与继续教育分类实施相对应的评价体系,保证分类的有效实施。

教师继续教育的分类实施以强化其针对性为目的,也是对大一统培训反思的结果,笔者相信通过广大培训者不断探索和实践,一定会取得成效。

四、师范性与学术性融通

师范性与学术性的平衡一直是教师职前教育争论不休的问题。继续教育基本上延续着教师教育的基本思路,师范性与学术性之间的平衡问题也反映到教师继续教育中,而且教师职前教育与教师继续教育不同阶段所体现出的个性使这一问题更为复杂。

1. 师范性与学术性的当下阐释

要通过继续教育来平衡师范性和学术性,首先要对这两个概念的内涵有正确而深入的理解,这是平衡两者关系的基础和前提。

(1) 师范性与学术性各自的内涵。师范性是指高师院校的教育专业性和教育特征,是区别于其他高校的本质属性,集中反映了教师教育在专业思想、职业道德、行为规范、职业素养和职业技能等方面的要求。这一概念集中地运用于教师职前教育中,而将其运用于继续教育其内涵就发生了变化,变得更丰富并与实际教育教学有了紧密联系。在教师职前教育中,不仅高师的专业课教师与中小学教师的实际缺少必要的联系,师范生更是与中小学教师处于相对隔绝的状态。因而,师范性在相当程度上是与教师职业特点和职业要求相游离的。进入教师的继续教育阶段,参加继续教育的教师都有了实际从教的经验,对于教师职业特点和职业要求有了切身的体会和感受,这时师范性更直接地对应着他们从事的教育教学活动。因此,继续教育的参与者对师范性有更深刻的理解,师范性的落实也更具有现实性。

学术性是高等学校区别于其他教育机构的内在规定性,是衡量其办学水平和质量及持续发展性的重要标准。这里学术性的概念主要是从高校自身的角度进行概括的。对高师院校而言,其学术性体现在两个方面:首先是两个专业领域的学术性,即具体专业学科的学术性和教育学科的学术性;其次在具体专业学科方面,也包括一般大学里的学术性和职业性。而在高师院校实际的人才培养中,学术性并没有得到全面的落实。学术性整体的不足,尤其是职业的学术性的不足,极大地限制了教师作为研究者的新理念的落实,而空对空的所谓研究性能力的培养,也必然减少这种学术性的价值。因此,在师范生成为教师之后的继续教育中,关于学术性的培养应该更为全面、更为具体,也更为丰富。

(2)教师从业对师范性和学术性的要求。在教师从业中,师范性与学术性是缺一不可的。师范性直接对应教师从业的职业性,是教师职前教育区别于其他高等教育的特点所在,对于教师从业能力具有决定性的意义和价值。高师院校的师范性,不仅贯穿在教学实施中,还反映在教学内容的选择上。总而言之,由于师范性是培养未来教师的本质属性而使其反映在高师人才培养的各个领域,渗透于教育教学每个环节里。人才培养的质量,毕业生适应教师岗位的程度以及从业之后的教育教学水平,都与培养过程中师范性的突出程度有直接而密切的关系。学术性是对教师从业的又一项重要的不可缺少的要求。与培养学术性相对应的是教师的研究能力。传统教学中对教师的研究能力也有要求,但不是必要的要求,而是优秀教师需要具备的。进入教育转型期,尤其是基础教育和高中教育课程标准颁布和实施之后,教师的研究能力成为合格的教师的基本要求。一方面,个性化教学的倡导为教师具备研究能力提出了要求,而教师自主又为这个要求的实现开辟了通道。另一方面,对于学生进行研究性学习的倡导,使具备研究能力成为教师不能缺少的素质。因而,师范生这种研究能力积累并形成的学术能力,成为人才培养的重要内容。当然,在人才培养过程中,师范性和学术性并非泾渭分明的,而是互相渗透、融于一体的。师范性是基础和前提,学术性必须围绕师范性展开,学术性促进师范性的深化和发展,提高师范性的价值和水平是学术性的目标。只有两者互相促进才能使教师在从业中获得充分的专业发展。

2. 师范性与学术性的不平衡及其影响

在高师人才培养中师范性和学术性都具有重要的地位,二者缺一不可。然而师范性与学术性的不平衡、不对应却是一种普遍现象。这种现象的存在,严重制约了人才培养质量,同时也为从业之后的继续教育留下了隐患。

(1) 师范性与学术性不平衡的状况。在高师人才培养中,这种不平衡比较复杂,既有份额上的不对等,又有内容上的不对应。从份额的不对等方面看,师范性是高师人才培养中最鲜明的个性特点,是培养教师的关键所在,但在许多高师院校师范性是被漠视的,即便有些院校有意识地对师范性进行关注和强化,也与其自身的地位相差甚远。课程是人才培养的直接通道,我们从课程设置和实施中可以明显地感受到师范性被漠视的程度。一方面,高师人才培养中的课程设置缺少与教师从业需求的对应性。传统的课程设置在新的形势下,虽然有所调整,但基本上保持了原有的面貌,尤其是课程实施的基本依据——教材,要求选择权威出版社的具有所谓权威性的教材,而这些教材往往是有着严密学科体系、适合研究型高校使用的。这些教材突出的是学科自身的体系性,师范性的缺乏十分明显。另一方面,专业课教师对师范性的要求及现行中小学教师的从业状况缺少了解,教学中照本宣科则进一步加重了师范性缺乏的程度。相反,学术性被普遍重视,但所重视的学术性并非基于师范性的学术性,而是一般性研究的学术性。其比重远远超出了高师自身培养应用型人才的定位和与师范性关系中应有的份额。从内容上的不对应角度讲,与师范性自身内容不对应的是理论课太多,能力训练课太少,纸上谈兵的倾向显著。与学术性自身内容不对应的是"学"的内容太多,"术"的内容不足,使学术性无法形成研究能力。师范性与学术性的不对应还表现在,在高师课程整体实施中,师范性是一条线索,学术性是另一条线索。师范性对学术性缺少甚至没有规范作用,学术性对师范性缺少深化的价值。这种培养的结果就是师范生走上工作岗位之后,师范性和学术性都存在不足,且严重的不平衡直接影响了教育教学的水平和可持续发展的能力。师范性不足使其面对学生和实施教育缺少依据,感到茫然。学术性不足使其无法实施个性化教学,而且对于学生有创造性的思想,也缺少包容的气度。

(2)参加继续教育培训教师的具体处境。通过高师培养所获得的积累,既是教师继续教育的基础,也是终身发展的前提。而高师培养中师范性与学术性的失衡则造成了他们从业中的先天不足。在入职之初,他们除了要面对师范性和学术性失衡的基础,还要面对全新的学生群体。繁重而不熟悉的教育教学实际使他们急于应付,无所适从。进入入职稳定期的,开始能够沉下心来通过调动积累,充实教育教学的内容,通过反思深入地发现自身存在的学术性和师范性失衡和欠缺的严重状况,并开始思考和探讨弥补和改变的方法。进入发展期的,开始对学术性和师范性的不足和欠缺进行有效弥补,使二者在教育教学中获得发展并得到充分的结合。进入职业衰退期,则主要是适用和巩固学术性和师范性进行平衡的成果,保证教育教学的成果,保证教育教学顺利而有序地进行。因而,对于处于不同发展阶段的教师,关于师范性与学术性平衡的要求是不尽相同的,培训者应根据具体情况对培训内容和方式进行有针对性的安排。

3.继续教育在促进二者平衡中求得融合

弥补教师在师范性和学术性的不平衡这一先天不足,是继续教育的责任。而提高培训效率和效果则是继续教育的追求。如何承担责任,怎样实现追求,则是我们探讨的核心问题。

(1)结合具体情况弥补不足。对于接受继续教育的教师而言,在师范性和学术性两个方面都存在不足,要想促成二者的平衡,必须补充二者的不足。一是结合教育教学的经历和经验,强化师范性的培训。在高师人才培养中存在的师范性的不足,有办学导向的原因,也有客观环境的影响。师范性很少有直接参与中小学实际教育教学的机会,与教师从业的实际处于一种相对隔绝的状态,不仅直接影响了对师范生的认知,也严重影响了对相关理论的把握和理念的形成。教师继续教育完全改变了这种局面,参加培训的教师对中小学教育和教师从业的实际都有了切身的体验和经历,结合他们的体验和经历,对师范性的理论和实践进行培训,不仅具有更直接的价值和意义,也更容易为他们理解和接受,从而提高培养的效率和效果。二是结合教育教学案例及反思,强化学术性的培训。高师期间人才培养学术性重视的程度应该说是充分的,但这种学术性的培养由于游离了师范性而显得偏颇。学术性所呈现的单一学科性特点是有意义的,但对于教师而言,这种学术性是有缺陷的。弥补这一缺陷的方式是结合参加培训的教师对教育教学案例的反思,将单一学科性特点的研究能力迁移到对教学案例的反思中,从而形成专业学科学术性、教育学科学术性和职业的学术性相融的综合学术性。

(2) 促进二者平衡中的相互促动。根据教师从业的实际需要,对师范性和学术性进行充分而有效的弥补之后,就应着眼于促进二者平衡的工作,这是充分发挥二者作用和价值的关键。第一步要准确地定位二者在从教中各自的地位。师范性和学术性虽然是以综合的形态发挥作用的,但二者毕竟属于两个范畴,在综合中各自的地位和作用是不同的。总体来讲,师范性是主体,学术性服务于师范性。具体原因是与师范性直接对应的是教育教学,学校的一切工作都是围绕着教育教学展开的。教师是教育教学实施的主体,因而教师的教育教学理念、能力水平和素养这些师范性范畴的内容的地位、作用就极为重要。学术性是为教育教学服务的,师范性对于学术性具有规范和引导的作用。学术性为师范性的有效落实和有创新性的发展提供思路,因而处于从属地位。第二步要恰当地处理二者的关系。这是充分发挥二者平衡作用的前提,继续教育的培训中,应强调二者之间的关系,使教师认识到接受高师教育期间将二者分离进行各行其是培养存在的问题。通过师范性强化学术性,通过学术性提高师范性。在师范性中确定学术性的导向和追求,在学术性中容纳师范性的规范,使二者你中有我我中有你,相互促进,共同提高,从而全面提升教师的素质。

师范性与学术性的不平衡是教师职前教育存在的不足,给教师从业基础带来了问题。为弥补这个不足,教师在继续教育中要全面认识、深入分析具体状况和原因,并制订具体而有针对性的方案,从而充分完成继续教育的使命。

第五章 中文专业人才培养从业导向例说

通过理论和原理的阐述，我们明确了高师院校人才培养的从业导向的本质和基本内容。同时，通过高师人才培养现状的分析也基本把握了问题所在，并给出了改革策略。这些对于高师院校的领导者和教师改变观念、建立新的人才培养思路都有着重要价值。而"高师中文专业人才培养从业导向例说"则是操作层面的范例，为高师不同专业强化人才培养的从业导向提供借鉴。

第一节 课程实施与人才培养中的问题

从宏观到具体全面反思高师中文专业人才培养与从业导向存在的错位，是落实中文专业人才培养从业导向的基础和前提。而高师中文专业人才培养与从业导向的错位，不仅表现在高师院校整体办学追求上，也表现在中文专业教学技能训练方面，表现在教学评价的导向方面，表现在具体课程的教学方面，等等。只有充分认识和掌握这些事实，才能制定出科学的对策。

一、高师办学的困境与出路

随着社会的进步，教师职前教育的办学理念发生了巨大变化。这种变化不仅反映在横向的联系上，更反映在纵向的拓展上。从横向联系方面看，其不仅更加关注教师职前教育的师范性，而且与职业教育及基础教育有了更为广泛而深入的联系。从业导向在人才培养中起着更为直接的作用。从纵向方面看,将师范教育的称谓变为教师职前教育,将职前教育、在职教育合称为教师教育。这种称谓的改变,不仅使职前教育阶段有了更为广阔的背景,而且使教师教育体系更为完整,从而解决了传统师范教育中条块分割所带来的效率低下问题。然而,这种办学理念落实到实际办学之中,不仅有教师传统观念的抵制,更有教育运行机制的制约。由此,教师职前教育陷入办学理念与实际运行的矛盾中。这种矛盾所导致的困境,在占据教师职前教育绝大多数的地方高师院校表现得尤为突出。

1. 地方高师院校的办学追求

地方高师院校与其他高师院校教育相比,其核心特点就是地方性。它不是面对全国或全省的,而主要是面对所在地区。地方性具体有以下三个方面内容:

(1)地方高师院校适应地方经济发展要求。地方高师院校运行和发展的资金往往有两个渠道,一个是省教育厅拨款,另一个是地方政府投入。省教育厅拨款主要是维系学校运行,地方政府投入主要是促进学校发展。因此,地区经济状况及地方政府的教育发展政策决定着地方高师院校发展的状况,规范着地方师范学院的发展规模。因此,地方高师院校与地方经济发展息息相关。这种相关性不仅是被动地适应或接受地方经济的规范,还体现在对经济状况进行主动的适应方面。这种主动的适应,除了直接培养中小学教师,地方高师院校普遍开设了直接服务于当地经济发展需要的非师范专业,为促进经济发展培养相关人才。经济发展改变了地方高师院校关门和半关门办学的局面,使地方高师院校的办学与地方经济发展产生紧密联系。适应和促进地方经济发展,不仅是地方高师院校改变办学理念的体现,也是促进学校发展的重要途径。

(2)地方高师院校的定位是服务于地方教育。地方高师院校办学具有鲜明的针对性,这是与地方高师院校的主要学生来源和主要从业去向直接相关的。从生源情况来看,近年来随着学校规模的扩大和招生人数的增加,各个地方高师院校的招生计划中都增加了一些地区外甚至省外的指标。但是所在地区作为学生主要来源的状况并没有改变,他们的经济状况和成长环境基本相同,文化和教育背景一致。因此作为服务于地方的教师职前教育在实施中必须具有针对性。从从业去向上看,经济发达地区,尤其是发达地区的城市,教师已人满为患,而广大农村,尤其是贫困地区的乡镇又为找不到合格教师而苦恼。对此,地方高师院校有着重要的责任。地方高师院校为地方教育服务的定位,要求毕业生面向基层,服务基层。这种理念,不能仅仅在毕业教育和从业指导中灌输,而应贯穿于整个大学生活的各个方面、课程实施的各个领域和教学过程的各个环节。

(3)地方高师院校在建设地方文化中具有引领价值。作为教师职前教育,地方高师院校是地方文化的制高点。一方面地方高师院校的学校文化受地方文化的影响,与一般综合性大学相比,由于地方高师院校的双向投资,它在行政上也往往接受双向领导。因此,地方高师院校与地方文化之间的相互影响更为密切。许多地方高师院校的文化特色就是以所在地区的文化为基础提炼生发出来的。另一方面地方高师院校的文化绝不是所在地区文化的照抄照搬,它又有作为高等学府自身的文化内涵和共性。与社会文化相比,它的层次更高,所反映的内涵更为丰富,所体现的本质更加深刻,所展示的方向更为先进。因此,它具有更为强大的感染力和引领价值。它通过对社会文化的过滤提纯,使社会文化去伪存真,通过与高等院校文化的融合去粗取精,通过文化的辐射作用,提高整个社会的文化品位,从而发挥地方高师院校在建设地方文化中的引领作用。

2. 地方高师院校实际办学状况及困境

地方高师院校的办学追求是其生存和发展的基础,是人才培养目标确定的依据,是课程设置的根本,是教育教学实施遵循的原则。地方高师院校只有在严格遵守师范性和地域性的基础上,才能充分实现它的办学追求。然而地方高师院校往往淡化师范性,无视地域性,结果造成生存困境。

(1)对综合性大学办学理念的照搬,使师范性在地方高师院校办学中被淡化。综合性大学与教师职前教育相比存在着诸多的差别,这诸多的差别中不仅有规模的差别,也有性质的差别;不仅有办学理念的差别,也有教育教学实施的差别。在这诸多的差别中虽然有些经验可以相互借鉴,但两种办学方式和两种人才培养规律的性质是不容混淆的。然而在传统大学办学观念的驱动下,尤其是因教师职前教育扩招,使规模迅速膨胀的背景下,地方高师院校规模也快速扩展起来。这种扩展主要体现在两个方面:一个是升格,中专升专科,专科升本科,本科升大学;另一个是规模的扩充,招生人数增加,土地面积增加,楼宇建设增加。地方师范学院这种变化,使原来对综合大学犹抱琵琶半遮面的向往成为理直气壮的追求目标。在过去的办学中已有了深厚的对综合性大学办学追求的基础,本应该借助规模的扩展和层次的升格,进行师范性的回归,构建办学特色。而事实却恰恰相反,由于综合性大学办学理念成为地方高师院校的办学追求,综合性大学办学的运行机制、管理制度都被照搬到地方高师院校的办学中,使师范性更加淡薄。这种状况的出现,一方面源于传统教师职前教育的办学导向所形成的教师和学校领导者的综合大学情结,另一方面源于教师职前教育评估。教师职前教育评估的标准基本上是统一的,没有区分不同性质学校评价标准的差别,对于教师职前教育的评价没有突出师范性。因此,在"以评促建,以评促改"口号之下,教师职前教育往往借鉴那些综合性大学或非教师职前教育评估获得成功的经验,使地方高师院校越来越接近综合大学。

(2)职业定位不准,地域观念欠缺,教育实施缺少针对性。教师职前教育培养目标明确而单一,就是培养适应社会发展需要的合格的中小学教师。因此,人们将它视为特殊的职业教育是有道理的。然而,由学校性质决定的明确而单一的培养目标,却因为对综合性大学办学理念的追求而变得混乱和模糊。同时也由于对综合性大学办学理念的追求使其无视地域性。地域性是地方高师院校的本质特点所在,缺少地域性就无法办出其特色和水平。这种地域性的缺失主要表现在以下三个方面:一是课程设置没有或缺少与当地文化和师资状况相适应的特点,往往照搬同专业综合大学或师范大学的课程设置为我所用。二是具体教学实施中对课程内容的选择缺少服务于地方基础教育需要的对应性。三是整个办学理念中缺少地方性情结。地方性情结就是一切办学行为首先要考虑与地方经济、文化、教育的适应和促进,一切规章制度都要服务于地方文化教育事业。以上三个方面的原因,使地方高师院校教育实施缺少针对性。

（3）课程设置及实施充满随意性。一是照搬综合性大学的课程设置方案。所谓的"照搬"有两种情况,一种是整体拿过来实施,特别是有些综合性师范大学的课程设置成为许多地方高师院校的范本。另一种是整体拿过来,进行个别调整,并按个人理解、好恶实施。所谓按个人理解、好恶实施,是说地方高师院校课程实施是有规范的,它既受着师范性的约束,又受着地方师资从业需求特殊性的限制,而专业课教师在课程实施中,往往按照自己的主观意志对内容进行取舍,导致教学的偏差。二是因人设课、随意调整的现象比较严重。地方高师院校条件及待遇的原因,导致人才流失比较严重,常常是有用的课没人开,能开的课没有用。为了照顾一些教师,就开设一些没有必要的课程,这种因人设课的情况有些地方高师院校比较严重,甚至影响了整个专业的课程结构。与此相应的就是课程调整具有很大的随意性。这种调整有两种情况:一种是去留的调整,有时只要任课教师提出要求,就可以进行调整,有时则根据主管教学领导的意愿调整,致使课程设置缺少相对稳定的系统,课程调整缺少严肃性。还有一种是顺序的调整,课程的安排是有先后顺序的,要遵循学生培养的渐进性原则,要符合学生的认知发展规律。但许多地方高师院校对课程顺序的调整有很大的随意性,没有认识到课程顺序的安排要符合教育规律,导致课程开设和实施的混乱。

3. 地方高师院校走出困境的策略

地方高师院校因追求综合性大学的办学理念而陷入困境,因脱离地方特点而缺少办学个性,因无视师范性和地方对师资的特殊要求而导致教学的随意和混乱。了解造成地方高师院校办学出现的问题和陷入困境的原因,才能制定出有针对性的改变策略。

（1）以师范性为依据,准确定位办学方向和培养目标。地方高师院校办学必须首先突出师范性,这是由教师职前教育的性质决定的,是教师职前教育办学的基础和前提。如果基础和前提出了问题,一切办学活动都会失去价值和意义。因此师范性是教师职前教育办学的根本,由这个"根本"决定教师职前教育的办学方向应始终围绕"提高培养合格教师的效率"进行,明确培养适应社会发展需要的具备情意素养、知识素养、能力素养的合格地方教师的目标。为此,教师职前教育教学中应引进职业教育的理念,一方面对教师从业素质和能力的培养更有针对性。改变教师职前教育中课程设置及实施的随意状况,围绕教师从业的工作任务设置课程,根据基础教育教学需要选择教学内容。另一方面强化教育教学技能训练,通过训练将知识和原理内化为师范生的素养,也通过训练促成教学操作能力的提升。同时在专业课教学中改变学科课程体系所导致的孤立和封闭的状况,将同类课程进行整合,构建课程系统,使处在同一系统中的专业课相互联系相互促进,形成专业课的整体感,为最终形成专业素养奠定基础。使地方高师院校在办学中以师范性为依据,办学方向和培养目标获得准确定位。

(2) 以地域性为根本,开设专业,确定课程。地域性是地方高师院校存在和发展的依据,是地方高师院校的办学特色所在。由于地域性,地方高师院校才成为独特的存在。因此,加强地方高师院校的地域性,是地方高师院校落实科学发展观的重要内容。具体内容有三个方面:一是根据地方经济状况、人口规模等因素确定学校规模,避免因超出地方经济能力和教育需求扩大规模所导致的盲目性,以及由于生长过速而导致综合性的缺乏;二是根据地方自然文化特点,开设地方性课程,使课程设置能够反映地域性的特点;三是针对区域教育的实际情况开设专业,确定课程,制订招生计划。改革开放以后,师资流动获得解禁,但这种流动往往是单向的,即落后地区向发达地区流动,内陆地区向沿海地区流动,这不但没有平衡教育资源,反而造成了进一步的不平衡。这就要求处于不同地区的地方高师院校根据自己的特点开设专业,设置课程,制订招生计划。如有些专业课教师缺口大,而地方高师院校又没有相关专业,就应增设这个专业,并根据需求的基本情况制订招生计划。有些专业在基础教育中教师已趋于饱和，就应暂停招生或减少招生规模。也就是要根据地区教育的需求，进行专业和招生计划的调整，从而实现招生的从业导向。课程是教师职前教育办学的核心，因此，突出地域性必须同教师职前教育课程设置联系在一起。课程确定首先是要根据地方自然和文化特点，设置一些专门的课程，使地方高师院校的办学与当地文化和教育建立直接的联系。除此之外，还要通过对当地中小学教师工作任务的具体分析与教师实施任务中所显示出的不足，进行课程设置或调整，加以对应和弥补，使整个课程设置在充分反映地方教育要求的基础上，既有相对的稳定性，又有弹性空间。

（3）教师在师范性与地域性融合的理念中实施教学。具体需要三个步骤：首先是熟悉对应的义务教育课程标准和普通高中课程标准。这是因为专业课教师普遍对相应专业的课程标准不熟悉，而基础教育课程标准和高中课程标准是师范性实施的灵魂，所以必须加强专业课教师对课程标准的把握。其次是熟悉当地中小学教育教学状况。通过与所在地区中小学广泛而直接的接触，了解所在地区中小学的现状及需求，并将其作为课程内容选择和教学实施的依据，落实到实际教学中。只有这样才能做到师范性与地域性的融合。最后是改变对课程理解和实施中单一的学科课程理念。长期学科课程理念的实施，使地方高师院校教师对于课程的思路总是孤立的，教学实施的学科课程理念很难将师范性和地域性纳入其中。因此，必须通过引入职业教育的任务本位课程理念，并进行与学科课程长期的反复的融合训练，使师范性成为教学理念，使地域性成为教学意识。这样才能在教学中时时从师范性和地域性出发，进行内容的选择和方法的运用，才能在具体教学中凸显地方高师院校的特点和规律。

地方高师院校的性质是师范性，特点是地域性，只有抓住它的性质、把握它的特点进行设计和实施，才能符合它的办学要求，提高它的办学效率。而从地方院校的办学现状看，淡化师范性、无视地域性是这类学校普遍存在的问题，也是其陷入困境的原因所在。而走出困境的途径，也必然是对师范性和地域性的强化。

二、技能训练的问题与对策

教学技能是指教师运用已有的教学理论知识,通过练习而形成的稳固而复杂的教学行为系统。它既包括由训练或模仿而形成的初级教学技能,也包括达到自动化水平的高级教学技能,即教学技巧。教学技能涵盖的范围十分广泛,从宏观角度可分为四类,即教学准备技能、课堂教学的基本技能、教学综合技能和教师教学研究技能,这些技能对于成功实施教学是缺一不可的。

1. 教学技能训练在高师人才培养中的地位

教师职前教育是以培养合格师资为目的的,而教学技能又是教师从业最基本和最重要的能力。因此,教学技能训练在教师职前教育人才培养中是必不可少和必须加强的。教学技能训练在高师人才培养中具有十分重要的地位。

(1) 教学技能训练是师范性的重要内容。与其他高等教育相比,教师职前教育办学的最大特点就是师范性,它要求高师院校的一切活动和做法都要紧紧围绕培养合格教师的目标展开。不仅在具体课程实施中要突出培养合格教师的目标,而且在整个课程设置中,专门安排了教学技能训练课,使教师职前教育与其他高等院校有了明确的界限。教学技能训练课程,不仅强化师范生的职业意识,而且专注于师范生从业能力的培养。因此,它成为教师职前教育办学中落实师范性最重要的内容,甚至可以说是教师职前教育师范性的一个标志。

(2) 教学技能是教师从业基本的素养。在教师职前教育人才培养规格的要求中,除了要把握相关的知识,还特别强调师范生教学能力的重要性。为了避免专业知识和教学能力"两层皮"的现象,教师职前教育在人才培养中,一方面要从中小学教师从业需要的角度去学习专业知识,另一方面通过教学技能训练有效地将专业课程的内容与教学需要相结合。重新构建与中小学教育教学联系的知识系统,使教学技能训练成为沟通大学学习和中小学应用的桥梁,成为教师从业的最基本素养。事实上,如果就专业课学专业课,缺少对师范生的技能训练,漠视教学技能在高师人才培养中的价值和意义,即使专业课学得再好,也无法培养出一个合格的教师,因为教学技能是实现专业课学习价值的基本途径。

从上述两个方面可以看出,教学技能训练既是教师职前教育办学中师范性的重要内容,也是凸显专业课学习价值的途径和手段,更是对合格教师的具体要求。

2. 中文专业教育教学技能训练中存在的问题

教学技能训练对中文专业的办学具有十分重要的意义,而教师职前教育在实际办学的教学技能训练中存在的问题又严重影响了它的办学水平。为此,深入研究问题存在的原因,就成为我们解决问题不可回避的前提。

(1)中文专业教学技能训练在课程体系中占比例偏低。不同高师院校的课程体系虽然不尽相同,但教学技能训练课程在整个课程体系中所占比例偏低却是普遍现象。这些现象近几年来在有识之士的呼吁下发生了一些变化,但依然与中文专业人才培养要求不相符合。就一般情况而言,教学技能训练占据课程结构中的比例应在百分之三十左右,而就现在中文专业的教学技能的设置而言,仅占百分之十几。除了教育实习,往往只专门开设一门教师技能训练课,每周两节,一个学期共三十二节。其他相关的课程,如见习,则形同虚设,有开课计划却不安排开课时间,使整个教学技能训练如蜻蜓点水,没有多大的实际效果。

(2)中文专业教学技能训练中理论与实践脱节。理论与实践结合是培养能力的有效方法和途径,它可以大大减少能力训练中探索的曲折,提高教学技能训练的效率。而在高师中文专业的教学技能训练中,理论和实践的脱节是普遍现象。这种脱节表现在两个方面:一是理论课的教学与教学技能训练脱节。与教学技能训练有直接关系的理论课是"语文课程与教学论",而"语文课程与教学论"的教学往往只注重学科内部逻辑,即从理论到理论。虽然其中也涉及一些教学案例,但那些案例往往离学生实际教学技能训练很遥远,无法实现示范价值。由于"语文课程与教学论"的教师远离实际中小学教学,因此也无法进行有针对性的指导,使"语文课程与教学论"这个对教学技能训练最具指导意义的课程无法实现它的指导价值。二是教学技能训练课与专业课游离。教学技能训练课不仅与"语文课程与教学论"联系不紧密,而且往往与专业课处于一种游离状态,造成了理论不能指导实践而专业知识积累无法有效地转变教学内容的现象。

(3)中文专业教学技能训练随意性大,缺少整体设计。教学技能所包含的内容是十分丰富的,是由多种多样的技能构成的一个技能系统。要把握这个系统,就必须进行整体设计,而现行的教学技能训练却存在着极大的随意性。一方面,训练课缺少具体目标,每次上课就是要求学生上台去讲,发现什么问题,就指出什么问题。学生对教学技能的内容了解很少,在他们的认知里,教学技能训练就是训练能在课堂上从容地讲课,至于从容地讲课需要什么样的基础、要有什么具体的操作能力就不得而知了,所以一味地试讲,没有目标,没有侧重。另一方面,对于教学训练没有具体要求,流于形式,教学技能训练课对于许多教师来说是一门最轻松的课。由于没有明确的训练目标,缺少具体要求,教师可以随意地做一下点评,有的甚至把点评也交给学生,教师完全成为旁观者。上述现象使本来就开设不足的教学技能训练课也流于形式。

3. 中文专业提高教学技能训练效率的策略

中文专业对师范生进行教学技能训练是非常重要的,而实际上教学技能训练又存在着许多问题。这些问题归结起来有两方面的原因:一方面是对技能训练重视不够,这是观念上的原因,是中文专业长期追求综合性大学办学模式以及在专业课教学中学科课程主体所形成的对教学技能训练的轻视。另一方面,对高师人才培养特点认识不清。高师人才培养的突出特点就是师范性,高师中文专业必须将课程的设置和实施与师范生将来的工作任务联系起来。明确教学技能训练存在问题的原因,才能制定行之有效的对策。主要对策有如下两个方面:

(1)改变观念,增加教学技能训练在整个中文专业课程体系中的比重。

这是搞好中文专业教学技能训练的基础和前提。具体应从三个方面加强：首先，增加相关的课程，或增加已开相关课程的课时数，使直接用于教学训练的课程占总课时量的百分之二十左右。其次，在专业课程实施中加入教学技能训练的内容，一是教育教学类课程要改变单一理论讲授的局面，加入与理论相关的教学技能训练内容；二是在专业课程教学实施中适当穿插教学技能训练。专业课教师根据中小学语文教学中的运用情况，有选择地进行训练和强化，使得专业课教学与师范生将来的从业有机地联系起来。每一门专业课所进行的教学技能训练，既相对独立又相互联系。相对独立，使学生获得某一方面内容教学的基本技能；相互联系，使相对独立的训练在整体上构成一个完整的系统。诸如"古代文学""现代文学""外国文学"在专业教学中通过教学技能的训练，学生分别把握了中小学教材中这几类课文的基本教法，将它们联系起来，进行统筹理解和认识，而且获得了对于文学类课程教法的整体把握。当然这种穿插于教育教学类课程和专业课程中的教学技能训练不能过多，否则就会喧宾夺主，其比例占中文专业体系总量的百分之十即可。这样教学技能训练课就能够占课时总量的百分之三十，可以满足中文专业师范生从业的需要。最后，将教学技能训练常态化，使之成为学生学习的自觉行为。这种常态化除了在课堂教学中进行训练，在学生规划课余生活时，也要把教学技能训练作为一项重要的内容，常抓不懈。"语文课程与教学论"教师负责具体班级，从课上到课下，从入学到毕业，负责到底，建立课堂教学中教学技能训练系统和课外教学技能训练系统，并将两个系统整合到全面提高中文专业师范生教师技能素养的培养目标上来，使教学技能训练成为学生学习的自主选择和自觉行为。

(2) 构建科学的中文专业师范生教学技能训练体系。中文专业教学技能训练存在的随意性使师范生往往得不到教学技能的系统训练。这是造成教学技能课效率低下、学生教学技能不足的主要原因。因此，构建科学的教学技能训练体系就显得非常重要。这种科学体系可概括为"目标明确、层次清楚、纵向贯穿、横向拓展"。

"目标明确"，就是改变教学技能训练中的随意性，以明确的目标规范教学技能训练中的内容选择和结构设置。目标要有总目标,就是通过全部训练所要实现的目标,即使中文专业师范生具备设计课程、驾驭课堂、反思教学的能力和素养。同时还要有阶段目标,即将总目标进行分解,落实到四年大学生活的三个阶段中。第一阶段为大学一年级,侧重于教学基本技能的训练。第二阶段是大学二、三年级,侧重于教学综合技能的训练。第三阶段是大四,侧重教学实施和反思技能的训练。这三个阶段的划分,既考虑了学生的具体情况,也与开课情况相对应。大学一年级刚刚入学,学生有良好的中学教育基础,但对中学教学技能的认识和理解都是感性的,进行教学基本技能的训练,不仅很容易唤醒他们的记忆,巩固感性成果,而且容易使他们在系统训练中由感性的认识提升为理性的理解。大学二、三年级,是专业课开设的集中时段,尤其是教学技能训练课也往往开在这一阶段,因此,最适宜综合技能训练。大学四年级,学生已经具备了相关基础,这一阶段最主要的课程是教育实习,师范生要面对真实的教学环境运用教学技能。因此,检验过去三年的训练成果,进一步综合训练技能的实施能力,并对教学效果进行反思训练是非常有利的。

"层次清楚",是要改变教学训练中混乱、无序和随意的状态。首先,按照从基础到发展的程序进行训练,如对教学技能训练的三个阶段的划分。在语文教学技能训练设计中,第一层次是进行目标设计训练。这是进行语文教学的根本,只有目标设计准确,后续的教学方式方法的选择和运用、教学内容的确定和落实等才有意义。第二层次是进行整体把握的训练。因为在语文教学中我们所讲授的任何内容,都存在于文本的情境中,任何具体内容都是整体的构成因素,整体是由局部构成的,局部是构成整体的局部。第三层次是针对课文具体内容和学生情况进行方法选择和运用的训练。第四层次是进行教学反思的训练。这种训练的层次性和程序性既取决于每一篇课文的教学过程,又取决于大学教育中教学技能训练由基础到发展的规律。其次,由浅入深,每一次训练都要有具体的目标。目标缺失或模糊是影响教学技能训练效果的一大顽疾。因此,在训练中每一次都应有具体目标的要求,并根据目标实现的状况,评价训练的结果,培养学生训练中对目标的自觉意识,提高训练的目的性。

目标设计要有一个由浅入深的梯度性,使整体训练的层次性清楚,程序性明了。

"纵向贯穿",是改变教学技能训练只在教学技能训练课程中进行的孤立状态,将其作为贯穿四年大学学习生活始终的线索,由这个线索将专业选修课、专业必修课连缀起来,并辐射到公共选修课和公共必修课当中,使教师技能训练作为师范性的重要内涵在高师的办学理念中凸显。

"横向拓展",就是要打破学科课程体系的封闭性,引入职业教育任务本位课程理念,建立专业课程与教学技能训练课程的联系,打破教师职前教育中学生业余生活、娱乐休闲与从业要求相对隔绝的状态,营造教学技能训练及竞赛与一般娱乐活动相融合的氛围。改变教育实习中过于强调课堂教学而淡化其他方面的目标的局面,建立对实习工作进行全面全程的评价机制,使教师技能训练覆盖师范生大学四年生活的全部。

"目标明确、层次清楚、纵向贯穿、横向拓展"作为教学技能训练体系是教师职前教育作为特殊的职业教育的性质决定的,是中文专业课程设置和实施适应师范生从业需要的必然要求,也是改变教师职前教育效率低下状况的探索。

三、从业要求与评价误导

教师职前教育中文专业的人才培养目标是合格的中小学语文教师,而适应语文教师从业需要是合格语文教师的核心内容。因此,教师职前教育中文专业整体课程设置,应基于语文教师从业要求。通过全面考察语文教师的从业内容,改变单一以语文教材分解作为依据进行课程设置的做法,增加两项课程设置依据。一是将与教书育人对应的语文教师从业综合素养的培养纳入课程设置和实施中,增加以师德为培养目标的课程的开设。二是将对教师工作任务的分析纳入课程设置和实施中,使教师职前教育中文专业课程对语文教师从业的内容、环节、过程进行全面覆盖。在此基础上,应充分发挥教学评价的规范和导向作用,首先从培养目标出发,严格落实课程设置理念,使中文专业课教学始终围绕服从、服务于师范生从业要求进行。其次以发展的观念进行专业课实施。伴随社会快速发展,教师的从业要求也不断地发生着变化。为适应这种变化,除了进行大的课程调整,评价的导向肩负着重要责任和使命,它能够更加灵活也更加快捷地调整专业课教学与教师从业要求适应的步伐。因此,教师职前教育中文专业课程教学中的评价,对落实合格语文教师的培养目标是非常重要的。

1. 教师职前教育职业课教学评价导向

教学评价对于课程实施具有导向作用,因此,保证评价的科学性、合理性和可操作性就显得十分重要。教师职前教育中文专业教学评价应包括三个方面的内容:

(1) 以实现培养目标为导向。这里的"培养目标"分为三个层次:一是教师职前教育培养目标,即培养符合社会发展需要的、能胜任教师岗位的教师,这是宏观目标。教师职前教育一切教育教学活动都要服从、服务于这个目标的实现。二是中文专业培养目标,即培养合格的语文教师,这是中观目标。中文专业应将教育教学活动集中于这个目标的实现。三是课程目标,即实现具体课程在培养合格语文教师中所承担的责任,这是微观目标。教学评价就是要以宏观目标为前提,以中观目标为规范,以微观目标为追求,促进目标的全面实现。

(2) 评价主体要有多样性。目前教师职前教育评价的主体是学生,教师是辅助,这种评价成员的构成是不尽科学的。学生是学习和发展的主体,教师教学要满足学生学习和发展的需要,但是一味地满足学生的需要并不一定能够完成教育的责任和学校的培养目标。因为学生的人生经历有限,学识处于不断的积累过程中,很多时候会产生误判,所以,评价主体的多样性就是改变学生单一主体的局面,将教师也纳入评价主体中来。而且要将一线中小学语文教师、教研室的语文教研员纳入评价主体中来,使教师职前教育教学评价主体形成多样性格局。

(3)评价方式和标准要有灵活性。这是由中文专业的专业特点决定的。如果用单一的方式和固定的标准,就会扼杀专业和课程的特点和要求。但方式的灵活性并不是不讲规则地随意而为,而是规则规范下的灵活。评价标准的灵活性,也并非无视统一的标准的主观意志,而是要使标准具有容纳个性的空间。总之,语文教师从业要求是教师职前教育中文专业教学评价的依据,教学评价导向就是全面实现语文教师的从业要求。

2. 教师职前教育教学评价导向存在的问题

对应语文教师从业要求的具体内容,评价导向存在三个方面的问题:

(1)情意评价虚设。情意素养是以教书育人为目的语文教师从业中最关键的内容。但由于情意本身比较虚,不易操作,很难用量化的方式评价。一方面以量化标准进行评价不能完全反映情意的本质,另一方面以量化标准进行评价掺杂了许多人为的因素,客观性明显不足。因此情意评价并没有实现其使人高尚的引导作用。

(2)知识评价僵化。主要是指一味地评价对知识的掌握情况,很少去评价对知识的运用,而知识的运用才是掌握知识的目的。这种评价的僵化也表现在对知识评价的狭隘方面。有些教师在期末考试中出了范围很小的复习题,这些复习题中,不仅知识积累性题目有"标准答案",运用知识对具体问题进行理解和分析的客观题也有"标准答案"。学生无须动脑,只要照本宣科地背下来,就可获得高分。这种评价不仅萎缩了学生对知识的理解,而且直接导致了学生的惰性。

(3)能力评价充满随意性。这是与能力训练的随意性一致的。在能力训练中,由于没有或缺少具体的目标,缺乏整体设计,因此对能力训练程度的评价没有依据,随意性很大。某一方面突出,就可确定能力强,甚至某一个环节处理得好,就可对整体做出肯定的评价,这种随意性不仅影响了学生对能力自身的认识,而且影响能力的整体发展。

3. 语文教师从业要求与教师职前教育中文专业教学评价的统一

实现语文教师从业要求是教师职前教育中文专业的培养目标,也是课程设置和实施的依据,自然也是评价的导向。教师职前教育中文专业课程教学评价是落实培养目标的重要环节,其作用就是强化课程设置和实施理念,使其真正服从、服务于语文教师从业要求的实现。其具体内容有三个方面:

(1) 教师职前教育中文专业课程设置及实施源于教师从业需要。这个问题既涉及课程设置,也涉及课程的实施,同时与教学评价密切相连。一是课程设置依据对语文教师工作任务的分析。将任务本位课程及其理念引入教师职前教育中文专业的课程及实施中,是将中小学语文教师从业的综合能力与教学评价导向相结合的基础和前提。二是课程实施依据目标的实现。这就为课程实施进行了严格的规范,对于改变某些教师在专业课教学中天马行空式的联系具有直接的针对性。一切教学活动都必须围绕目标的实现进行,这里所阐述的课程实施依据目标的实现,主要是具体课程目标。具体课程是由对专业的总目标进行分解确定的。为了实现课程目标,专业课教师一方面在全面了解教师职前教育培养目标及中文专业培养目标的前提下,明确所授课程承担的责任;另一方面为了有效落实课程目标,在课程实施中一定要根据目标的需要对课程内容进行重组,对教学方式进行选择,避免照本宣科造成教学与课程目标的游离。三是教师职前教育中文专业教学评价验证和强化课程实施理念。对于课程实施,教学评价有两方面的作用:一个是验证课程实施是否落实了课程设置理念,也就是以课程设置理念为依据,检验教学内容的选择与教学过程的设计和安排是否与中小学语文教师的从业要求一致;另一个是强化课程实施中课程设置理念的运用,也就是通过评价对课程设置理念进行强调,加强课程设置理念在实际教学中进行运用的引导。

(2) 教师职前教育中文专业课教学执着于师范生素质的培养。这是对语文教师从业要求与教师职前教育教学评价之间关系的具体化,教学评价直接从操作层面适应教师的从业要求。一是课程教学要有明确的定位。这里的明确定位是不要把传授知识作为核心,而要将提高素质作为根本。确切地说是培养师范生的课程素养——充分的课程知识和灵活的运用能力以及宏观视野及其驾驭语文课教学的能力和意识。二是专业课教学要与语文课程密切联系。其联系有两个层次,第一个层次是专业课教师必须理解和掌握《义务教育语文课程标准》和《普通高中语文课程标准》,并将其作为专业课教学的理念及教学内容和教学形式选择的依据。第二个层次是把握语文课程中与所授专业课程内容相对应的知识点,以此为依据确定专业课教学的重点和难点。三是以语文课程标准为依据的评价导向。《义务教育语文课程标准》和《普通高中语文课程标准》颁布和实施以后,语文课程从性质到培养目标、从内容到形式都发生了深刻的变化。这种变化对中小学语文教师的情意素养、知识素养和能力素养提出了全新的要求。作为以培养未来语文教师为己任的教师职前教育中文专业,应尽快适应这种变化,不仅要进行相应课程的调整和重构,也要通过评价引导使专业课教学与教师从业要求一致。而把握语文课程标准的内容及理念,正是发挥这个引导作用的关键。

(3) 教师职前教育中文专业教学评价的针对性和全面性。通过教学评价的导向和规范作用,促进专业课教学服从、服务于中小学语文教师从业目标的实现,是一个行之有效的办法和途径。但是评价既要针对具体情况,又要有全面性的视野,也就是既要有针对性,又要有全面性。一是针对中小学语文教师从业要求对课程内容的选择和重构。现行教师职前教育中普遍实行的学科课程体系,其特点是结构的封闭性和自足性。这个特点排斥了中小学教师从业要求的内容进入课程。在这种情况下,职业教育中任务本位课程理念引入教师职前教育课程建设和实施中就显得非常重要。专业课教师应建立起学科课程和任务本位课程两种课程观念,通过学科课程理念和操作,培养师范生的研究能力;通过任务本位课程理念,加强应用型人才培养的力度。二是面对综合素养形成规律对师范生进行全方位的培养。综合素养是指师范生从业要求所必须具备的情意素养、知识素养、能力素养。这三方面的每一个方面都是一个小综合,小综合同样由多种因素构成,每种构成因素都要在培养过程中得到落实,使专业课教学最终实现由三个小综合融于一体的大综合的目标。三是中小学语文教师对评价的参与。教学评价的最终导向是培养合格的中小学语文教师,使师范生适应中小学语文课程的教育、教学岗位。无论是单纯学生评价,还是单纯教师评价,都存在极大的局限性,所以,评价主体要多样化。同时,必须对评价本身进行科学的规范,诸如评价标准的制定、评价方式的使用以及对评价结果的认定等。最有权威性、最客观的是中小学一线的优秀语文教师,他们在长期的语文教师从业中,对语文教师的需要、语文教师从业中的不足,以及语文教师专业发展的方向都成竹在胸。他们知道语文教师培养中应做什么,不应做什么,什么是重点,什么是难点。他们知道上述一切如何通过教学进行引导。因此,一线中小学优秀语文教师对教师职前教育教学的评价不仅是对教师职前教育教学评价的深刻反思,而且是对师范生从业要求的强化。

中小学语文教师从业要求是教师职前教育中文专业人才培养目标,教师职前教育教学评价是实现人才培养目标的手段。因此,教师职前教育中文专业教学评价必须以语文教师从业要求为标准,对教师职前教育中文专业课教学进行规范和引导。在这里,中小学语文教师从业要求是根本,中文专业课程内容是实体,对课程实施的评价是规范。一方面教学评价服从语文教师从业要求的实现;另一方面,通过教学评价调整课程设置及内容的选择,保证教师职前教育教学始终围绕语文教师的从业要求进行。因此,它们的关系是相互作用、相互促进的。

四、"语文教学设计"理念与实施的矛盾

语文新课标颁布之后,伴随着语文课程的性质、目标和理念的重大转变,"语文教学设计"的理论体系也对应地发生了重大变化。这种变化,从根本上改变了传统"语文教学设计"的理论框架和内容格局,出现了全新的气象。这种改变也必然带动师范类高校"语文教学设计"在教学操作中的革新和革命。然而就目前情况而言,在"语文教学设计"的教育教学领域,并没有出现适应"语文教学设计"理论框架和内容格局的改变而带来的全新因素。由于教师仍然对传统的教育教学模式情有独钟,往往是用应试的观念去教新课标下的"语

文教学设计",由此造成了种种矛盾。而"语文教学设计"的教材或论著,在新观念的过渡期也并没有完全达到符合新课标的要求,在不同的版本中都或多或少地存在着与新课标相抵触的内容和因素,这又加深了"语文教学设计"在教学中的矛盾,使"语文教学设计"的教学无法实现培养和确立学生新课标理念的目标。

影响"语文教学设计"教学效果的矛盾是复杂的,影响的方式是多样的,归纳起来有以下四个方面:

1. 教学目标与教学模式的矛盾

传统的"语文教学设计"与整个中学教育的应试制度相适应。教师以独白的形式向学生灌输"语文教学设计"的知识,要求学生对知识进行硬性记忆,考试的时候通过大量的名词解释、填空、单项选择、多项选择、判断、问答等形式来考查对这些知识的记忆情况,整个教学过程基本上是照本宣科,缺少个性,没有个人的理解。新课标下的"语文教学设计"依旧延续了这种教学模式,这无疑是对新教材的一种误读和曲解。新课标明确提出,语文课程要以学生为主体,以学生参与教学过程为主要形式,以培养学生语文素养为核心,以培养学生的语言能力为主线,以适应实际需要为主要目标。用传统的教学方式去教授传统陈旧理念下的"语文教学设计",其目标是无法实现的。传统教学模式不仅是教师所熟悉和习惯运用的,也是师范类在校生所熟悉和易于接受的。而教师对于语文新课标的理念是陌生的,缺少接受基础,加上教师自身对新课标理念理解上其他的局限,使"语文教学设计"要完成确立学生新课程理念的任务更为艰难。

2. 教学形式与教学内容的矛盾

前面提到的传统教学模式在"语文教学设计"中的普遍使用,只是"语文教学设计"教学中呈现的矛盾当中的其中一个大的方面。从教学形式和教学内容的对应关系去考察会发现其间存在着更为复杂的矛盾。

矛盾之一,完全背离内容的形式的运用。在教学中采用什么样的形式,主要取决于内容的特点和要求。新的"语文教学设计"教材中,许多内容都是全新的,教学中要真正地将内容讲深讲透,必须对教学形式有所选择,有所改变,使形式本身成为教育教学和理解的一种手段。现行的"语文教学设计"的教学却缺少这种选择和变化,它以烂熟的、包治百病的照本宣科的方式来讲述丰富多彩的内容,于是便出现了这样的滑稽局面:在讲授教师在教学中要有"个性"这一内容的时候,教师以一种照本宣科的方式来讲述反对照本宣科的内容。

矛盾之二,缺乏理解的照搬。有些教师意识到了在"语文教学设计"的教学中应该把内容与形式统一起来,因此,在教学中尝试着运用一些新的方式。但由于对于内容和形式都缺少理解而造成了混乱,在讲授生成性教学时,便采用了生成性教学的方式。无疑这个想法是很好的,但教师对于生成的理论内容的理解不甚明了,为了讲好,他们把每一步都进行了细致的设计。结果进入课堂教学,教学过程始终围绕自己的设计进行,学生一发表与设计不同的想法和结论,便解释引导使之回到设计的步骤和答案上来。结果一次课下来,不仅没有使学生搞懂生成性教学的理论内容,而且模糊了生成性教学与预设性教学的界限。

矛盾之三,误读教学内容,怠慢教学形式。形式本身是一种示范,通过具体的教学形式可以更深入地理解教学内容。但是由于一些教师对"语文教学设计"的内容理解上的不足造成了误解,从而怠慢和无视教学形式的意义。他们把自主、合作、探究式的学习形式统统理解为自学,于是拿出部分内容让学生自己阅读,既没有相关的提示,也没有必要的引导和检查,整个过程就是放任。这种所谓的自主、合作、探究的学习等于什么都没有学。而且,由于没有必要的引导,学生的误解之处也无法得到更正,这是一种完全不负责任的表现。

以上三个方面的矛盾,表现出"语文教学设计"在教学形式和内容关系上的种种弊端。这些弊端源于教师的观念和对教学内容及形式关系理解的局限,其造成的直接负面影响是学生在教学形式和内容的相互矛盾中,对"语文教学设计"的理解产生矛盾和混乱。

3. 教学评价与教学要求的矛盾

"语文教学设计"教学要求是在培养目标上突出育人为本的理念,融传授知识、培养能力和提高素质为一体。在教学观念上,改变教师中心的思想,强调发挥学生的主体性。在教学方法上,改变封闭课堂讲授,注重课堂讲授与问题讨论、理论分析、实践与研究相结合。"语文教学设计"教学上的要求也应该是评价的主要内容。尤其是这些要求与传统单一的知识和技能要求有了重大的改变,因而评价的内容也应相应地打破传统的评价模式,确立新的主体,增加新的内容。但从教学评价最重要的手段——考试试题来看,却与目标要求呈现出鲜明的矛盾与对立。完全照搬传统的题型模式,缺少甚至没有对问题讨论、理论分析和实践研究的考察,只考一些零碎而缺少实际意义的知识,如"三组四式语文导读法"是谁提出来的,"教是为了不教"是谁提出来的,作文批改的方式除了"眉批"还有什么方式,"读、议、练、讲"这一教学模式是谁提出来的,等等。这样的内容对于语文课程的整体理解毫无意义,也与"语文教学设计"的教学要求没有直接的关系。"语文教学设计"中的任何一项内容都比这些零碎的、缺少价值的问题更有意义。而有些考试的内容不仅没有意义,而且与整个"语文教学设计"内容的理念相背离。如特别看重和强调对教学的设计,不仅要设计完整的目标,还要设计完整的思路,更要全面具体的板书设计。这使我们一下子便想到了传统教学中的"全预设教学",这完全是与"语文教学设计"的理念背道而驰的。"语文教学设计"不仅要求理解的个性化,而且要求目标在教学过程中生成,教学过程本身是一个生成过程,那么板书也自然应该根据教学进程来完成。这种考试评价不仅没有正面意义,而且负面影响是明显的。而考试本身对于学生学习的引导作用,使这种负面影响变成一种危害,极大地影响了教学效果。

4. 教师的素质与课程内容之间的矛盾

目前高校教师虽然已走过了硕士化的过程,但许多教师有名无实、缺乏能力和水平的现象十分严重。这些教师如果长期从事某一门课程的教学,熟能生巧也会适应具体的教学工作。但像"语文教学设计"这样从性质、目标到理念都发生重大变化的课程,他们就无法驾驭,于是造成了教师的素养与语文课程之间的矛盾。这个矛盾首先表现在教师的理解力上。由于积累的不足,教师无法面对与传统语文课程完全不同的新课标的理念。他们本身在对待"语文教学设计"的态度上就存在着一种本能的拒绝,因此教师的素质与"语文教学设计"的内容的矛盾是无法避免的。其次表现在教师教学习惯上,这些教师习惯于对传统内容的照本宣科,对于变化了的内容缺少进行方法适应性调整的选择。因此,依旧使用习惯的、轻车熟路的方式对全新的内容照本宣科,形成了习惯的做法与新内容之间的矛盾。因为形式是最直观地表现变化的因素,而用陈旧的形式进行全新内容的教学,不仅造成内容与形式的抵触从而消解教学效果,而且无法通过直观的形式变化,引起学生对于变化的兴趣和感受,从而丧失直接进入内容的切入点,使教学效果遭受损失。

"语文教学设计"是培养新一代具有新课标理念教师的重要课程,也是改变中学语文教学现状的重要手段和途径。我们感慨和批评中小学语文教师观念的保守和落后,但是我们在"语文教学设计"的教学中,不但没有直接改变这些未来教师学生时代形成的观念,反而不断促成他们成为保守和落后的新教师。我们在检查自己的时候,要不断地寻找客观原因,如整个高校的教学没有提供产生社会需要的新理念教师的环境,高校评估的严重制约,缺少制度的保障,等等。而真正的原因还是在于教师本身,我们教师真正树立起了新课程的理念,具有渊博的知识、丰富的学理,那么我们的教学内容和形式、言谈举止都是"语文教学设计"内涵的注释和新课标理念潜移默化的引导。因此,高校"语文教学设计"教师新课标理念的确立,是解决课程论教学矛盾、提高效率的根本。

第二节 基于从业导向的改变

高师专业课教学中,往往从课程到课程,具体课程与师范生从业关系如何,与语文课程内容的对应性等问题,往往被专业课教师忽略。专业课教学从内容到形式都呈现出一种封闭状态,背离了高师中文专业人才培养的从业导向。因此,正确理解和认识中文专业与语文课程的关系,有针对性地实施专业课教学,特别是根据语文课程的综合性特点,改变高师专业课教学中有悖于语文课程综合性的各自为政、零散的片段式实施的局面,对课程进行整合,使高师知识能力和品德修养的培养与语文课程的综合性对应,是回归高师中文专业人才培养从业导向的关键。

一、认清专业与课程的关系

教师职前教育中文专业的课程设置与语文课程之间的因果关系,是一种显性关系。这种关系虽然被职前教育的教师和学生以及中小学语文教师理解和认可,但是,这种关系很少能够在实际运用中得到体现。这种状况不仅违背了二者的关系原理,而且背离了学习和运用的规律,这是教师职前教育办学效率不高的重要原因之一。因此,要改变现状提高教师职前教育中文专业课程实施的效率,必须将培养的分科与运用的综合进行高度一致的融合。

1. **语文素养——联系教师职前教育中文专业与中小学语文课程的纽带**

教师职前教育中文专业以培养师范生的情意素养、语文知识素养、语文能力素养为主要内容,这三方面的素养彼此沟通融于一体就是教师的语文素养。全面提高学生的语文素养是语文课程培养中小学生的目标。因此,语文素养是联系教师职前教育中文专业与中小学语文课程的纽带。

(1)语文素养是由多种因素构成的。从教师职前教育人才培养的角度看,语文素养三方面内容中,每一项内容又自成相对独立的系统,每个相对独立的系统也是由多种因素构成的。情意素养包括情感态度、德行操守、世界观、人生观、价值观等,这是语文素养的灵魂。情意素养决定着语文知识学习的目的和语文能力训练的动机,也是语文教师进行有效教学的前提。而构成情意素养中的各种因素,对于情意素养的最终状况都具有决定性的价值。因此，对于构成情意素养的任何因素都不能漠视。语文知识素养也是由多种因素构成的，除了语言知识、文学知识以及语文教学知识，生活化语文教育使其还包括跨学科知识和生活知识，这是语文素养的实体。由于语言处于不断的发展变化中，语言知识范畴也处于不断扩充和丰富的过程中。文学是语言的艺术，语言是文学的载体，语言知识的扩充和丰富必然导致文学知识的扩充和丰富。而跨学科知识和生活知识不仅是一种动态的存在，而且是一种具有广阔外延的范畴，其构成因素更为丰富和复杂。因此，语文知识素养构成的因素自然也是丰富和复杂的。语文能力素养包括运用语言进行沟通的能力和语文教学能力。运用语言进行沟通的能力又包括口语交际能力、阅读能力和写作能力等。而语文教学能力又包括语文备课能力、语文教学设计能力、语文教学实施能力以及语文教学反思能力等，同样是由多种因素构成的，它是语文素养价值实现的途径。正是因为语文素养是由多种因素构成的，它才能包容语文课程方方面面的内容，才可以作为教师职前教育中文专业人才培养目标的高度浓缩。

（2）语文素养必须以整体的面貌加以运用。语文素养是由多种因素构成的，但这多种因素并非孤立地存在于语文素养之中。作为"素养"，各种构成因素的存在形式必须是融于一体的。不仅情意素养、语文知识素养、语言能力素养各自的构成因素融于一体，情意素养、语文知识素养、语文能力素养构成因素之间，也必然是相互融通的。是否融通和融通的程度，是判断语文素养是否形成和语文素养程度的依据。语文素养是以整体为特征的，语文素养在实际运用中也自然是以整体面貌呈现的。无论是语文的学习还是语文的运用，我们所面对的都是具体内容和问题。在掌握和解决这些内容和问题时，我们不会从语文素养中抽取对应的积累进行解决。因为，一方面一旦成为构成语文素养的因素，就无法孤立地从素养中抽取出来；另一方面，假设能够抽取出来，孤立的因素也不可能成为解决问题的依据。因此，整体性既是语文素养自身的特点，也是其价值实现的方式。

（3）语文素养在教师职前教育中文专业课程与中小学语文课程之间起着

沟通的作用。全面提高学生的语文素养是中小学语文课程的培养目标,而教师职前教育中文专业是以培养实现这个目标的操作者为己任的。充分的语文素养同样是中文专业的师范生必须具备的,因此,语文素养使中小学生与教师职前教育中文专业的师范生有了共同追求的目标。同样以培养学生语文素养为目标的中文专业课程与语文课程也有了内在的本质的联系,具体有两个方面的内容:一是教师职前教育中文专业课程与中小学语文课程在培养语文素养方面的一致性。中小学语文素养是由三个维度构成的,即"知识与能力、过程与方法、情感态度与价值观",教师职前教育中文专业的语文素养(或称语文教师的从业素养)则是由情意素养、知识素养、能力素养构成的。中小学语文素养中的"过程与方法"作为思维能力的要求,包含在对师范生的"能力素养"的要求中。两者整体上一一对应,具有鲜明的一致性。二是教师职前教育中文专业课程与中小学语文课程在培养语文素养方面的差异性。二者内容范畴的一致性是毋庸置疑的,但程度上的差异性又是十分明显的。中小学语文课程所培养的语文素养是基础的,是对合格公民的基本要求;教师职前教育中文专业课程所培养的语文素养,是高层次的,是对精英阶层的要求。中小学语文课程所培养的语文素养是教师职前教育中文专业课程所培养的语文素养的基础,教师职前教育中文专业课程所培养的语文素养是中小学语文课程所培养的语文素养的方向。这种联系和差别,使二者成为一个过程的两个阶段,沟通了教师职前教育中文专业课程与中小学语文课程的联系。

2. 因果关系——中文课程设置与语文课程联系的本质

语文课程内容是教师职前教育中文专业课程设置的依据。有什么样的语文课程理念,就有什么样的教师职前教育中文专业课程设置思路;有什么样的语文课程目标,就有什么样的教师职前教育中文专业课程设置追求;语文课程的内容范畴,决定着教师职前教育中文专业的课程内容的选择范畴。二者的这种因果关系表现在三个方面:

(1)语文课程理念决定中文专业课程设置思路。语文课程理念与中文专业的课程设置思路具有因果关系:一是"全面提高学生语文素养"与中文专业课程设置的因果关系。前面已经论述语文素养是由多种因素构成的,事实上,"多种因素"是与中文专业课程设置直接对应的。这种对应关系以语文知识素养为核心,开设了语言类课程、文学类课程、语文教育类课程,其中,语言类课程包括"语言学概论""古代汉语""现代汉语"等,文学类课程包括"文学概论""古代文学""现当代文学""外国文学"等,语文教育类课程包括"语文课程与教学论""语文教师技能训练""教育实习"等。以情意素养为线索贯穿于三种课程设置和实施的始终,通过语言文字所负载的文化信息进行文化传承,通过文学对社会生活广泛的反映和对人性的深刻揭示进行情感态度、价值观的塑造,通过语文教育类课程培养教书育人的德行。二是"正确把握语文教育的特点"与语文课程设置的因果关系。据此,中文专业课程设置一方面应突出人文性特点,强化"立人"的培养目标;另一方面应强化实践教学,使师范生通过实践将中文专业课程知识转化为语文能力。三是"积极倡导自主、合作、探究的学习方式"与中文专业课程设置的因果关系。中文专业课程设置和安排还必须关注师范生学习方法的导向,应有利于进行自主、合作、探究学习,为提高学习效率,培养自主、合作、探究学习能力和习惯奠定基础。四是"建设开放而有活力的语文课程"与中文专业课程设置的因果关系。建设开放而有活力的语文课程要求中文专业课程设置中,不仅要扩展专业课内容范畴,而且专业课内容的取舍要有灵活机制,使其能够始终跟上专业发展变化的步伐。

(2)语文课程自身的三个维度决定中文专业课程设置的追求。语文课程是具体中文专业课程设置的依据,而语文课程的"知识与能力、过程与方法、情感态度与价值观"三个维度必然成为中文专业课程设置的追求。因此,为了完成培养师范生成为合格的语文课程实施者的使命,三个维度必须渗透到中文专业的课程设置中。通过专业课程内容的积累和运用,内化知识并形成能力;通过对课程与课程内容的联系与思考,进行正确的判断和创造性的发挥,培养思维能力;通过富有文化内涵的语言类课程和反映生活为己任的文学类课程的学习和阅读,强化理解和感受能力,使师范生在文化的熏陶和艺术的感染中形成丰富的情感态度和正确的世界观、人生观、价值观,从而全面胜任中小学语文教学工作,肩负教书育人的使命。

(3)语文课程的实施是对中文专业课程内容的综合运用。中文专业课程价值必须通过语文课程这种综合方式才能得以实现。首先,语文课程实施是对中文专业课程的综合运用。这种综合性和综合性的运用,主要体现在三个方面:从中文专业课程设置与语文课程内容的对应关系而言,语文课程是中文专业课程内容的综合;从语文课程与生活的关系而言,语文课程是语文知识和原理与实际运用的综合;从教与学的关系而言是教的规范与学的选择的综合。因此,语文课程综合性及其运用是实现教师职前教育中文专业课程价值的根本原则。其次,综合性学习是语文课程的重要规范。所谓的综合性学习体现为语文知识的综合运用,听说读写能力的整体发展,语文课程与其他课程的沟通,书本学习与实践能力的紧密结合。也就是说专业内容只有通过综合运用,才能打破课程壁垒,在运用中相互融通,专业能力改变课程的条块分割实现相互联系,使专业知识和能力在实际运用中相互促进而获得整体提高。

3. 启示——建立教师职前教育中文专业课程设置与语文课程实施的密切联系

(1)教师职前教育中文专业课程设置与语文课程实施的因果关系是明确的、直观。教师职前教育中文专业课程设置与语文课程实施的矛盾对我们有两方面的启示:一是把语文课程内容作为课程设置的最基本和最重要的依据,对现行课程体制及课程内容进行调整和改造,将语文课程标准的全新理念纳入课程的设置和内容的选择及规范中。对陈旧的、已经不适应语文教学的内容进行改变和更换,尤其是一些因人设课的内容要进行规范,对选修课进行重新评估,确定取舍,使教师职前教育中文专业课程的设置完整而全面地反映语文课程内容,充分服务于对师范生语文素养的培育。二是课程设置要伴随语文课程的发展变化留有空间,富有弹性,能够进行随机的调整,使其始终保持与语文课程的因果联系。正在开展的语文教改,是一个超越传统的过程,也是探索出路的过程,在这个过程中会不断产生新的经验和出现新的发现,从而使语文课程内容不断得到充实、丰富和完善,适应这种发展变化的需要。中文专业课程设置应随机进行调整，课程内容也应及时更新和充实，使教师职前教育中文专业课程设置充分实现培养合格语文教师的目标。

（2）专业课实施要与语文课程进行密切联系。专业课实施既是课程设置理念实现的途径，也是促进课程设置合理化的渠道，而与语文课程的联系是它们共同的依据。一是中文专业课程教师必须熟悉中小学语文教学。中文专业课教师对中小学语文教育教学的把握是十分重要和迫切的。首先要熟悉《义务教育语文课程标准》和《普通高中语文课程标准》，因为它们是语文课程实施的根本依据。其次，要熟悉和了解中小学生的状况，因为他们是语文课程学习的主体。最后，要熟悉中小学语文教材，因为它是实施语文教学的基本依据。了解和掌握了这些内容，并融于专业课的教学中，专业课教学才具有针对性，才能最大限度提高专业课的教学效率。二是根据语文课程实施的具体情况及要求，增加能力训练课程。在教师职前教育中文专业课程设置与语文课程的因果关系中，我们将注意力集中在语文课程内容与专业课设置的对应性上，而忽略了语文课程实施要求与课程的对应性，使语文教师技能训练课数量偏少和实施随意，成为教师职前教育专业课程设置和实施中的普遍现象。为此，作为直接以面对具体职业岗位为培养目标的教师职前教育，需引进职业教育突出技能训练的理念，将教师所需的教学基本技能、教学综合技能、教学准备技能、教学研究技能的培养纳入课程设置中，形成由几门相关课程构成的语文教师技能训练系统，改变现行教师职前教育教学中师范生教学技能不足的状况。

（3）建立中文专业与中小学语文课程实施的联系与沟通的常态机制。即将中文专业课程设置及实施与语文课程内容及实施要求之间的因果联系进行拓展，形成教师职前教育中文系与具体中小学校的紧密联系。一方面，一线语文教师直接参与教师职前教育课程设置，甚至直接参与部分课程的教学。将语文教师的从业经验及语文课程实施对语文教师要求的直接感受，纳入教师职前教育中文专业的课程设置及实施中，使中文专业课程设置和实施与语文课程内容及实施要求联系更为紧密。另一方面，教师职前教育中文专业课教师直接参与中小学语文的教学教研活动，掌握第一手资料，直接感受、体验和把握语文课程内容及实施过程,为有针对性地实施专业课教学奠定基础。同时教师职前教育专业课教师运用自己的专业优势,对中小学语文教师进行专业辅导和培训,提升其专业素养。通过中文专业与中小学语文课程建立起相互促进、共同发展的联系,获得双赢。

教师职前教育中文专业对师范生采用分科培养的方式,而师范生走上工作岗位成为语文教师后对这些分科学习的内容要通过组合进行综合运用,这正是中文专业要培养师范生语文素养的原因所在。这对于教师职前教育提高教学效率以及强化教师职前教育人才培养与语文教师从业要求的对应性,都是十分重要的。

二、明确专业课程改革的出路

中文专业是教师职前教育的传统专业,在长期发展过程中,为各类学校和教育机构培养了大批优秀的教师和教育教学研究人员,成为教师职前教育的支柱专业,并形成了自身办学的运行模式。然而,伴随着社会的发展和时代的进步,用人单位对师范生素质和能力的要求都发生了深刻的变化,使中文专业长期运行中所形成的人才培养模式,越来越明显地反映出与社会需求的不适应。在这种情况下,中文专业的课程改革已经是势在必行。而要使中文专业走出困境,发挥支柱专业在教师职前教育课程改革中的引领作用,就不能进行一般性的调整,而要大刀阔斧地进行理念更新和课程整合。只有这样,才能使其具有适应社会发展的超前性,从而使教师职前教育中文专业的人才培养更有力和有效地服务于基础教育和高中教育需要。

1. 对教师职前教育中文专业培养目标和规格的分析与反思

人才培养目标和人才培养规格是学校一切工作的出发点和归宿,是学校办学理念的高度概括。目标与规格实现的程度是学校办学成效最直接的呈现方式。因此准确定位培养目标,根据目标对规格进行科学分解,严格按照分解的内容实施教学,是教师职前教育中文专业课程改革获得成效的先决条件。

而正是在这个方面,通过对各级各类教师职前教育中文专业培养目标和培养规格的比较,发现教师职前教育虽然有办学主体、办学层次和区域特点等方面的差异,但其培养目标和规格却惊人地相似。这里我们选择一个比较有代表性的表述进行分析:

(1) 培养目标。

本专业培养具有系统的汉语言文学基本理论、基础知识和基本技能,具有现代教育观念,适应现代社会需求,能够在各类中等学校进行汉语言文学教学和教学研究的教师、研究人员及其他教育工作的应用型人才。

(2) 培养规格。

本专业学生主要学习汉语言文学基本理论和基本知识,受到教育及教学的基本训练,具有良好的人文素养和教师职业素养,初步具备从事本专业的教学能力和科研能力。

毕业生应获得以下几方面的知识和能力:

① 具有正确的文艺观点、语言文字观点和坚实的汉语言文学基础知识,并具有处理古今语言文字材料的能力、解读和分析古今文学作品的能力、写作能力和设计实施语文教学的能力。

② 了解语言文学学科的新发展,并能通过学习,不断吸收本专业和相关专业新的研究成果,根据社会需要和教育发展的需要,拓宽专业知识,提高教学水平,将新知识引入语文教学的实施中,富有开创精神。

③ 了解本专业及相关专业各学科学术发展的历史,重视传统文化的继承和发展,了解中外文学的基本知识。同时具有一定的哲学和自然科学素养。掌握资料收集、文献普查、社会调查、论文写作等科学研究的基本方法。

④ 熟悉教育法规,具有初步运用教育学、心理学基本理论和汉语言文学教学基本理论,运用现代教育技术从事教学工作的基本能力。

⑤ 有良好的口语和书面语表达能力。

从以上表述中可以看出,教师职前教育中文专业目标定位和人才培养规格存在比较严重的问题。

第一,以应用型人才为培养目标的定位是正确的,但培养方式与培养目标存在矛盾。目标的第一句话中"本专业培养具有系统的汉语言文学基本理论、基础知识和基本技能"就是强调学科课程,以单一学科课程体系培养应用型人才是南辕北辙的。第二,人才培养目标与人才培养规格的契合度不够紧密。培养规格中的每项内容都强调知识,漠视能力,没有突出教师教育的职教特点。第三,培养目标和规格与教师从业需要脱节。整个培养目标和人才规格没有提到中文专业与语文新课标的联系,没有运用相关理念对专业课进行重新认识,更没有涉及中文专业与语文教师从业要求的因果关系。第四,培养目标和规格与实际教学脱节。目标中强调"具有现代教育观念,适应现代社会需求",培养规格中也呼应"了解语言文学学科的新发展""运用现代教育技术",而实际实施中单一学科课程理念左右着整个教育教学行为,专业课教师对中小学语文教育教学情况陌生,使用的教材缺少甚至没有师范性,等等。这一切又使目标与规格在实施中处于悬空状态。

从以上四个方面可以看出,目标和人才培养规格已经严重不适于社会发展对语文教师的要求。为此,目标和人才培养规格应进行两个方面的改变:一是将任务本位课程纳入培养目标和人才规格的设计中,使学科课程与任务本位课程有机结合,共同完成培养适应社会发展需要的语文教师的目标。二是以人才素质的培养为核心突出师范性,整合课程,以语文课程标准为依据对专业课教学的内容和方式进行选择。培养目标和规格是一切教学活动的出发点和归宿,因此,培养目标和规格必须经过科学论证。培养目标和规格一旦确定下来,就要严格围绕培养目标和规格,对课程进行设计、调整和改造,以实现对目标和规格实现的最佳的效果和最大化的效率。

2. 学科课程对目标实现的局限及任务本位课程理念的引入

培养适应社会发展需要的中小学语文教师是教师职前教育中文专业培养目标的高度概括。其规格的核心是作为合格语文教师的综合素养,其中包括师德素养、专业知识素养和专业能力素养等几个方面的语文教师从业素养。素养的培养和形成,单纯依靠学科课程是不够的。所谓学科课程也称分科课程,主张课程要分科设置,分别从相应科学领域中选取知识,根据教育教学需要分科编排课程进行教学。由于学科课程缺乏内在整合性,忽视知识的联系性,因此要培养师范生综合从业素养,必须将学科课程内容与实际运用结合,改变学科课程的封闭性,进行跨课程甚至跨专业的广泛联系,并通过运用和联系内化为学生自己的认识和见解。因此,单一学科课程体系是无法完成培养素养的使命的。相反,单一学科课程体系对培养师范生从业素养有三个方面的阻碍作用:一是学科课程封闭自足的系统,不仅妨碍了不同课程之间建立联系,而且严重地萎缩了学生的思维。而任何一项素养的培养和形成都必须由多门课程共同完成。二是学科课程对于知识的过度追求,使能力的培养被忽略。而素养的形成必须由知识和能力的结合才能形成。三是学科课程本位观念,往往无视培养目标的特殊要求,使中文专业课的教学往往脱离语文教师的从业需要,导致"学的没有用,有用的没有学"。当然,学科课程并非一无是处,它对于学生掌握系统的专业知识、深刻理解知识原理和内涵以及培养学生的研究能力具有不可替代的意义和价值,而这些也是教师从业不可缺少的。因此,一方面不能因为学科课程对教师职前教育中文专业培养目标的实现有阻碍作用,就加以全面否定,而是要积极挖掘其有益内涵,在课程改革中继续发挥它的价值。另一方面,对其阻碍实现培养目标的因素进行变革,其策略就是将任务本位课程引入课程的改革和实施中。任务本位课程是职业教育课程的重要形式,其内涵是根据对工作任务的分析设置课程,根据完成工作任务的需要选择教学内容,注重能力培养。任务本位课程使培养目标和具体规格与课程设计及教学实施实现了全方位的对接,从而改变了学科课程与从业需要游离的局面。

与学科课程相比,任务本位课程有三个方面的特点:

一是实用性。由于任务本位课程是直接对应从业要求的,因此,它剔除了学科课程庞大体系所带来的枝蔓及课程实施过程所带来的时间和精力的浪费。它改变了知识学习主体,变为以能力培养为主体,知识学习的要求以"够用"为宜,突出知识对能力培养的价值,使培养目标得到凸显。

二是开放性。开放性是相对于学科课程的封闭自足体系而言的,任务本位课程也同样有自己的体系,但这种体系不是封闭而僵化的,而是开放的。其开放性体现在两个方面:一方面,这个体系只有放在整体设计的大的课程体系中才能充分发挥其价值,相比之下独立性更弱;另一方面,这个课程体系关注能力的培养和形成,但也并不漠视知识的地位和价值,追求在知识指导下的能力培养和能力运用中对知识的丰富。

三是灵活性。一方面,由于社会发展、科技进步给职业带来的变化非常迅速,从业要求的变化随之而来,因此在课程实施中可以根据从业需要不断充实或改变其内容侧重和系统构成;另一方面,面对不同教育对象,为实现不同培养目标,可以对课程内容甚至课程系统进行灵活安排。

这三方面特点对于加强日益被淡漠的师范性、突出专业课教学的实用价值是非常必要的。当然,教师教育毕竟是一种特殊的职业教育,完全照搬一般职业教育的做法,也会扼杀它的特殊性。它的特殊性在于教书育人,而这一责任单凭任务本位课程也是无法承担的。完成这一目标需要有更丰富的积累和更深刻的理解力,这恰恰是学科课程所能承担的使命。那么如何处理学科课程和任务本位课程的关系,就成了不可回避的问题。课程实施者要具备两种课程理念,在具体课程的实施中,以学科课程为基础,以任务本位课程为主体。通过学科课程的实施,奠定师范生从业的思想、情感和道德的底子,为专业课学习打好基础。通过任务本位课程的实施,丰富从业的专业知识积累和提高工作任务执行的能力素质。当然,在具体实施中,学科课程与任务本位课程在不同课程的操作中虽有侧重,但绝不是泾渭分明、非此即彼的,而是相互借鉴、互相渗透,你中有我、我中有你。这是中文专业课程改革中必须强调的。

3. 培养目标的分解与课程的整合

任何性质的学校的培养目标都是与课程设置相对应的。对于教师职前教育中文专业而言,一方面,由于培养目标很少伴随社会从业需要的变化进行调整和改变,使目标本身落后于时代;另一方面,由于在不改变目标的前提下,不断地对课程进行小修小补,特别是增加了一些新课程,使课程设置与目标的对应性更加模糊,以至于有一些课程与目标没有对应性。这种滞后的目标和不规范的课程设置,使培养目标与课程设置之间的对应性严重错位。这正是我们强调把任务本位课程引入教师职前教育中文专业课程设置中的原因。

由于语文综合素养是合格语文教师的核心,而素养自身是一种知识与能力的融合,是理论与实践的沟通,是积累与内化的统一,它需要多门课程共同来实现。学科课程孤立、封闭、保守的特点,决定了它无法独立承担这一责任。因此,一方面引入任务本位课程理念,目的是强化目标与课程的联系;另一方面为了使这种联系更为密切和鲜明,对课程进行整合,目的是培养学生的素养。我们将以合格语文教师的师德素养、知识素养、能力素养为依据所设置的课程分解为四个目标,即师德及教师基础素养培养目标、文学类课程素养培养目标、语言类课程素养培养目标和语文教学类课程素养培养目标。这种分解不仅使目标更为具体和易于操作,而且使目标与课程的关系更为明了与直接。课程的整合是将同类课进行统整,使之形成一个相对独立和完整的系统。一方面改变长期在中文专业课程实施中学科课程所造成的课程教学的孤立性;另一方面,整合之后的课程系统,与分解所获得的具体目标直接对应,从而提高教学的目的性和效率。

根据四项目标,将全部课程分为四个系统:第一个系统是"师德及教师基础素养"培养课程系统,涵盖全部公共必修课和公共选修课。其内容有两个方面:一是"师德"培养,以"马克思主义基本理论"和"毛泽东思想、邓小平理论和'三个代表'重要思想概论"为核心,以"思想道德修养与法律基础"为关键,以"形势和政策教育"为重点,以相关选修课为辅助;二是教师基础素养,以"体育和大学生心理健康与成长"为基础,以"教育学""心理学"为核心,以"计算机文化基础"为重点,以"外语"为难点,以相关选修课为辅助。第二个系统是文学素养培养课程系统。以"文学概论"为核心,以"古代文学"为基础,以"现当代文学"为重点,以"外国文学"为难点,以相关选修课为辅助。第三个系统是语言素养培养课程系统,以"语言学概论"为核心,以"现代汉语"为重点,以"古代汉语"为难点,以相应选修课为辅助。第四个系统是语文教育素养培养系统,以"现代教育发展与语文教师素养"为前导,以"语文课程与教学论"为核心,以"语文教师技能训练"为重点,以"教育实习"为关键,以相关选修课为辅助。四个系统基本涵盖中文专业全部课程,并使每一门课程对应着具体培养目标,而且明确了具体课程在培养目标中的地位和价值。

教师职前教育中文专业课程改革探索的目标,一是准确定位培养目标和培养规格,使目标和规格和谐统一,适应社会发展要求,更具操作性;二是使目标与课程设置和实施的联系更为密切,使教师教育与中小学语文教师从业的关系更为紧密,从而提高教学效率和效果,提升教育教学品质。而这一目标的实现对专业课教师提出了更高的要求。一方面任务本位课程要求专业课教师要熟悉中小学语文教育教学的现状及发展方向,对语文教师的从业素养和要求以及所教课程在从业中的价值要有明确的把握。另一方面,课程整合要求教师改变孤立地理解和教授具体课程的局面,而要建立课程系统的整体观念。具体课程只是构成整体的局部,处理好整体与局部的关系,以整体把握作为前提进行具体课程的教学。除此之外,课程的整合要有动态性,课程的实施要有灵活性。课程整合的动态性就是要根据实际需要,对课程整合进行改变和重组。课程实施的灵活性就是根据具体对象的不同进行有差别的实施。突出动态性和灵活性特点,目的就是使课程的整合与实施始终伴随满足中小学语文教师从业需要的变化,和满足师范生学习与发展的要求。这是凸显教师职前教育中文专业培养目标不能忽视的。

三、强化课程教学对职业意识的培养

高师是培养各级各类学校师资的专门机构,学校的一切工作都应围绕培养符合未来社会发展的教育教学从业人员展开,因此,专业课教学除了直接培养学生从教的专业知识和专业能力,更应在专业课教学中对学生从教的职业意识进行培养。所谓职业意识是人们对职业劳动的认识、评价、情感态度等成分的综合反映,是支配和调控全部职业行为的调控器。因此,对学生进行教师职业意识的培养是高师专业课教学的分内之事。通过对师范生职业意识的培养,不仅为他们奠定将来从业的基础,而且能够为恰当而有效地对专业课学习的内容选择和侧重的处理提供依据。因此,对师范生教师职业意识培养的意义在相当程度上超过了对专业课自身的学习。其原因有二,一是职业意识是专业课价值实现的途径。缺少或者没有职业意识,就会使专业课学习缺少目标,不仅会影响专业课学习效果,而且会使有限的效果价值的发挥受到极大的限制。二是职业意识是专业课学习的原动力。有明确做合格教师的目标,不仅能够克服专业课学习的盲目性,而且能够增加专业课学习的主动性,促进专业课学习内容的选择与教师从业需求相结合,从而提高学习效率。从这个角度说专业课教学与职业意识培养的关系是非常密切的,职业意识的培养是专业课教学必不可少的内容,同时要提高专业课教学的效率,职业意识是巨大的原动力。

1. 高师人才培养及专业课设置

对于高校教育教学的探索,最为关键的就是人才培养,它是高校办学的核心,高校所有工作都与这个核心发生着直接或间接的关系。

(1)高师的性质、特点及培养目标。高师的性质、特点和培养目标往往被笼统地称为师范性,这个观点并没有什么错误,但这个观点由于泛泛而很难让人切实把握。所谓的师范性,从性质上看,高师是以未来教师为培养对象,具有鲜明的职业培养目标的专门机构;从特点上看,是围绕岗位从业要求,将专业知识与教育教学理论相结合,将师范教育与面对岗位的实际要求相结合,尤其强调在实际岗位和虚拟情境中培养学生的教学能力;从培养目标上看,高师是培养适合社会发展需要的、具有充分的专业知识以及教育学、心理学理论基础和实践教学能力的合格教师。这三方面综合在一起便构成了师范性的内涵。

(2)课程设置与师范生从业要求的一致性。高师的培养目标是根据具体教师岗位的实际需要确立的。因此,培养目标是与师范生的从业要求一致的。以中文专业为例,根据现行教师的从业要求进行分解,需要具备三方面的素养,即语文知识素养、语文能力素养和教育教学情意素养。再将每一项素养进行分解来进行课程设置,如语文知识素养中包括语言学知识和文学知识,与语言学知识对应设立了"语言学概论""现代汉语""古代汉语"等课程,对应文学知识设立了"文学概论""中国古代文学""中国现代文学""外国文学史"等。对应语文能力素养开设了"语文课程与教学论""语文教师技能训练""教育实习"等课程。对应教育教学情意素养设置了"毛泽东思想、邓小平理论和'三个代表'重要思想概论""思想道德修养与法律基础""马克思主义基本理论""形势与政策教育"等课程。同时为了突出师范性特点设置了"教育学""心理学"等课程等。因此,课程是根据目标的构成设计的,每一门课程都是实现目标不可缺少的,都肩负着具体的使命。

(3)教师职业特点及课程的调整和改造。教师是先进文化的传播者,教育教学行为与社会发展有着十分密切的联系,而教师面对不同时代的学生,也存在着观念上的巨大反差,尤其是信息时代知识更新速度的加快,使教师的职业内涵始终处于动态的变化之中。作为培养适应未来社会发展需要的合格教师的专门机构,高师必须不断地对课程的设置及课程的内容进行调整和改造。"调整"就是根据教师从业的具体情况及变化,对于一些已过时的课程或意义不大的课程进行调整,代之以适应新要求的课程。"改造"就是对教师素养的培养和形成所必需的,但内容和观点已显陈旧的课程进行改造,增添新的成果,使教师教育始终保持观念和内容的先进性。

2. 高师专业课教学与教师职业的背离

从上述的分析中我们可以看出,高师的专业课设置是以满足教师从业要求为依据的,但课程设置仅仅是一个前提,实现专业课设置所要实现的目标关键是课程的实施,而正是在这个关键点上,往往存在明显的问题。

(1)高师专业课教师对专业对应的中小学教师岗位的陌生。专业课教师对培养对象将来从事的岗位的陌生,在高师中是一个非常普遍的现象。在中文专业中,有一部分教师从来就没有真正从专业教学的角度接触过中小学语文教学。对中小学语文教学具有指导意义和规范价值的《义务教育语文课程标准》和《普通高中语文课程标准》,除了"语文课程与教学论"教师进行比较深入的研读,绝大多数专业课教师对其中的内容似是而非,甚至语文课程最基本的理念也不知晓,不了解中小学语文教育教学的改革状况,也对自己所讲的专业课在中小学语文课程中的地位茫然无知,整个专业课教学处于一种盲目状态。

（2）高师专业课设置的滞后。高师的目标是培养适应社会发展需要的合格的教师。伴随我国经济的迅速崛起,社会发展变化急剧提速,由此带来的知识更新和人的观念的改变都要求作为培养先进文化知识传播者的高师对课程进行及时调整和重新设计,以适应已经改变了的对教师的从业要求。然而现在师范院校专业课并没有进行相应的调整和改变,虽然一些学校也做了一些修补工作,但基本维持着20世纪80年代中期高师课程设置的框架,内容陈旧已与当下教师职业要求有了相当大的距离。这种状况严重影响了高师的人才培养质量。

（3）高师专业课教学的模式化与教材的一般化。与一般高校相比,高师具有自己鲜明的特点,然而,在高师的发展中不顾自身特点,追求、效仿综合性大学办学模式却成为比较普遍的现象,使高师专业课教学只顾及课程内部的系统和逻辑,无视教师职业对专业课学习的特殊要求,加上专业课教师对课程内容的处理上有极大的随意性,使专业课的讲授进一步脱离从业的需要,以至于我们看不出相同的专业课在高师和综合性大学实施中有什么区别。除此之外,专业课程教材的一般化则进一步加重了高师专业课教学与教师职业的背离。教材是课程的载体和教学的基本依据,教材的一般化有两层含义：一是教材大众化,什么学校都可以用,缺少培养教师的针对性,不是专供高师使用的教材；二是相关部门在订购教材时往往要求与研究型综合大学相关的权威性教材一致,不仅漠视教师教育的特点,而且对课程专业性的追求,造成课程的学科特点更为突出,与高师的教师职业培养目标无法融通,这就进一步强化了教学与教师从业需求的背离。

3. 高师专业课教学职业意识渗透策略

职业意识对师范生的专业课学习乃至整个培养目标的实现,都具有十分重要的意义,而恰恰这一点也正是高师办学中所面临的重大难题,那么如何破解这个难题呢?笔者认为应从以下四个方面入手:

(1)高师专业课教师改变观念,拓展思路。教师是教育教学的主导者,有什么样的教师,就有什么样的教育。要培养学生的职业意识,教师首先要具备培养中小学教师的职业意识,一切教育教学活动应始终围绕师范生从业需要实施。师范生从业需要既是教学设计和实施的依据,也是对教学进行评价的依据,使专业课所教的内容和所运用的形式真正能够学以致用。同时深入理解和把握义务教育课程标准和普通高中课程标准,专业课教师要理解和把握相关课程理念、实施的目标,尤其是应根据课程标准明确自己所教的专业课程在整个中小学课程教学中的地位,再结合教学要求和考试大纲的规范,明确自己所讲专业课哪些是中小学课程教学的重点内容,做到有的放矢。

(2)加强实践教学,专业课教师积极参与中小学教学活动。作为具有鲜明职业教育特点的师范教育,其实践教学越来越受到有识之士的关注。然而,实践教学不应仅仅针对学生,也不应只涉及相关课程的教师,而要涉及所有专业课教师,这是教师改变传统观念的有效途径,也是专业课教学中职业意识渗透的前提。其途径有两种,一种是专业课教师承担实习带队的任务,通过客观地分析和评价学生实习中的教学及管理情况,反思自己的专业课教学。一种是直接参与中小学的教学教研活动:一方面与中小学教师合作开发研究课题,在理论上学习和交流,解决实际问题;另一方面参与教学活动,甚至可以直接承担中小学的教学任务,在实践中深化对教师职业的理解,从而更有针对性地实施教学。

(3)对课程设置进行科学化及动态调整。一方面课程设置要合理,先基础,后专业,知识与能力融通,过程与方法结合,充分考虑课程之间的内在逻辑关系,先后有序,深浅适度。另一方面,课程设置要精练,对于可有可无的课程一律删掉,要因需设课而不要因人设课。同时课程设置要有动态调整机制,至少两年一次对社会教师岗位要求进行调研,明确教师从业要求的变化,根据变化对课程进行调整、改造,使高师专业课始终保持先进性。

(4)通过制度建设改变传统教学模式,将职业意识的培养纳入专业课实施的目标体系。专业课教学中对师范生教师职业意识的培养,教师是主导因素,但单凭教师的自觉性努力是无法充分完成这个重要使命的,还必须要有制度的规范。首先,通过制度规范改变传统教学模式。传统教学模式是妨碍专业课对师范生进行职业意识培养的主要因素,由于高师效仿和推行研究型综合大学教育教学模式由来已久,具有深厚的习惯基础和观念基础,要对此真正加以改变,制度的强力手段是不可缺少的。其次,通过制度建设将对师范生进行职业意识的培养纳入专业课实施的目标体系。一方面通过强化教师职业意识培养的观念,营造气氛,使教师感受到在专业课教学中对学生进行教师职业意识的培养是不能缺少的;另一方面,将职业意识的培养直接纳入师范教育的培养目标中,使其成为教学评价的重要内容,从而形成在专业课教学中培养学生教师职业意识的自觉性。

高师专业课教学是人才培养的主渠道,作为以适应社会发展需要的合格教师为培养目标的高师,在这个主渠道中必须对学生进行教师职业意识的培养,这不仅是学生学好专业课的基础和动力来源,也是将师范生培养成合格教师不可缺少的重要内容。

四、突出人才培养的模式建构

课程设置及实施与培养目标之间的矛盾普遍存在于各类教师职前教育的办学中。它不仅导致教学效率低下,而且直接造成了师范性的淡化。在教师职前教育办学存在的问题中,这不能不说是带有根本性的。而解决这个问题的关键,一方面要明确教师职前教育的培养目标,依据目标实现的要求对课程设置进行调整和改造。另一方面,要专注于教师职前教育人才培养的师范性特点,突出对相关专业课程与教学论素养的培养。以专业课程与教学论的理论学习和技能训练为核心整合相关课程,并提领其他专业课程,促成课程与教学论与其他专业理论课的有效融合,从而全面提升教师职前教育师范生的专业课程的综合素养。两个方面相辅相成,是充分实现教师职前教育培养目标与提高培养效率的重要途径和手段,也是"课程整合、平台贯通、操作一体化"语文课程素养培养模式的基本依据。

1. 语文课程素养在教师职前教育中文专业中的内涵及现状

语文课程素养是一种综合素养,是教师职前教育中文专业人才培养的核心所在。它是以中文专业的主干教材《语文课程与教学论》为核心,以"教育学""心理学"课程为前提,以相关的语文教育理论课程与实践课程为基础,以中文专业课程为支撑,所形成的语文课程意识、所积累和掌握的语文课程知识以及所培养的语文课程能力。语文课程意识是学生对语文课程先入为主的认识、理解、感悟和自觉的判断,包括语文课程本质、培养目标、内容范畴以及课程结构、课程功能、实施理念等。语文课程知识包括《语文课程与教学论》知识以及文学、语言学等专业课程知识。语文课程能力包括课程设计能力、课程选择能力、课程开发能力等,是学生应具备并运用于语文课程活动中而且直接影响课程活动成效的能力。

从上述对语文课程素养概念的分析和分解中可以明确,语文课程综合素养涵盖了教师职前教育中文专业所有课程的培养目标。它既凸显了师范性特点,又体现了中文专业的内涵,是"培养具有系统的汉语言文学基本理论、基础知识和基本技能,具有现代教育观念,适应现代社会需求,能够在各类中等学校进行汉语言文学教学和教学研究的教师、研究人员及其他教育工作的应用型人才"培养目标的浓缩。然而,由于几十年一贯的师范教育传统,许多学校中文专业对语文课程素养的培养并没有明确的意识。

首先,作为语文课程素养培养核心的《语文课程与教学论》并没有得到应有的重视。从业的压力虽然使师范生对《语文课程与教学论》的态度有了一些改变,但他们的兴趣仍多集中在文学和写作方面。在2006年湛江教师职前教育中文专业350多名毕业生的毕业论文选题中,有200多人集中选择文学、写作方面的内容,只有28人选择语文课程与教学。由此可见,直到大三,学生对于教师职前教育的培养目标及学习和从业的关系认识仍处于混沌状态。

其次,与《语文课程与教学论》相关的课程开设得很少。2005年只有"语文课程与教学论"和"教育实习"两门专业课和几门随意开设的相关选修课,"语文教师技能训练"则穿插于"语文课程与教学论"的教学中,2006年才单设出来。2007年增设必修课"现代教育发展与语文教师素养",并对已开设的选修课进行调整和改造,才逐渐形成此类课程设置较为丰富的格局。

最后,相关课程教学的孤立实施。这主要体现在两个方面:一方面,围绕《语文课程与教学论》这一核心所设置的课程以及"教育学""心理学""现代教育技术"等课程,在教学中各行其是,各门课程以一种封闭的结构自成系统。任课教师的授课从课程到课程,很少有相关课程的联系,更缺少根据实际情况的拓展。在"语文课程与教学论"中强调的内容,对"语文教师技能训练"基本没有意义。在技能训练中遇到的问题,也缺少用"语文课程与教学论"理论加以解决的想法和做法。这种各自为战的状况,使新开设的课程并没有起到应有的作用,教学效率不高,无法实现从语文课程角度对师范生语文课程素养的培养。另一方面,其他中文专业课程,也往往采用综合性大学使用的所谓权威教材,缺乏与教师职前教育特点和需要的对应性。备课中教师缺少对课程师范性的渗透和改造,课程的孤立实施使其背离了基于中小学语文教师的从业要求的设计。

以上三种情况,不仅造成了学生大量的时间和精力的浪费,而且直接影响了培养目标的实现。因此,进行教师职前教育语文课程素养培养模式的探索就显得十分必要和紧迫。

2. "课程整合、平台贯通、操作一体化"语文课程素养培养模式的内涵

2006年,当新一批大三的学生开始"语文课程与教学论"的学习时,他们吃惊地发现前两年的专业课学习过于盲目,始终是在一种不知道为什么学的状况中学习的。为了改变这种状况,中文专业于次年增设了"现代教育发展与语文教师素养"课程,并将其放在新生入学的第一个学期。这是这一模式探索与实践的起步。接着根据理论与实践相结合的要求以及《义务教育语文课程标准》对中小学教师作为研究者的角色定位,从 2007 年开始将上一届学生实习中发现的问题和本届学生在"语文教师技能训练"中出现的问题进行归纳,结合"语文课程与教学论"教学的进展,将归纳的问题和学习的内容结合,确定一个个具体的需要解决问题的题目,通过写作加以思考和解决。这种探索与尝试不仅提高了学生的研究能力和解决实际问题的能力,而且促进了理论课程与实践课程的融合,为进一步对课程整合提供了启示。从 2008 年开始尝试将"语文课程与教学论"及相关课程进行整合,对课堂教学平台和实践教学平台进行贯通,并将课程整合与平台贯通进行一体化实施,从而逐步形成了"课程整合、平台贯通、操作一体化"语文课程素养培养模式。

所谓"课程整合"就是建立以《语文课程与教学论》为中心的课程教育教学系统。首先,这个系统以公共必修课"教育学""心理学"和公共选修课"现代教育技术"为先导,使这一体系在教育教学基本原理的规范中进行,保证其科学性并使其具有宏观的背景。其次,以相关专业必修课为主体和框架。"现代教育发展与语文教师素养"开设在学生入学后的第一学期,主要培养学生的教师从业观念和从业要求,为大一下学期和第二学期密集的中文专业课展开明确的学习目标和确定学习视角。"语文课程与教学论"和"语文教师技能训练"开设在大三第一学期,在专业课学习的基础上全面学习语文课程理论和语文教学原理,展开操作能力的训练。"教育实习"安排在大四上学期,将所学的专业知识、语文课程理论和语文教学原理的知识与教学操作能力,直接运用于实际教学,通过教学实践进行检验,调整和提升语文课程素养。这样直接以培养语文课程素养的专业必修课贯穿于四年大学教学的始终。再次,相关专业选修课充实丰富专业必修课内容。伴随"现代教育发展与语文教师素养"及中文其他专业课程的开设插入选修课"语文课程改革和发展研究""语文教师专业化研究",伴随"语文课程与教学论"及"语文教师技能训练"课的开设插入选修课"语文教学艺术""中外语文教育比较研究",伴随"教育实习"开设"初中语文教材分析",使专业必修课和专业选修课在整个课程设计中形成一个完整的系统。最后，发挥"写作"在课程整合中的特殊作用。写作是中文专业课的一种，并不属于教育教学类课程范畴，但它是《语文课程与教学论》中的一项重要内容。纳入"课程整合"中的写作并非中文专业的写作课，而是一种专业化写作。这里的写作既是思考方式，也是学习方式，在课程整合中起着中介和导向的作用。"中介"是它沟通了构成"课程整合"的各个课程之间的联系，打破了在教学中各自相对独立的状态。一方面通过写作将相关的必修课与选修课、理论课与实践课统一起来。另一方面通过写作对中文各专业课内容根据解决问题的需要进行重组，从而产生新的观点和思想，使师范生在学习中基于课程又超越课程，形成语文课程素养。"导向"是在写的过程中，深入而具体地思考，理解和把握问题的本质，制定有效而恰当的解决对策，通过不断的写作过程逐渐找出语文课程的内在规律，为全面提升语文课程素养指明方向。因此，在课程整合中，写作是必不可少的。

"平台贯通"是指在教师职前教育中文专业语文课程素养的培养中有两个平台，即课堂教学平台和实践操作平台。两个平台相互孤立、缺少联系及两个平台的不平衡是目前教师职前教育办学中的严重问题。两个平台"缺少联系"，主要体现为理论与实践脱节，理论不能有效地实现对实践的指导意义和价值，实践因缺少理论的依据而显得随意和盲目。"不平衡"主要体现在课时分配上，实际训练不足不仅影响了师范生的教学技能水平，也严重影响了理论原理的内化。两个平台的贯通就是要改变以理论学习为主的课堂教学与实践操作能力培养缺少联系、相互孤立的状况。主要从两个方面进行：一是在课堂教学中加强操作能力的培养。目前教师职前教育依然是以课堂教学为主，课堂教学在整个四年大学教学中一般占80％左右，课堂教学以理论传授为中心。在课堂教学中加强实践操作能力的培养，就是要在教师职前教育的课堂教学中引入职业教育理念，加强实践操作能力训练，使学生的思维和手脚都动起来，使课堂教学既是理论学习的场所，又是实践训练的场所。在进行理论原理的讲授时，融入教师操作示范，在接受理论的时候，学生通过模仿操作进行内化，使理论学习和能力训练同步进行。二是在保证两个平台相对独立的前提下,加强相互间的联系和渗透。理论教学与实践操作毕竟具有相对独立性,完全融合有悖于各自的规律将导致混乱。两个平台在承担各自主要任务的前提下,加强相互联系和渗透就显得十分重要。诸如为了加强两个平台之间的相互联系和渗透,"语文课程与教学论"和"语文教师技能训练"两门课程同时开设,用"语文课程与教学论"的原理指导"语文教师技能训练"的具体操作,"语文教师技能训练"实施过程中出现的疑惑和问题,运用"语文课程与教学论"理论加以分析和解决。教育实习的主体是教学实践操作,同样也引入理论平台所获成果的指导来提升操作水平。教育实习指导教师的主要责任就是运用"语文课程与教学论"理论对学生实际教学实践进行校正和规范。当然,平台贯通还有待于增加实践操作课程的比重,使能力获得充分训练,理论得到全面内化。

"操作一体化"是在具体实施中围绕着语文课程素养培养目标,将课程整合与平台沟通作为一个整体进行操作。在课程整合中进行平台贯通,在平台贯通中进行课程整合,使二者在相融中共进,在共进中相融。在此基础上对师范生语文课程素养的培养分三个阶段进行:第一阶段通过培养师范生的师范意识和教师职业意识改变师范生在校期间学习的盲目性。第二阶段理论学习与能力训练相结合,构建师范生从业的专业理论和能力基础。第三阶段运用理论学习与实践能力训练的结果,开展实际教学、教研活动,解决具体问题。各阶段之间所具有的时序性和层次性特点突出了一体化的原则。"操作一体化"不仅着眼于以《语文课程与教学论》为核心的语文教育教学相关课程,而且关注教师职前教育中文专业所有课程,具体可用"整合""联系""辐射"来加以概括。"整合"是以《语文课程与教学论》为核心,对"现代教育发展与教师素养""语文教师技能训练""教育实习"进行整合,构筑《语文课程与教学论》课程系统。"联系"是与和《语文课程与教学论》课程系统联系密切的三门公共必修课"教育学""心理学""现代教育技术"建立联系,拓展《语文课程与教学论》课程系统的教学视野,深化其内涵。"辐射"是把教师职前教育师范生语文课程素养的目标和理念渗透和辐射到各个专业课和选修课的教学中,使教师和学生都在这一理念和目标的指导下,进行教与学的选择,使教师职前教育中文专业将对学生语文课程素养的培养贯穿于专业课程学习的方方面面和四年大学生活的始终。

这就是"课程整合、平台贯通、操作一体化"语文课程素养培养模式的基本内涵。

3. "课程整合、平台贯通、操作一体化"语文课程素养模式的实施要求

实施"课程整合、平台贯通、操作一体化"改革方案,教师职前教育师生必须从观念到操作进行全方位的改变。首先要改变教师教育的课程观念。我国教师职前教育课程设置和实施几十年一贯,严重滞后于社会发展需要,不仅课程设置陈旧、保守,而且课程的内容往往也未能与时俱进,单一学科课程体制、因人设课等现象比较严重。改变这种状况应从以下三个方面入手:

(1)改变传统僵化的课程观念,建立课程设置与实施的灵活机制。在传统教师职前教育办学的课程观念中,学科课程观念是其最突出的特点。学科课程以知识为本位,追求知识的系统性,使课程体系封闭,缺少与实际应用的对应性。这是造成教师职前教育人才培养效率不高的重要原因。在课程设置上,一方面,课程设置固定,缺少灵活性,只要是课程设置中存在的课程往往不敢轻易调整和更换,作茧自缚;另一方面,因人设课又使课程设置的随意性成为突出特点。这种相互矛盾的课程设置,不仅违背了教师教育的特殊性,而且扭曲了教育教学的一般规律。改变这种观念,改变课程性质,建立课程设置和实施的灵活机制就显得十分重要。第一,改变课程性质。改变单一的、不断走向绝对化的学科课程体系,将任务本位课程理念引入教师职前教育的课程实施中。一方面使课程有更开放的视野;另一方面将课程的实施与语文教师的从业要求紧密联系起来,突出课程的师范性。第二,建立课程设置和实施的灵活机制。课程设置适应社会经济发展需要具有时代性,适应培养学生语文课程素养需要具有针对性,适应学生的学习和发展需要具有灵活性。同时,课程设置要留有空间,为接纳和吸收新内容和新观点做准备,使教师职前教育中文专业的课程设置具有适应社会发展的、满足学生需要的、灵活的、可调控的动态结构。

（2）将《义务教育语文课程标准》的理念纳入课程的实施中。《义务教育语文课程标准》颁布实施，对于教师职前教育中文专业的课程实施有着重要意义。然而在实际教学中，除了《语文课程与教学论》及相关的语文教育教学课程直接涉及了《义务教育语文课程标准》，作为中小学语文教师观念依托和行动纲领的《义务教育语文课程标准》，在培养语文教师的其他专业课教学中却几乎没有涉及。教师职前教育专业课教师观念滞后的情况可想而知。因此，把《义务教育语文课程标准》纳入专业课实施中是观念改变的要求。一方面，凡是为中文专业师范生上课的教师必须掌握《义务教育语文课程标准》；另一方面，必须以新课标的理念处理所讲课程内容、组织教学。这既是教师职前教育教师课程理念变化的要求，也是培养学生语文课程素养必要的工作。

（3）全面提高教师职前教育专业课教师的素养。

第一，改变教育教学观念，提高知识和能力素养。长期传统课程观念下照本宣科的方式使许多教师知识陈旧和萎缩，已经不适于承担培养学生语文课程素养的责任。而知识的更新和积累是其观念改变的必要条件。因此，教师在对所讲的课程知识更新以及分析、研究能力等方面要进行全面提升，突破单一学科课程观念的禁锢，具备更为开放的视野。

第二，确定培养学生语文课程素养的目标。当前教师职前教育中文专业人才培养目标的表述中，过于含糊是比较普遍的现象，很难让人将它与具体课程对应起来。因此，既能高度概括人才培养标准，又能与各种专业课建立对应关系的目标就显得特别重要。而以语文课程综合素养为培养目标恰恰是最好的表述，它既包含了对教师从业的人文性要求，也包含了对从业的知识和能力的工具性要求。一方面它与语文课程标准提出的"全面提高学生语文素养"对应，另一方面它又与教师职前教育中文专业的课程对应。它高度概括了教师职前教育中文专业的人才培养目标而且具有操作性。

第三，落实语文课程素养培养模式的要求及评价导向。任何教育教学改革方案，最后必须通过教师的教学来落实。首先，教师只有把握"课程整合、平台贯通、操作一体化"语文课程素养培养模式的设计思路、掌握培养目标的内涵、清楚自己所教课程在总目标中所分担的责任以及学生在课程内容学习方面的已有水平和学习需要,进行有针对性的教学,才能发挥这一教学模式的价值。其次,除了以《语文课程与教学论》为中心进行整合的语文教育教学类课程,其他中文专业课程也应围绕培养学生语文课程素养展开,构成对这一培养模式的强力支撑和烘托,形成一种氛围,促成教师职前教育整体培养目标和培养方式的改变。最后,评价导向对于培养模式的落实也是不可缺少的。教学评价对于教学具有导向作用,有什么样的评价就有什么样的教学,要落实"课程整合、平台贯通、操作一体化"语文课程素养培养模式,同样需要评价进行规范和保驾护航。因此,要建立健全与语文课程素养培养模式相应的评价体系,专注于语文课程综合素养的培养目标,打破课程实施中的孤立状态,建立课程之间广泛而深刻的联系,依据《义务教育语文课程标准》的理念和要求,以具体课程特点作为切入点实施教学。同时,这种评价作为导向,先在以《语文课程与教学论》为核心的语文教育教学课程体系中实施,通过不断实践逐渐在中文专业所有课程中推开,使教学评价促进语文课程素养培养模式发挥对整个教师职前教育中文专业改革的示范和引领作用。

　　语文课程素养既是《语文课程与教学论》及相关的语文教育教学课程的素养,又是中文专业课程的综合素养。因此,以《语文课程与教学论》为核心,以学生学习和发展需求为导向,以适应语文教师从业要求为结点,建立"课程整合、平台贯通、操作一体化"语文课程素养培养模式,并以此提领整个教师职前教育中文专业的教学,对于改变教师职前教育办学的现状与提升人才培养的针对性和效率具有十分重要的意义。

第三节　培养与培训的融合

　　高师中文专业人才培养的从业导向的结果,表现为师范生走上教师岗位之后作为语文教师的从业水平。从业水平既是对高师人才培养从业导向的检验，也是针对具体问题通过继续教育进行弥补和提升的切入点。而在语文教师的继续教育中，淡化语文课程特点进行普适性实施的情况比较普遍存在。这不仅与语文课程的特殊性不对应，也与高师中文专业人才培养的从业导向不一致。

一、语文教师继续教育的特殊性

语文课程与其他课程相比具有自己鲜明的特点。这些特点也对从事语文教育教学的教师提出了具体要求。而作为教师专业发展途径和手段的语文教师的继续教育，也应针对语文课程特点及其对语文教师的从业要求进行有针对性的实施。这是教育规律的要求，也是教师继续教育的责任。学科特点决定了语文教师无论是素质要求还是从业标准都与其他学科的教师有所不同，反映了语文教师的特殊性。依据这种特殊性进行继续教育的方案设计和实施，是突出语文教师的特点、提高继续教育的针对性和效率的基本要求。

1. 语文教师的特殊性

语文教师的特殊性是与语文课程特点息息相关的。语文课程具有工具性和人文性，而且工具性和人文性的统一，是语文课程的基本特点。同时，语文课程的生活化是其重要理念之一，在生活中学习和运用语言，是语文课程学习的基本途径。这些特点对语文课程的实施者提出了具体而全面的要求，由此形成了语文教师的特殊性。

（1）语文课程的生活化及跨学科性质对语文教师积累的要求。语文课程生活化和语文课程实施中进行跨学科学习，是语文课程标准的两个重要理念。这两个理念使语文教师与其他课程教师相比，在积累方面的任务是最为繁重的。尤其是"语文课程的外延与生活外延相等"的理念，使生活中所有的内容都有可能成为语文课程的内容。一方面，为了真正落实语文课程生活化的理念和目标，语文教师必须具备比其他课程教师更为丰富和更为广泛的生活积累,而为实现这一积累,语文教师生活的社会化也自然被提及。语文教师只有在其固有生活的基础上,积极将生活向社会拓展,才能弥补生活积累方面的局限。对生活有更全面、更广泛也更深入的参与,才能在语文课程实施中引领学生认识生活、理解生活。所以,教师生活经验积累的要求,是实现语文课程生活化的必要前提。另一方面,语文课程要求进行跨学科学习,使语文教师不仅要关注生活,还必须对其他学科进行关注,尤其是与语文课程关系密切的,诸如对历史、政治等课程的关注。作为语文教学基本依据的课文教材,包含了非常丰富的跨学科内容,语文教师如果对这些内容缺少基本的和必要的了解及掌握,就无法将那些以跨学科内容为主体的课文讲清楚。而其他课程的教师对这方面的要求都远逊于对语文教师的要求。

(2) 语文教师潜移默化的教育方式与综合素养的重要性。语文课程具有工具性和人文性特点,工具性要求学好语文需要历练,而人文性则要求对学生通过潜移默化的形式施加影响。许多课程的学习都有历练的要求,也有一些课程提倡潜移默化的影响,但其他所有的课程都没有像语文课程这样将潜移默化的影响作为教育教学的重要手段并大力倡导教学中的体验和感悟。这种教育教学方式在中小学普遍采用说教式灌输教学的背景下,显得尤其难以把握,原因是它对语文教师提出了很高的要求,这个要求集中体现在语文教师必须具备相应的综合素养上。一方面综合素质越高,其感召力就越强,正所谓"桃李无言,下自成蹊",从无为中实现无教之教。另一方面,"潜移默化""感悟""体验"等都不能凭空而出,它是通过丰富积累和灵活运用所获得的能力和素养。如果缺少丰富积累和灵活运用的过程,缺少这些因素的融合而形成的素养,引导学生进行感悟和体验、进行潜移默化的教学就无从谈起。因此,语文教师综合素养方面的要求更高,也更严格。

(3) 语文课程的特点与语文教师的务实和务虚。语文课程的工具性特点要求语文教师必须务实,要有科学严谨的知识、躬身示范的能力、一丝不苟的态度以及脚踏实地的精神。语文课程的人文性特点则要求教师具备务虚的能力,要有丰富的想象力、激越的情感、独特的个性和富于创造的能力。然而,工具性和人文性统一是语文课程的基本特点,也就是说工具性和人文性所规范的语文教师的务实和务虚虽然是矛盾的,但二者必须融于语文教师的人格之中。只有这样才能承担起语文课程实施的责任,这同样是其他课程教师所没有的。

2. 语文教师从业与专业发展中存在的问题

语文课程标准和教师专业标准明确规定了教师应具备的能力和素养,规定了语文教师从业的理念、具体内容及实施规范。对照两个标准考察教师从业和专业发展状况就会发现其中存在着许多问题。

(1) 语文教师从业与专业发展的背景。语文课程标准颁布和实施之后,语文课程理念发生了巨大变化。传统教育教学从理念到理论都被重新评价和定位,与此相对应的,语文教师的从业和专业发展也发生了变化。然而应试教育体制虽然遭到了批判并不断发生着改变,但是实际的语文教育教学中,应试仍然起着主导作用。于是便出现了"制度与政策的矛盾、理论与实践的矛盾、观念与行为的矛盾"。教师的从业处于这种矛盾中,使得语文教师在语文教育教学中无所适从,最终不得不屈服于应试制度。语文教师的专业发展也为这种矛盾所左右,游移于专注提高应试能力和提高自身素养之间。这样的背景使语文教师从业存在诸多矛盾和问题,也使语文教师继续教育方向性受到影响。

(2) 语文教师从业中表现的不足。继续教育首要任务就是解决教师在教育教学中存在的问题,为此,我们必须知道问题有哪些,主要表现是什么。具体有以下几个方面:一是一些教师观念滞后。他们深受传统教育思想的影响,在语文课程标准颁布和实施后,虽然在理论上接受了一些新的理念,但在教学中始终将传统的教学当作依据,形成了理论与实践的矛盾和对立。这种观念的滞后有教师自身的原因,即平时忽视学习,对语文课程标准理念的理解停留在文字层面,缺少本质的把握;也有外在原因,当下整个教育处于转型期,新旧观念都以其合理性存在着,尤其是应试制度仍然左右着教育,使教师无法独善其身。二是一些教师在职业道德方面存在问题。他们并不是把语文教师的职业当作实现自己人生价值的职业,而只是当成一种谋生手段,因此,不能全身心地投入教育教学活动。其原因除了自身师德方面的欠缺,收入不高、社会地位不断下降也有直接关系。三是教学方法陈旧。一些教师往往执着于单一的说教式灌输,不仅缺少语文课程标准所倡导的对话教学,也缺少自主、合作、探究的学习方式,甚至拒绝教学方式的多样性。这种情况更多地存在于中老年语文教师之中,而年轻教师更多地热衷于所谓的现代化教学手段,以至于没PPT就无法上课。四是教学能力不强。诸如语言表达能力不足、教学组织能力差等,使教师在教学过程中往往力不从心,导致教学效果不佳。而解决上述语文教师从业中存在的不足,有赖于教师继续教育发挥作用。

(3)语文教师专业发展中存在的问题。语文教师专业发展也主要存在四个问题:一是对语文教师的课程理念与师德的强调不够。虽然在各级各类教育主管部门所制订的教师专业发展规划及教师专业发展方案中,都强调教师的课程理念和师德的重要性,但其在实际操作中往往被漠视和忽略。不但缺少切实可行的规范,而且缺少甚至没有这方面学习和发展效果的监督和验收机制,使这方面的工作形同虚设。二是知识更新未能达到语文课程标准的要求。语文生活化,使语文课程知识与时俱进、更新的周期越来越短。但是由于语文教师考试任务繁重且缺少读书看报关注时事的习惯,许多语文教师知识更新赶不上时代的变化,呈现出明显滞后的局面。三是反思能力不足。教育教学反思是教师发展的重要途径,许多教师反思能力不足,有些语文教师甚至没有反思能力和反思习惯,这是造成语文教师专业发展不足的重要原因。四是改革创新能力有待提高。语文教师的创新能力是与语文课程标准对学生进行个性化教学要求息息相关的,没有个性就没有创新,没有创新就不能发展个性。一些语文教师墨守成规、亦步亦趋地跟在别人后面,总是试图运用某种模式或经验解决面对的问题,而缺少独立思考的能力。以上四个方面既是教师专业发展中存在的问题,也是阻碍教师专业发展的因素,它们共同为语文教师的继续教育提供了课题。

3. 语文教师继续教育的应对策略

语文教师的特殊性决定了语文教师继续教育必须根据其特点进行内容的选择和方案的设计。同时教师继续教育的针对性原则要求,必须首先以解决教师所面对的具体困惑和问题为抓手。结合这两项规范,制定以下策略:

(1) 语文教师继续教育的生活化。这一点包含两个方面的内容:一是继续教育必须常态化。改变目前有官方组织才开展的局面,将语文教师的继续教育与终身学习的理念相结合。因此,这里的生活化是指语文教师的继续教育要与生活的进展同步,不仅要有官方组织的集中培训,更要有个人专业发展规划的随时展开。二是语文教师继续教育的生活化必须同语文课程的生活化保持一致,这是对继续教育生活化在内容上的要求。生活是异常丰富和复杂的,语文课程标准虽然倡导语文课程的外延与生活外延相等,但在语文课程的具体实施中,由于时间和人的精力的限制,不可能对生活的内容进行面面俱到的涉及,而必须有所选择。其选择的依据就是语文教科书,因为它是进行教学的基本依据,所以它同样是语文教师继续教育生活化内容选择的基本依据。

(2) 结合教师从业及专业发展中存在的问题进行专题培训。教师从业中存在的问题与专业发展中存在的问题,有的是同一问题在不同角度的表现,有的问题则是相互牵制。因此,在进行专题的设置中,应将相关的问题进行综合和统筹,使同一个专题能够解决几个问题。同时,专题的设置也要充分考虑语文课程的工具性和人文性,用工具性的方式解决工具性方面存在的问题,用人文性的方式解决人文性方面存在的问题,最终通过统整实现工具性和人文性的统一,使语文教师通过培训不仅能解决面对的具体问题,而且能增加对语文课程特点的理解和把握。

(3) 继续教育加强对语文教师素质的培养。语文课程标准明确了"全面提高学生的语文素养"是语文课程的目标。语文教师要承担起这样的重责必须全面提高自己的素质,包括课程理念与师德素质、语文课程知识素质、语文课程能力素质。素质的提高必须以相关的知识作为基础,因此教师继续教育必须充分地强调知识的作用和价值,而运用和内化是使知识转化为素质的必要途径，因此，教师继续教育要突出相关能力的培养。

语文教师的特殊性决定了语文教师继续教育的特殊性，而语文教师继续教育的特殊性被漠视是一种普遍现象，因此，将这个问题提出，并做初步的探索，以引起专家的关注，这项工作是有意义和价值的。

二、继续教育内容的丰富性

"语文课程生活化"和语文课程要进行"跨学科学习"等全新理念，使语文课程的丰富性得到了极大的拓展。然而，语文课程内容是非常丰富的，语文教师从业素质的要求是综合的，而语文教师的继续教育无论是时间还是精力投入都是有限的。因此，在对语文教师进行继续教育时，对内容要进行严格筛选，既要考虑语文教师面对具体问题的解决，又要关照课程体系的侧重，使语文教师的继续教育获得最佳效果。

1. 语文课程的内容与语文教师的素养

语文教师继续教育内容主要是受到两个方面的规范：一是语文课程内容，它是继续教育内容的专业规范；二是语文教师素养，它是在专业内容规范基础上的拓展，是语文教师成为合格教师的规范。

（1）语文课程内容的丰富性。语文课程内容不仅包括语言文字知识和能力，还包括阅读、写作、口语交际的知识和能力；不仅包括语文知识和能力，还包括跨学科知识和能力；不仅包括书本中的知识和能力，还包括生活中的知识和能力。这些异常丰富而复杂的知识和能力，构成了语文课程内容的不同系统，不同系统又共同构成了语文课程的整体面貌。语文教师继续教育中也不可能面面俱到地进行培训，必须有所选择。

（2）语文教师素养的综合性。所谓的教师素养是指教师参与教育教学活动所必须具备的、对学生身心发展有直接而显著影响的思想和心理品质的总和，包括教师的专业知识、专业能力和专业情意。作为"总和"，其明显的特点是具有综合性。它是由多种因素综合而成的，不但专业知识、专业能力和专业情意要综合(否则就不能称其为素养),这三项内容的每一项也是由不同内容综合而成的。如专业知识由一般专业知识、学科知识、教育科学知识等内容综合而成,专业能力由教师的教学能力和教师的教学技能综合而成,专业情意则是由专业理想、专业情操、专业性向、专业自我等内容构成。这些内容共同构成了对教师从业素质的要求,这种综合性的要求同样需要语文教师进行有选择的提升,因为这些内容在具体教师素养中处于一种不平衡状态,而语文教师个体又有自己的侧重。语文教师继续教育内容的选择性也由此而产生。

(3) 语文教师专业发展的个性追求。语文课程标准强调语文课程实施的个性化,教师专业标准又要求教师具有鲜明的人格和突出的个性。因此,从语文教师的角度来说,无论是课程实施还是专业发展,都要求具有自己的个性特点。教师的个性、认知水平和发展规划不同,使得语文教师继续教育的内涵和外延都得到扩展,也就是说,语文教师继续教育的责任更大,内容更广泛。根据不同类型内容的个性及具体教师的个性特点,继续教育内容的选择就显得更为重要和更为客观。

2. 语文教师继续教育内容选择的现状

从宏观上看,语文教师继续教育内容的选择,基本涵盖了语文课程标准的基本内容和教师专业标准要求。这两个文件的重点都在教师继续教育中得到了体现,但在具体内容的安排和实施中仍存在着诸多问题。

(1) 通识性内容缺少对专业特点的强调。通识性内容是对合格教师普遍的和基本的要求,具有共性特点,即无论是什么专业的教师必须都要具备。然而不同专业的教师对这个具有共性内容的接受视角和价值判断及取舍是不尽相同的,他们总是以自己的专业为标准对其进行判断,对其内容进行取舍。语文课程具有人文性,语文教师肩负着培养健全人格的使命,其在接受通识内容的培训中,更关注与生命教育相关的内容,这是数学课、物理课教师所不能相比的。然而,在语文教师继续教育的通识素质培训中,这一点并没有得到强调,而是对所有不同专业的教师都用相同的内容、相同的视角、相同的侧重进行培养,使通识教育与专业素质的融合受到影响,从而降低了通识素质培训的价值和意义。

（2）专业知识内容具体性不足。教师继续教育有两方面内容，一是弥补实际工作中存在的知识方面的不足，二是根据教育发展趋势进行超前储备。两个方面都要求知识的培训具有针对性，前者需要针对教师从业中所面对的具体问题和困难，后者则需要针对教育发展的具体走向及语文教师在这种具体走向中所应具备的知识和理念。然而语文教师继续教育中知识培养的现状却存在着很大的随意性。有相当多的培训内容是参加培训的教师已经掌握了的，参培教师需要的却无法进入培训内容中。这种缺少针对性的培训，不仅无法解决教师教育教学中面对的具体内容，而且往往影响教师参加继续教育的积极性。除了培训的知识内容缺少针对性，大量的重复也极大地影响了语文教师继续教育的效果和效率。有相当部分的内容在前一年培训之后，第二年再次出现，而且参培的教师往往是同一批人。超前存储也存在着问题。教育倡导和规划的发展方向是素质教育，虽然素质教育已经成为语文教师继续教育的基本理念，但具体培训的内容却充满着应试内容，有些内容甚至不断通过对应试的强调加以强化，这就造成了超前储备的落空。

（3）能力培养不足并泛化。"能力为重"是教师专业标准的四个理念之一，是专业理念和师德及教师专业知识价值实现的依托，同时也是专业理念和师德及教师专业知识的构成因素。所以，它在教师专业素养中占有十分重要的地位，也是教师继续教育的重要内容。而在实际语文教师继续教育的培训中，能力培养不足是比较突出的。一方面在有限的语文教师能力培养中，多采用能力知识传授并加以例证的方式，背离了能力培养必须经过实际操作才能完成的规律。另一方面，有限的能力培养泛化，缺少与语文课程相对应的具体内容，诸如备课能力、课程设计能力、课程实施能力及课程反思能力等等。语文教师所应具备的课文分析能力、课文内容的选择能力、语文课程资源开发能力等，即使有所涉及，也往往掺杂于泛泛的内容中，很少将其作为专题进行培训，使能力培养在语文教师继续教育中处于不足状态。

三、语文教师继续教育内容选择策略

语文教师继续教育内容的丰富性决定了进行继续教育时必须进行选择，面面俱到是不可能的。而随意安排有违于语文教师继续教育的时效性和针对性要求，于是选择策略就成为必须解决的问题。

1. 根据语文教师综合素养的构成，选择继续教育内容

语文教师的综合素养一般包括以下四个方面：一是职业道德素养，包括思想修养和敬业精神。二是语文专业素养，包括语文专业知识和语文专业能力。三是语文教学素养，包括语文教学的设计能力和语文教学的实施能力。四是语文教师科研素养，包括发现和解决问题及付诸文字的能力。这四项内容是语文教师素养构成的基本范畴，是与教师专业标准要求一致的，也是继续教育内容选择的依据。在这个范畴中选择那些与教师素养形成最为重要的、教师在工作中需求最急迫的以及为教师专业发展奠定坚实基础的内容，可穿插于不同的专题中进行强调，也可做专题培训。另外语文教师继续教育中的不同板块应直接对应构成语文教师素养的不同内容，明确强化培训的目的性，从而提高培训的效果。

2. 根据教师的具体情况选择继续教育内容

一方面，语文教师与其他课程的教师之间存在很大差别，在开展继续教育过程中，从内容到方法都应有所区别，突出语文课程和语文教师的特点。另一方面，面对不同对象的语文教师继续教育群体，也应根据具体情况区别对待，而不是拿同一个方案和相同的内容去面对不同的培训对象。参培教师是继续教育的主体，培训的设计者和培训的实施者都应为满足培训对象的学习和发展需求服务。为此，事先必须对培训对象进行全面和深入的调查，掌握他们的现有水平和需求，并以此作为培训方案设计和内容选择的依据。同时，在同一期的培训中，对参培教师进行分类，分类或以程度的高低、问题的相似度、地域（农村和城市）为依据，强化培训效果。

3. 根据语文教师发展规律，构建培训的内容系统

教师专业发展具有规律性，这种规律性表现为阶段性特点。如张民选教授将教师专业发展归纳为六个阶段，即职前培训期、入门实习期、热情构建期、专业挫折期、稳定更新期、备岗消退期。从六个阶段的划分看，除了职前培训期和备岗消退期，其他四个阶段都是教师继续教育的范畴，而职前教育是教师继续教育的基础和依据。每个阶段教师的发展都有特定的认知水平和发展需求，这种规律性不仅能够减轻语文教师继续教育培训中内容设计的压力，也为构建语文教师继续教育内容系统提供了依据。这是更为庞大、更有意义和价值的远期工作，为继续教育内容选择中的问题得到最大程度的解决提供了依据。

语文教师继续教育的内容选择是一项复杂而专业的工作，能否做好这项工作，直接关系到继续教育效果的好坏和效率的高低。而根据语文教师素养构成，教师的具体情况及专业发展规律对培训内容进行选择和系统建构，只是对其复杂取向的一种探索。

四、继续教育形式的多样性

语文课程内容具有丰富性，这种丰富性要求语文教师在具体教学实施中要根据不同内容和面对不同学生群体进行多样化实施。这就要求语文教师的继续教育改变单一的模式化倾向，遵循语文教学的丰富性特点，进行多样化实施，使形式本身就成为一种潜移默化的示范，从而提高培训效率，促进语文教师的专业发展。

在对继续教育的探讨中，研究者将更多的注意力放到了普适性的内容和形式中，具有学科自身特点的因素在具体实施中也往往被泛化而缺少个性，这就必然造成了继续教育的模式化。一方面，伴随继续教育研究的深入，尤其是国外的一些先进做法的借鉴和引入，使继续教育的方式更加丰富。另一方面，这些丰富的方式所对应的往往是一般性的操作，具体学科的操作往往被忽略

了。当然,为普遍提高教师素质的通识教育在教师继续教育中占了相当大的比重。这类教育需要针对不同专业教师的普适性内容和形式,这也是不断丰富的继续教育形式的价值所在。但是,在教师整个素养的构成中,其专业性是核心,具有主导作用。到目前为止,我们很难看到非常有价值的、基于专业特点进行有效培训的研究成果。在一些以具体专业为对象的继续教育研究成果中,能够看到的更多是套用普适性继续教育方案的变种。因此,笔者试图对语文教师继续教育中突出语文课程特点的方案进行探讨,从而实现继续教育效果和效率的提高。

1. 语文课程的内容与语文教师继续教育形式的对应性

语文课程的内容和特点与语文教师继续教育对应性不足,是语文教师继续教育中具有普遍性且比较严重的问题,其结果就是继续教育的泛化,严重影响了语文教师继续教育的成效。众所周知,内容和形式是具有对应性的,有什么样的内容就要求有什么样的形式与之对应,如数学专业的具体内容规定了数学教师继续教育的形式,英语专业的具体内容规定了英语教师继续教育的形式。当然,语文专业的具体内容也规定了语文教师继续教育的形式。专业内容对于从事专业课教师的继续教育形式具有规定性,这是内容与形式规律的反映。在整个继续教育进程中,培训对象的教师是主体,因此,即便是跨专业的通识教育内容培训,面对不同专业教师也应有侧重和区分。这是内容和形式原理的深层表现。

(1)语文课程工具性内容对应的继续教育形式。语文课程是工具性和人文性的统一。工具性是语文课程的基本属性,语文是进行交际的工具,是进行文化传播的工具,是学习其他课程的工具,运用好语文这个工具是语文教师从业中应该完成的基本任务。那么,以提高语文教师掌握和运用语文这个工具为目的的语文教师继续教育,就应改变现行继续教育中泛化的模式——灌输式讲座,而应增加实际的操作和训练。任何工具的使用都遵循着熟能生巧的规律,单纯纸上谈兵是无法提高语文能力和素养的,必须针对语文课程工具性的特点,进行有针对性的操作和训练。针对"语文是重要的交际工具",设计具体的交际环境和虚拟的生活场景进行口语交际训练,进行写作表达训练,进行阅读和讨论训练,等等。针对"语文是文化传播的工具"就应让语文与文化有效结合,使教师更深刻地理解和把握语言文字所蕴含的文化意义和价值。针对"语文课程是学习其他课程的工具"就应进行跨学科培训。一方面,语文教师通过跨学科学习,理解和掌握其他学科的基本概念和原理,提升对语文课程内涵的理解。另一方面,其他学科教师也应进行语文课程的培训,使其更深入地理解和把握负载学科内容的语言文字的本质。这样就能从语文工具性角度在形式上区分出语文教师培训与其他专业教师培训的不同。

(2) 语文课程人文性内容对应的继续教育形式。人文性是语文课程的又一重要属性,是语文课程的灵魂。语文课程的人文性具有鲜明的特点:一是对于事物理解的个性化,二是潜移默化的传授途径。对于事物理解的个性化,并非与他人见解不同就是个性,这个个性必须是以符合客观事物的规律为前提而获得的独到认识。其包含着两个方面的内容,即符合客观规律和独特性。前者需要充分的积累,包括知识的积累、生活的积累和理解能力的积累。这些积累单凭灌输式讲座是无法全面和充分实现的,必须对生活积累和理解能力积累进行有效的引导,培训方式应更多地通过校本培训和终身学习来实现。后者则需要通过结合个人的经验,更多地通过具体操作和比对逐渐形成。在课文的分析中,勿囿于权威的和现存的说法,要通过结合个人经验的具体分析得出结论,通过不同观点的比对明确自己的认识和理解。这些素养的获得需通过灌输式讲授与具体操作训练的结合。潜移默化的传授途径是与说教式的讲授方式相反的,潜移默化的方式更多的是通过感悟和体验实现的,这也是语文课程对教师提出的要求。而强化语文教师运用潜移默化的传授方式的继续教育,也必须采用潜移默化的方式。一方面,在继续教育的内容上尽可能剔除标准答案的影响,提供给参培教师更大的多解空间。另一方面强化进行情境教学能力的培养,通过情境教学的优秀案例,让参培教师进行感受、体验和理解情景教学的内涵。通过情景教学的设计和情景教学的实施,提升教师的操作能力,使人文性在语文教师继续教育中得到充分落实,人文性价值得到充分的发挥。

2. 语文教师继续教育形式的泛化

所谓泛化是指在教师继续教育中,无论是什么专业也不管是什么内容都以相同或相近的形式实施,也就是普遍化、无差别化。语文教师继续教育中的泛化不仅漠视了语文课程的特点,而且模糊了语文教师对语文课程的理解和认识,严重影响了继续教育的效果。

语文教师继续教育形式泛化的表现。内容决定形式,形式为内容服务。语文教师继续教育形式的泛化,其根本原因在于语文教师继续教育内容的选择和处理上,在这个方面,语文教师继续教育存在着明显的不足。首先,专业知识讲授中能力培养导向不足。语文课程的工具性决定了对于语文知识的学习必须服从、服务于语文能力和语感的形成。而在语文教师继续教育中,单向的知识传授成为主体,学习知识的目的——培养和发展能力被忽视。单向传授成为继续教育的主体,和其他学科知识学习没有区别。其次,教学案例突出一般性过程处理的精彩,缺少基于语文课程特点的强调。教学案例的学习是语文教师继续教育的重要形式之一,尤其是教学实录。这些案例在给人以真实感的同时会发现,培训者往往选择那些在教学过程中处理精彩而使课堂有良好效果的案例,诸如环节设计、应急问题的处理、疑难问题的引导等。这些内容不仅是语文课堂教学的要求,也是其他课堂教学的要求,具有明显的共性特点。而情境的设计与课堂教学的实施、感受和体验能力的培养、个性解读的引导以及知识传授的能力取向等,这些与语文教师从业具有直接意义和价值的内容很少,当然与之匹配的形式就很难看到。再次,通识教育缺少基于语文课程的区分。通识素养作为合格教师的基本素养具有共性,任何专业的教师都必须具备。但不同专业的教师对于通识知识的学习是有其专业视角的。如同样是传授文化,数学教师和语文教师的视角不同,历史教师和政治教师的视角也存在差别,这些不同和差别是由各自的专业特点决定的。而在语文教师继续教育中,缺少这种区分。最后,应试倾向明显,素质培养和强化不足。语文教师的从业目标是"全面提高学生的语文素养",素质教育是语文课程标准的重要取向。但实际培训中,对应试的强化和强调是明显的导向,这是语文教师继续教育培训方式泛化的又一个重要原因。

3. 语文教师继续教育形式泛化的深层根源及影响

(1) 主导者的观念和当下教育背景及操作者的习惯。主导者的观念起着决定性作用。一方面主导者往往是脱离一线教师的研究者和行政官员,虽然他们也努力满足教师的需要,但他们所进行的理论研究与他们所处的行政地位使其无法真正满足广大教师的学习和发展需要。另一方面,他们更多的是从宏观角度去考虑教师继续教育的需求,尤其是那些主导者的顶层规划往往是方向性的,具体操作者总是将这种顶层规划作为具体方案加以实施。于是具体专业被淡化,语文教师继续教育形式的泛化也就自然产生。当下教育背景仍是以应试教育为主体,语文教师继续教育的培训也总是离不开应试教育的左右。应试教育的模式化对于教师继续教育产生了深远的影响,这种影响反映到不同专业的继续教育中就产生了泛化倾向。从具体的操作者来看,一方面,在顶层设计变为具体操作方案的规范中和在应试教育的背景的影响下,他们进行按部就班的培训,成为语文教师继续教育形式泛化的具体落实者。另一方面,即便是他们认识到了这种泛化的不合理性也不会轻易地改变,对他们来说这种泛化已经成为轻车熟路的操作习惯。因此,要改变这种泛化的操作,也必然是困难重重的。

(2) 主导者和参与者的课程意识普遍存在不足。这里的主导者包括培训计划的设计者,也包括具体实施者。参与者主要是参与培训的教师。所谓的课程意识是指对课程的敏感程度,它蕴含着对课程理论的自我建构意识、课程资源开发意识等几个方面。主导者课程意识薄弱,往往只关注一般性继续教育规律,无法从具体课程的角度去设计和实施个性化的方案,导致除了相关课程知识的差别,培训方式往往通用,从形式上看不出不同课程之间的差别。参加培训的教师本应是课程意识非常明确的,因为他们都是具体课程的培训对象,然而,他们当中好多人参加培训的目的是积累继续教育分数,加之一部分人本身对所教课程的课程意识并不充分,以至于他们并非从课程的角度去参加培训,从而非但不质疑继续教育形式的泛化倾向,反而接受这种倾向。这也促使了泛化不断加剧。

(3) 泛化对语文教师继续教育的影响。语文教师继续教育形式的泛化是比较严重的。一方面,这种泛化的形成使语文教师继续教育往往停留在语文课程通识性内容的培养层次,无法真正实现继续教育与时俱进的专业提升目标。另一方面,它进一步淡化了语文教师的课程意识。课程意识既是继续教育的基础,也是继续教育的目标,而泛化倾向模糊和混淆了课程意识,必然影响继续教育的效果。

4. 语文教师继续教育形式多样化的策略

语文课程具有工具性和人文性,而工具性和人文性又有具体培训方式与之对应。工具性和人文性的统一是语文课程的基本特点,因此,对应工具性和对应人文性的培训方式又必须统一在一起。这就自然形成了语文教师继续教育形式多样性的格局。

(1) 以培训内容为依据的形式多样化。培训途径同培训内容和培训形式都具有相关性。语文教师继续教育的培训途径主要有国培、省培、地培和校培,主要方式是集中培训和分散培训。从培训的内容上看主要有课程理念与师德以及语文知识和语文能力。不同的内容应采用不同的方式,语文课程理念与师德方面的培训主要通过理论讲座、案例分析和虚拟情境操作进行。要改变这项内容培养中单纯以理论讲座为主体的局面,使理论与案例相互渗透、相互支撑,提高认识和理解能力。通过虚拟情境的具体操作检验理论学习成果,促进理论知识和原理的学习向素质方面的转化。语文知识和语文能力的培训除了将知识放到具体文本的语言环境,还要加强知识与生活的联系。通过调动参加培训教师对自己生活经验的调动,实现语文知识培训的生活化,改变继续教育中对能力的培训局限于分析和理解能力的局限,突出具体课堂教学的实施能力。同时,语文知识与语文能力的培训应融于一体,通过知识学习强化能力培养,通过能力训练巩固知识学习的成果。这就要求培训方式要打破集中与分散的局限,以分散的校本学习为主体,以集中培训为主导,从而实现终身学习的目标。

（2）以教师的具体情况为依据，进行形式多样化。参加培训教师的层次、所处的地域、学业水平等有很大的差别，诸如幼儿园教师培训、小学教师培训、初中教师培训、高中教师培训等。从地域方面有发达地区、欠发达地区，有城市和农村等。由于地域发展的不平衡，同一层次的教师也因个性特点和学业水平的差别而有很大的不同。面对接受继续教育群体的种种不同，在培训方式上也需要有所变化，从而落实"因人施教"的原则。

（3）兼收并蓄，借鉴其他学科继续教育形式。每个学科都有自身的特点，根据学科自身的特点，总结形成的继续教育方式，对其他学科都具有借鉴意义。因此，依据语文课程的特点，结合继续教育的普遍规律，对语文课程之外其他学科行之有效的具体方式进行借鉴和转化是促成语文教师继续教育形式多样化的又一重要方式，同时与语文课程标准所要求的跨学科学习理念达成一致。

语文教师继续教育中形式单一且泛化，严重影响了继续教育的培训效果。为了改变这种状况，要改变理念和习惯，充分树立语文课程观念，依据语文课程的丰富性不断探索和尝试语文教师继续教育培养方式的多样性。

五、职前与职后教育的一贯性

语文教师继续教育虽然有主管部门的统一规划，但是办学主体多样化也带来了许多问题。这些问题不仅造成了语文教师继续教育形式上的混乱，也严重影响了继续教育的平衡发展。为此，必须进行调整，加强领导，使其上下贯通，左右联系，形成一体化格局，提高教师继续教育的实际效果。

在所有的课程中，语文课程的内容最为丰富和复杂。在所有科目的任课教师中，语文课程教师的积累、知识面和运用知识的联系程度要求最高。而现行语文教师继续教育中存在着的片面的专业知识培养、单一的培训方式和集中的培训形式，都无法全面地与语文课程内容和语文教师从业要求相适应。

因此,教师继续教育需要一体化的整体设计。

1. 语文教师继续教育的规范和追求

教师继续教育伴随着教育改革的不断深化,正处于不断地走向规范化的过程中。因为在路上,所以还存在着一些不足和不完善之处,需要不断改进。

(1)语文教师继续教育的规范化。所谓的规范化是指根据某种事物的发展需要,合理地制定组织规程和基本制度及工作流程,以形成统一、规范和稳定的管理体系,并通过该体系的实施和不断完善达成井然有序、协调效应的目的。一方面规范化是逐渐完善的过程。目前应首先搞好整个教师继续教育的规范化,使每个教师都能在制度的规范下自觉地投入并有效地完成继续教育的任务。另一方面,在前面的基础上,要突出不同课程教师继续教育的特点,形成不同课程继续教育的规范化。语文教师的培训应特别强调集中培训与自我学习的有机结合,强调自我学习成为主体,集中培训解决自我学习中遇到的问题,规范继续学习的内容和方向,从而改变语文教师的继续教育单纯在集中培训中进行的局面,使语文教师的继续教育真正实现终身学习的目标。

(2)语文教师继续教育的追求。语文教师的继续教育是全部教师继续教育的组成部分,因而,它必须遵循教师继续教育的普遍规律,即教师继续教育的终身性、针对性以及引领性。教师继续教育的终身性是指教师继续教育是一个长期和长效的过程,必须有整体设计和统一的规范。教师继续教育的针对性是指其必须有的放矢,解决教师从教中的具体问题,从而获得继续教育的实效。教师继续教育的引领性是指教师继续教育是整个教育的一部分,教育是指向未来的,因此,教师继续教育在解决面对具体问题的同时,必须为教师将来的专业发展奠定基础,这是教师继续教育的一般规律。语文教师与其他教师相比具有鲜明的特点,因而语文教师的继续教育必须有个性追求,这种个性是与语文教师的专业知识与教学能力相对应的。一是语文专业知识的丰富性。这是由语文课程生活化和跨学科学习所决定的。语文教师必须具备听、说、读、写的知识和能力,必须具有丰富的生活经验的积累,必须尽可能多地具备跨学科知识和素质。二是教学能力的多样性,包括教材的分析能力、不同体裁和内容课文的教学设计和实施能力、阅读和写作的示范能力以及对教学进行反思的能力和科研能力等等。与其他课程教师相比，这些丰富复杂的内容对语文教师要求更高、问题更多，同时也使语文教师队伍成员的差异更大。这就决定了在开展语文教师继续教育时，在考虑教师继续教育普遍规律的基础上，必须充分尊重语文教师的个性特点而进行方案的设计和实施。

2. 语文教师继续教育头绪繁多的局面

随着教师继续教育不断规范，尤其教师资格认证制度的出台和实施，教师继续教育越来越受到各级部门的重视。但由于缺少统一的规划，在各级各类教育部门积极开展的教师继续教育中出现了一些各自为政的倾向，这不仅造成了管理上的浪费，而且严重地影响了继续教育效果。

（1）主办单位的多样性。教师继续教育办学的多样性是充分满足教师继续教育丰富内涵的必然选择，也是调动各个方面力量提高教师继续教育水平的重要举措。然而办学单位的多样化由于统筹不足也出现了一些弊病。一是办学单位各行其是，随意性强。由于教师继续教育隶属不同部门，其内容、要求甚至整个方案都存在着很大的差异，尤其是一些办学单位又将自己的办学任务承包给其他公司甚至个人，使本来就不够规范的办学体制更加混乱，导致办学缺乏规范，效果不佳。二是办学层次混乱，继续教育的目标得不到落实。由于继续教育实行开放政策，因此所有的高校及相关办学机构都可以从事教师的继续教育，这是办学主体混乱、层次不分明的主要表现。一些有实力、有专业基础的师范院校由于受到种种制度和政策的规范而无法与那些没有实力、缺少专业基础但少有限制的公司和个人竞争。层次不清是因为一些办学单位总是以经济利益为追求，为使利益最大化，他们往往不顾及培训对象的水平和层次差别，将其集中到一起进行培训。同时在进行教师继续教育时，许多培训者的专业水准还达不到参培教师的水平，其培训效果则可想而知了。

（2）培训方案的设计和实施缺少对象意识。参培教师是培训的主体，满足参培教师专业发展需求、全面提高参培教师的素养是教师继续教育的目标。然而在教师继续教育中，无论是内容的选择还是方案的设计，都缺少对培训对象面对具体问题的了解。这一问题具有普遍性。许多方案,甚至是一些国培和省培的方案,往往是根据教师一般发展规律要求和可能面对的问题和需求进行设计的,这不仅导致了培训效果不佳,而且损伤了教师参加继续教育的主动性和积极性。大一统的培训不仅让城市和乡村教师培训相同,而且发达地区和欠发达地区教师培训也完全一致,这种缺少差异性的培训违背了因人施教的教育规律,违背了尊重学习者个性的原则。这是教师继续教育在这方面普遍存在的问题。语文教师的继续教育除了这些问题,课程特点被漠视是一种更深层的问题。语文教师具有特殊性,这种特殊性要求教师继续教育方案的设计者在尊重一般的教师继续教育规律的同时,要深入把握和准确理解语文教师的特点,根据语文课程实施对教师在知识、能力和素养方面进行特殊的培养和训练。如读书能力和习惯的培养、分析课文能力及个性的培养、体验感悟及情境创造能力的培养等应作为专题内容,在语文教师继续教育中实施。而实际的语文教师继续教育培训中,这些体现对语文教师特殊且重要的要求往往都被漠视了。

产生上述情况主要有以下三个方面的原因:一是继续教育顶层设计不够清晰,主管部门缺少验收和监督机制,加上倡导开放的教师继续教育推动社会办学,使整个教师继续教育办学主体的办学能力参差不齐,对于相关主管部门的政策规范的理解有误差,办学追求产生了游离于提高教师素养的目标。顶层设计不够清晰是指缺少明确的目标指向,缺少培训者的对象意识,缺少对培训工作自上而下的统筹。主管部门缺少验收和监督机制是指在整个学习过程不能时时跟进。虽然参培教师都有最终的成绩,但这个成绩的取得,有哪些是通过教师自己思考的,有哪些是借鉴他人的,教师通过培训有哪些实质性的提高,这些需要监督和验收的问题,有的交给了培训教师,有的完全处于空白状态。二是形式主义倾向。在整个教师继续教育中,一味地开展各种各样的培训,而不顾培训效果的情况比较普遍。一些部门只是把培训作为工作任务和工作业绩,写在工作计划和总结中,缺少精心设计。参加培训的教师则往往将其作为获得继续教育学分的手段,而不是投入和用心地去学习。三是利益的追求。一些公司和个人所承办的教师继续教育,主要以获利为目的。由于主管部门缺少监督,为了追求利益的最大化,公司和个人往往在进行继续教育的过程中简化程序,缩短时间,减少内容,影响教师继续教育培训效果。

3. 语文教师继续教育一体化

语文教师继续教育办学主体复杂、政出多门的状况严重影响了继续教育质量。为了改变这种状况,必须理顺关系,整体设计,进行一体化实施。

(1) 整理办学单位,使不同层级的办学单位分别承担不同的任务。所谓整理办学单位是指整顿、理顺办学单位。整顿主要是通过评估,将社会声誉差、办学水平低的培训单位和个人清除出继续教育领域。对有能力、符合办学条件的单位和个人要进行培训,使其能够严格遵守相关的政策和文件开展培训活动,从而改变各自为政的局面。理顺办学单位主要是理顺办学单位与主管部门的关系和办学单位之间的关系。主管部门与办学单位是领导与被领导的关系,主管部门在精心做好顶层设计之后,办学单位应严格按要求和步骤实施。顶层设计应有对办学单位的监督和考评机制,保证计划和方案的有效落实。而办学单位要对参培教师有深入细致的了解,一方面为主管部门顶层设计的修订和完善提供第一手资料,另一方面为指导教师有针对性的实施提供依据。办学单位要分工合作,尤其是处于同一地区的办学单位的培训任务应有明确的分工,或以不同学科进行分工,或以农村和城市教师培训的不同进行分工,使教师继续教育更有针对性,也使不同办学单位集中力量搞好培训。

(2) 培训内容的统一和不同培训层次比重的合理分配。现行的教师继续教育中,主要有国培、省培、地培和校培四个层次。在目前的实施中,主要是国培和省培为主(省培当中的许多内容都来自国培),地培较少,校培较多。国培和省培更注重教师基本素养,即教师职业的基本素养和教师专业的基本素养,因此具有普遍性,在基本面上对教师专业发展是不可缺少的。地培较少、校培较多显得不够合理,合理的应该是地培较多,校培为主。其原因在于地培更接近于教师实际的培训,无论是培训的内容和方式都更能适应本地区教师的需求和兴趣,较国培和省培更有针对性。而校培即校本培训则直接与教师的日常教育教学活动相通,其教学活动,尤其是教学反思,本身就是校本培训的目标和方式。当然,这里必须明确一个前提,无论是国培、省培,还是地培、校培,都必须有一个贯穿始终的理念,即解决教师在教育教学中面对的实际问题,促进教师专业发展,实现教师素质的全面提高。在这一理念的统整下,培训内容上下统一,并进行不同层次的分工合作。国培和省培主要培养和提高教师职业的基本素养,并对整个教师继续教育提供方向性的指引。地培和校培侧重于具体课程和适应不同学校教育教学理念的个性培养,从而实现有统一的理念又能进行分工合作的继续教育。

(3)强调评价的一体化导向。首先,要完善和健全评价机制,改变教师继续教育中评价方面存在的不足和缺漏,形成自上而下一以贯之的评价和监督体制,使顶层设计能够有效地落实。其次,要统一评价标准和区别评价对象。统一评价标准是根据继续教育顶层设计的目标要求,对办学机构、培训者、培训对象等的评价要以同类评价的相同标准进行评价。区别评价对象是指在共同理念的指导下制定不同学科的评价标准,如语文教师继续教育评价标准、数学教师继续教育评价标准等。同时对不同的评价对象,包括不同的评价内容要采用不同方式进行评价。最后,评价应贯穿于教师继续教育的始终。开始要向评价对象提供评价要求和标准,过程中要不断用评价规范参培者的学习,结束时要告知其评价结果。

教师继续教育办学单位混乱的局面是比较普遍的,严重影响了教师继续教育法律法规和政策的落实,因而寻找造成这种状况的原因并探索改变这种状况的策略是必要的和紧迫的。而建立教师教育一体化是解决这一问题、提高教师继续教育效率和完善教师继续教育体制所必须做的工作。

参 考 文 献

陈萍,2008.教师专业发展之道:我的教育叙事与生命感悟[M].北京:人民教育出版社.

笛科勒,2009.未来之路:新教师入职教育[M].朱晓燕等,译.北京:北京师范大学出版社.

丁钢,李梅,孙玫璐,等,2014.中国高等师范院校师范生培养状况调查与政策分析报告[M].上海:华东师范大学出版社.

贾隆格,伊森伯格,2007.是什么让教师不断进步:教师故事启示录[M].张涛,译.北京:中国青年出版社.

考利,2006.初为人师:教师职业生涯第一年[M].宋旸,译.北京:北京师范大学出版社.

考利,2009.学生课堂行为管理:第3版[M].范玮,译.北京:教育科学出版社.

李进,2009.教师教育概论[M].北京:北京大学出版社.

李琼,2009.教师专业发展的知识基础:教学专长研究[M].北京:北京师范大学出版社.

刘淑玲,2010.师范生职业发展与就业指导[M].北京:高等教育出版社.

潘涌,2004.语文新课程与教学的解放[M].广州:广东教育出版社.

苏霍姆林斯基,1981.给教师的建议[M].杜殿坤,编译.北京:教育科学出版社.

檀传宝,2012.教师德育专业化读本[M].北京:教育科学出版社.

汤普森,2010.年轻教师的五项修炼[M].徐巧稚,译.北京:中国青年出版社.

陶志琼,2008.教师的境界与教育[M].2版.北京:北京师范大学出版社.

通识教育规划教材编写组,2018.大学生就业指导:慕课版[M].北京:人民邮电出版社.

王明伦,2004.高等职业教育发展论[M].北京:教育科学出版社.

威特克尔,2006.优秀教师一定要知道的14件事[M].赵菲菲,译.北京:中国青年出版社.

吴非,2010.致青年教师[M].北京:教育科学出版社.

谢安邦,2009.高等师范教育研究:教师教育理论与实践[M].青岛:中国海洋大学出版社.

熊文,佘万斌,2009.新建高师院校中文专业学生就业力培养研究[M].成都:天地出版社.

徐国庆,2005.实践导向职业教育课程研究:技术学范式[M].上海:上海教育出版社.

徐世贵,2008.教师自主成长:基于名师成长案例的分析[M].北京:外语教学与研究出版社.

鄢万春,吴玲,2016.大学生就业创业与职业发展指导[M].北京:科学出版社.

杨念等,2005.高等职业技术教育特色论[M].长沙:湖南师范大学出版社.

叶澜,白益民,王枬,等,2001.教师角色与教师发展新探[M].北京:教育科学出版社.

钟启泉,崔允漷,张华,2001.为了中华民族的复兴 为了每位学生的发展 《基础教育课程改革纲要(试行)》解读[M].上海:华东师范大学出版社.

朱慕菊,2002.走进新课程:与课程实施者对话[M].北京:北京师范大学出版社.

佐藤学,2012.教师的挑战:宁静的课堂革命[M].钟启泉,陈静静,译.上海:华东师范大学出版社.